美好教育
——学校文化的构建与实施

管永新 ◎ 著

中国出版集团
研究出版社

图书在版编目 (CIP) 数据

美好教育——学校文化的构建与实施 / 管永新著 .-- 北京：研究出版社，2024.1
ISBN 978-7-5199-1604-6

Ⅰ.①美… Ⅱ.①管… Ⅲ.①校园文化－建设－研究
Ⅳ.① G47

中国国家版本馆 CIP 数据核字 (2023) 第 243235 号

出 品 人：陈建军
出版统筹：丁　波
责任编辑：范存刚
特约编辑：杨占月

《美好教育——学校文化的构建与实施》
MEIHAOJIAOYU——XUEXIAO WENHUA DE GOUJIAN YU SHISHI

管永新　著

研究出版社　出版发行

（100006 北京市东城区灯市口大街 100 号华腾商务楼）

北京云浩印刷有限责任公司印刷　新华书店经销

2024 年 1 月第 1 版　2024 年 3 月第 2 次印刷

开本：710 毫米 × 1000 毫米　1/16　印张：18

字数：290 千字

ISBN 978-7-5199-1604-6　定价：68.00 元

电话（010）64217619　64217652（发行部）

版权所有·侵权必究

凡购买本社图书，如有印制质量问题，我社负责调换。

"美好教育"与时代同行

党的十九大报告提出,"中国特色社会主义进入新时代,我国社会主要矛盾已经转化为人民日益增长的美好生活需要和不平衡不充分的发展之间的矛盾"。新时代,国家倡导"美丽中国"建设,人民需要"美好生活"。"美丽中国""美好生活"成为新时代人们共同追求的目标。现在的学生是未来"美丽中国"的建设者,是"美好生活"的创造者,更是他们自己"美好人生"的奋斗者。

"美好教育"作为人民美好生活的一部分,承载着"幼有善育、学有优教"的社会责任。我们落实立德树人根本任务,为党育人、为国育才,就必须建设高质量教育体系,全员育人、全程育人、全方位育人。这也是新时代赋予每一所学校的神圣使命。给学生"美好的理想",帮助学生构筑"美好的心灵城堡",唤醒他们对"美好"的向往和追求,发展和提升他们实现"美好"的能力,永远是教育者不懈的追求。

作为党培养的一名新时代教育工作者,在全面贯彻党的教育方针、落实立德树人根本任务,坚持为党育人、为国育才的初心使命的同时,还应争做落实党对教育全面领导、破解教育改革难题、探索学校现代化治理的先锋。2019年,在全区教育"深综改"背景下,学校加入北京市陈经纶中学分校教育集团,为尽快缩短与集团学校的差距,提升学校办学品质,学校提出了创建"美好教育"文化品牌战略。由我牵头成立了学校课程、科研及教师发展中心,在充分领悟校长的办学思想、尊重学校原有文化的基础上,深度参与了学校"美好教育"文化体系的构建工作。

5年来,我不断加强对新时代教育内涵、国家教育法律法规、国内外教育改革趋势和先进学校文化建设成功经验的研究,协助校长构建了集"美好管理""美好课程""美好课堂""美好教师""美好少年""美好协同"六位一体的"美好教育"文化实践体系。该实践体系对学校贯彻党的教育方针、落实立德树人根本任务,对习近平总书记在全国教育大会提出的"培养什么人""怎样培养人""为谁培养人"的教育问题作出了立足本校的探索与回答，并提供了详细的实施路径。

　　回眸创建"美好教育"文化的历程，我倍感欣慰和幸福。"美好教育"既经历了从无到有的突破，也经历了从"智美教育"到"美好教育"的迭代和升级的过程；既经历了专家无数次的质疑和追问，也得到了专家们一次又一次的指导和帮助。美在引领，好在追随！"美好教育"文化的构建归功于北京市陈经纶中学分校望京实验学校刘美玲校长的美好设计和引领，更得益于全体干部、教师的美好践行和追随。我非常有幸参与了"美好教育"文化的构建之旅，这段不寻常的"美好教育"文化建设经历，使我更加深刻地理解和把握了新时代教育发展的脉搏，使自己的教育理念在教育教学管理实践中逐渐走向成熟。

　　如今，"美好教育"文化已经逐渐深入学校管理和教育教学的方方面面，融入每一位教职员工的思想和行为之中，形成了优良的校风、教风和学风，营造了良好的育人环境和氛围。"美好教育"文化成为新时代学校精神的集中体现，代表着全体教职员工共同的价值追求；成为学校办学、教师教育教学的工作纲领和全体教职员工武装头脑、指导实践和推动工作的行动指南。

　　2021年7月，学校"美好教育"文化邂逅"双减"政策，引发了我们对"美好教育"文化的再认识和新的思考，以"美好教育"深入解析"双减"政策的本质和内涵，积极探索"双减"政策落地的路径和策略，深层次理解2022年版义务教育新课程标准的方向，努力推动课堂转型、作业改进、课后服务升级和课程一体化建设，实现了"双减"政策的落地。与此同时，"双减"政策也助推了"美好教育"文化的迭代和升级，推动"美好教育"文化由"全景"历经"街景"走向"实景"，从"铭牌"历经"奖牌"走向"品牌"，进一步提升了学校的办学品质和影响力，促进学校办学逐步从"双减"走向了"双升"，走上教育高质量发展之路，"美好教育"文化生态逐渐形成。

　　近5年，学校先后荣获首都文明校园、北京市基础教育科研先进学校、北京市课程建设先进单位、北京市百所融合创新课题示范校、北京市百所融合创新基地学校、北京市科技教育示范学校、朝阳区学校文化特色品牌创建金牌项目学校、朝阳区首批文化示范学校等荣誉称号。

　　"十四五"时期，学校又站在了主动发展的新起点。面对"双减"教育改革，我们需要担当更多的教育职责和使命。我们应落实"立德树人"根本任务，进一步挖掘"美好教育"的本质和内涵，积极探索更为完善的"美好教育"文化实践路径，探索更为有效的"美好教育"文化实施策略，推动学校"美好教育"文化由"品牌"走向"金牌"。

驰骋在"十四五"高质量发展的快车道上，党的二十大吹响了"教育强国"的号角，人们比以往任何时候都更加期待高质量教育的福祉，比以往任何时候都更加渴盼优秀人才来支撑经济的发展，比以往任何时候都更加需要通过教育来推动社会的进步，教育事业步入了优质均衡发展的新阶段和提质增效的新征程。

"美好教育"是一种理想形态。它根植于人们对教育的诗意追求和对未来的美好渴望，反映了人们对培育完美人格的憧憬，是教育者围绕"人的全面发展"开展教育活动的内在动力，是受教育者通过教育获得美好未来的期待。人的全面发展是马克思主义追求的根本价值目标，也为教育改革提供了革故鼎新、继往开来的强大力量。从这一意义上看，"美好教育"在不同时代有不同的价值内涵和表现形式，从根本上时刻激励着人们思索人生的终极意义、追问教育的本质。

"美好教育"是一种心灵唤醒。有人认为："教育绝非单纯的文化传递，教育之为教育，正是在于它是一种人格心灵的唤醒。因此，教育的核心所在就是唤醒。"作为唤醒人格心灵的教育，不是空洞的说教、抽象的概念和冰冷的分数，而是通过自然美好的方式引导人性向善、人格向上、人品向好，唤醒自信、启悟智慧和润泽生命的"最美遇见"。

"美好教育"是一种智慧赋予。我们用昨天和今天的知识去教育面对明天未知世界的孩子，这些已有的知识能否满足孩子们应对未来挑战的需要，能否为他们创造一个更加绚丽多姿、五彩缤纷的世界，积淀起足够的自信呢？每一个教育工作者都应对教育保持足够的清醒和敬畏，把"美好教育"渗透在学校教育、家庭教育和社会教育之中，用理想、信念和知识、智慧浇灌"花朵"，让每一片绿叶都能摇曳多姿，让每一朵鲜花都能绽放希望。

"美好教育"是一种时代使命。随着时代发展与进步，百年未有之大变局加速演进，教育发挥着越来越重要的基础性、全局性、先导性作用，也决定了"美好教育"与国家强盛、民族复兴、人民幸福始终同频共振。我们要始终坚持与时俱进，坚持以美好为伴，在历史的新坐标中找准教育美好定位、美好路径，为文明赓续、社会发展提供源源不断的动力。

教育，让生命更美好，既是初心也是愿景。"美好教育"思想，唤醒人们对美好事物的向往和追求，旨在把整个心灵贡献给孩子。教育的成功，既取决于我们自身理想之远大，又取决于理念之美好。教育不是单一的灌输与填充，而在于点亮学生心中的明灯。行为、心灵合二为一才是真正的教育，也许这正是"美好教育"的意义所在。"美好教育"就是"朝向美好的努力"。在努力的过程中，"美好教育"更是一场向美好而行的遇见——遇见热泪盈眶的情怀，遇见灿烂闪亮的生命，遇见更加美好的彼此。"为学生的美好生活准备，美好人生奠基，为教师的美好生活添彩"，这就是我们孜孜以求的"美好教育"价值所在。

美丽中国，离不开"美好教育"的基础；首善京城，少不了"美好教育"的助力。我们梦想并期待着教育方向之美好、教育初心之美好、教育信仰之美好、五育并举之美好、教育体系之美好、教育智能之美好、教育改革之美好、教育开放之美好、教育服务之美好、教书育人之美好、文化育人之美好、教育生态之美好……概言之，就是教育的自然之美好、人文之美好和发展之美好。梦想是个人、家庭和社会进步的不竭动力，"美好教育"孕育着、滋润着梦想之花。让每一个教师在"美好教育"中书写梦想华章，让每一个学生在"美好教育"中奏响梦想之歌，让每一个家庭在"美好教育"中点亮梦想之灯，是新时代每一个教育人对教育的美好理想、责任担当和庄严承诺。

管永新

2024年1月于北京朝阳

目 录

第一章 "美好教育"：新时代教育人的使命与担当......003
　第一节："美好教育"文化理念的缘起与意义......004
　第二节："美好教育"文化概念的内涵与解析......006
　第三节：构建"美好教育"文化的路径与策略......008

第二章 美好管理：学校文化构建的支撑与保障......023
　第一节：美好管理文化的理念价值与内涵......023
　第二节：构建美好管理文化的思路与目标......028
　第三节：构建美好管理文化的路径与策略......030

第三章 美好课程：学校文化构建的核心与根本......049
　第一节：美好课程建设的背景与历程......049
　第二节：美好课程体系的结构与设置......057
　第三节：美好课程的评价策略......071
　第四节：美好课程管理与保障......078
　第五节：美好课程建设的成果与成效......080
　第六节：美好课程建设的特色与创新......084

第四章 美好教师：学校文化构建的主力与先锋......089
　第一节：美好教师的标准与内涵......089
　第二节：美好教师的培养与打造......094
　第三节：美好教师的评价与激励......124

第五章　美好课堂：学校文化构建的阵地与舞台 ... 137
第一节：美好课堂的基本理念 ... 137
第二节：美好课堂的基本特征 ... 144
第三节：美好课堂的操作策略 ... 146
第四节：美好课堂的评价标准 ... 162

第六章　美好少年：学校文化构建的起点与归宿 ... 171
第一节："美好教育"理念下的育人目标制定 ... 171
第二节：美好少年培养体系构建与实施 ... 175
第三节：美好少年评价体系构建与实施 ... 205

第七章　美好协同：学校文化构建的同盟与伙伴 ... 213
第一节：美好协同文化理念的内涵与价值 ... 213
第二节：构建美好协同文化的目标与内容 ... 217
第三节：构建美好协同文化的路径与策略 ... 220
第四节：构建美好协同文化的成效与展望 ... 227

第八章　美好绽放：学校文化视域下"双减"与"双升" ... 241
第一节：聚焦"双减"，推动作业升级"新版本" ... 242
第二节：聚力"双师"，构建课后服务"新模式" ... 256
第三节：聚标"双升"，谱高质量发展"新篇章" ... 266

第一章 美好教育
新时代教育人的使命与担当

  教育是国之大计、党之大计，是民族振兴、社会进步的重要基石。从党的十九大到党的二十大，是实现"两个一百年"的历史交汇期。作为新时代的教育工作者，我倍感振奋，也深知肩负的重要使命。新时代，坚持"人民至上"；新时代，呼唤"美好教育"。"美好教育"始终把孩子放在教育最中央，把孩子当作发展中的人和能够发展好的人。"美好教育"倡导用宽广的胸怀包容孩子，用崇高的人格陶冶孩子，用丰富的学识涵养孩子，用优秀的中华传统文化鼓舞孩子，让孩子拥有健康、幸福和美好的人生。

  "美好教育"文化直接回答"培养什么人""怎样培养人""为谁培养人"的时代命题。"美好教育"更是一场修行，"路漫漫其修远兮"，我辈自当"上下求索"。一代人有一代人的长征，一代人有一代人的担当。构建"美好教育"文化，是我们必须要肩负的使命和责任！故心之所向，理想在彼岸，我必守住初心，风雨兼程，一路向着美好奔跑。

第一章

"美好教育"：新时代教育人的使命与担当

教育的根本使命是为青少年一代幸福成长和幸福生活奠基。著名教育家苏霍姆林斯基说："在教学大纲和教科书中，规定了给予学生各种知识，却没有给予学生最重要的东西，这就是幸福。理想的教育是培养真正的人，让每一个从自己手里培养出来的人都能幸福地度过一生。这就是教育应该追求的恒久性、终极性价值。"教育应本着"以人为本"理念，以人的本性、人的尊严、人的潜能在教育过程中得到最大的实现与发展为实现途径，最后达到人人都拥有美好幸福人生为终极目标。我们应当努力实现这样的教育：当学生毕业走出校门的时候，对刚刚经历过的学校生活充满了美好的记忆，对下一步的学习和生活充满了美好的憧憬和坚实的信心，这是我们"美好教育"的逻辑起点。

"美好教育"是学校在经历长期锤炼和积淀、深刻把握新时代脉搏、充分考虑当下和未来国家人才培养需求，基于学校发展定位和使命担当而提出的教育理念。"美好教育"文化是以为学生的美好生活准备、美好人生奠基为使命的教育。它是由学生、教师、家长以及其他相关人群共同实施、体验和认可为"美好"的一种教育样态，是一种充满理性但是有情感温度的教育。"美好教育"能唤起学生与其他相关人群对"美好"的向往和追求，并帮助学生和相关人群发展实现"美好"的能力，也让所有参与者感受到教育过程中的美好，使学生能够学会认识美好、创造美好和享受美好；让教师感受到被尊重的愉快、体验到成功的幸福；让家长们享受家校合作的愉悦。

美好教育
——学校文化的构建与实施

第一节："美好教育"文化理念的缘起与意义

党的十九大报告中，习近平总书记高瞻远瞩地提出，中国特色社会主义进入新时代，我国社会主要矛盾已经转化为人民日益增长的美好生活需要和不平衡不充分发展之间的矛盾，由此发出了"永远把人民对美好生活的向往作为奋斗目标"的时代强音。人民日益增长的对美好生活的向往，自然包括对"美好教育"的向往。因此，构建"美好教育"文化是新时代对教育发展的要求，是新时代赋予教育人的重大使命和担当。

一、"美好教育"是办好人民满意教育事业的具体举措

百年大计，教育为本。建设教育强国是中华民族伟大复兴的基础工程，必须把教育事业放在优先位置，深化教育改革，加快教育现代化，办好人民满意的教育。我们要全面贯彻党的教育方针，落实立德树人根本任务，推动教育高质量发展，推进教育公平，培养德智体美劳全面发展的社会主义建设者和接班人。"美好教育"是"美好"和"教育"的合体，"美好教育"囊括了人们的全部愿景，体现了人们的教育期待，既达成个体身心和谐发展之目标，又促进民族兴盛愿望的实现，推动人类文明的发展。

二、"美好教育"是落实立德树人根本任务的有效路径

2018年9月，在全国教育大会上，习近平总书记提出"教育是国之大计、党之大计"，高度概括教育在党和国家事业发展全局中的战略地位和关键作用。习近平总书记指出"培养什么人、怎样培养人、为谁培养人"是教育的根本问题。2019年6月，中共中央、国务院颁发《关于深化教育教学改革全面提高义务教育质量的意见》再次强调落实立德树人根本任务，着重指出构建德智体美劳全面培养的教育体系，健全立德树人的落实机制，着力在坚定理想信念、厚植爱国主义情怀、加强品德修养、增长知识见识、培养奋斗精神、增强综合素质上下功夫。因此，我们构建"美好教育"文化理论与实践体系，是对习近平总书记提出"培养什么人、怎样培养人、为谁培养人"教育根本问题的校本化回答，是学校落实立德树人根本任务的具体路径。

第一章 美好教育
新时代教育人的使命与担当

三、"美好教育"是解决当前教育基本矛盾的必由之路

中国特色社会主义进入了新时代，在新的历史方位中，教育是中国特色社会主义事业的重要组成部分，教育领域同样存在发展不平衡不充分的问题。随着我国经济社会持续快速发展，人民生活水平显著提高，生活需要日趋多元化，对美好生活的向往更加强烈。教育事业也逐步从过去"有学上"向"上好学"，从"大起来"向"强起来"转变。要解决这些矛盾，就必须要解决这些不平衡发展中的短板问题，只有解决了这些短板问题，才能让每一个孩子都享有优质、均衡和公平的教育。我们构建"美好教育"文化的初心，就是在教育实践中，不断发现学校教育的短板，通过顶层设计和系统思考，进一步去优化教育实施的路径和策略，为每一个孩子提供更加优质、均衡和公平的教育。

四、"美好教育"是落实时代新人培养目标的必然选择

习近平总书记在写给北京大学援鄂医疗队全体"90后"党员的回信中指出："广大青年用行动证明，新时代的中国青年是好样的，是堪当大任的！""青年一代有理想、有本领、有担当，国家就有前途，民族就有希望。"2022年，《义务教育课程方案》进一步完善了义务教育阶段的培养目标，全面落实习近平总书记关于培养担当民族复兴大任时代新人的要求，结合义务教育性质和课程定位，将义务教育阶段的培养目标确定为"培养有理想、有本领、有担当，德智体美劳全面发展的社会主义建设者和接班人"。

构建"美好教育"文化的初心与使命，就是唤醒师生对"美好"的追求，对未来事物形成美好想象和希望，发展和提升师生实现"美好"的能力，并能为祖国建设和自身幸福生活扛起责任。

五、"美好教育"是推动学校办学内涵发展的有力支撑

学校办学内涵发展是指学校在遵循教育规律的基础上，依托已有条件，把以人为本、师生发展作为办学目标，在学校文化、课程开发、课堂教学、师生发展等方面，遵循教育发展规律和新时代教育改革需求，实现学校的自主发展。许多成功经验表明，学校内涵发展必须在学校文化、师生发展和课堂教学等关键点上，谋思路、下气力、求实效，促进学校办学走上科学、持续和健康的发展之路。构建"美好教育"文化就是围绕"美好管理""美好课程""美好课堂""美好教师""美

好少年""美好协同"等教育关键要素,通过整体规划和系统思考,进一步优化教育实施路径和策略,推动各要素之间协调发展,促进各项教育工作高效、高质量完成。

第二节:"美好教育"文化概念的内涵与解析

一、"美好教育"概念解析

"美好"是学校历经多年办学实践,逐步从"口号"上升至"理念"再到"品牌",由"抽象"走向"具像"再回归"抽象"的标识性产物。其中"美"是理念,是价值,是追求;好是形式,是载体,是样态。"美好教育"是学校教育以"美好生活"为根基,以"美好人生"为场域,以"美好未来"为方向所进行的教育实践、过程体验和价值追求的育人生态体;是由学生、教师、家长以及其他相关人群共同实施、体验和认可为"美好"的一种教育样态;是一种充满理性但是有情感温度的教育。实施"美好教育"旨在唤起学生与其他相关人群对"美好"的追求,并帮助学生和相关人群发展实现"美好"的能力。

二、"美好教育"内涵理解

(一)"美好教育"是坚持人民为中心理念的教育

习近平总书记在全国教育大会指出,必须坚持以人民为中心发展教育,努力让每个人享有受教育的机会,获得发展自身、奉献社会、造福人民的能力。我们要加快建设伴随每个人一生的教育,让学习成为每个人的习惯和生活方式;要加快建设适合每一个人的教育,努力使不同性格禀赋、不同兴趣特长、不同素质潜力的学生,都能享受符合自己成长需要的教育。教育的对象是"人",是"生命"。教育的目的是不断促进人的成长,提升生命的价值,实现生命的意义。从本质上看,"美好教育"是一种深切的生命关怀。

这种生命关怀一方面表现在它所主张的有教无类、因材施教、人人成才上。"美好教育"是敬畏生命、尊重规律的教育;是让生命自然生长,同时输出一种生命价值观的教育。另一方面,表现在对学生精神生命的关怀上,是促进学生心智成长、人格健全、情感丰富、人性美好的教育。再一方面,"美好教育"还是

第一章 美好教育
新时代教育人的使命与担当

帮助学生发现自我、发展个性和实现自我的教育。因此,"美好教育"需要教育者耐心守护、细心观察,不断发掘学生的兴趣和特质,顺应他们的天性,帮助每一个孩子找到自己生长的方向,走出一条适合自己成长的路。

(二)"美好教育"是为学生一生发展奠基的教育

教育的根本使命是为青年一代幸福成长和幸福生活奠基。爱因斯坦曾说:"当一个人把在学校学到的知识忘掉,剩下的就是教育。"我们始终坚守"美好教育"的初心,就是为学生的一生负责,就是始终立足于为学生终身可持续发展奠基这一根本,运用合乎儿童身心成长规律的科学方法,促进学生德智体美劳全面发展,实现学生个体身心、知识和能力的发展。它是伴随学生一生的终身教育,它不是追求教会学生更多的知识,而是唤醒学生对学习的兴趣与追求,发展学生学会学习、主动学习、终身学习的意识和能力,为学生终身发展打下美好的底色。

(三)"美好教育"是师生共识共治共享的教育

教育是一种唤醒的过程,包含着"自省"与"外导"下的知识获得、思维提升和价值锻造。教育家杜威说:"教师参与学生的活动,在这种共享活动中,教师是一个学习者,而学习者其实不知道自己也是一个老师。"换句话说,无论教师还是学生,越少意识到自己的施教者或者受教者身份越好。杜威将这种师生互动称为"共享"。"共享"是"美好教育"文化极其重要的特征,"美好教育"文化追求师生共识、共治、共享的教育生态,它不仅从外部提出各种要求和提供各种发展支持,还重视和反映学生本身的愿望和体验。

学校不仅要引导学生理解和践行各种来自社会的有关美好发展的要求,还要理解学生对"美好"的合理追求,帮助他们实现自己的要求,并得到发展。"美好教育"不是教师对学生单方面的"唤醒",而是教师和学生对"美好教育"文化的追求达成高度的共识,师生在实施"美好教育"过程中相互促进、彼此激发。正如韩愈在《师说》中所说:"弟子不必不如师,师不必贤于弟子,闻道有先后,术业有专攻,如是而已。"

(四)"美好教育"是唤醒激发主动创造的教育

每个孩子的灵魂深处都潜藏着智慧和美好的种子,我们一旦从内心深处唤醒孩子沉睡的生命意识、自我意识,就会激发出孩子身上强大的生命力和创造力。

美好教育
——学校文化的构建与实施

"美好教育"就是将每个孩子内心深处的真善美唤醒,将生命的原动力唤醒,并激发出"自我实现"更高品位的"美好"追求,美在自觉,好在主动。

(五)"美好教育"是全面与个性发展统一的教育

人的全面发展和个性发展是辩证统一的。对于人的全面发展与个性发展问题,我国教育界大致有三种不同看法:一种认为人的全面发展包含个性发展,类似于整体和部分的关系;另一种认为二者完全是一回事,即人的全面发展就是个性发展,人的个性发展也是全面发展;第三种则认为,人的全面发展与个性发展既有联系又有区别,人的全面发展就是人的个性得到全面发展,二者是辩证统一的。

"美好教育"在个体培养过程中,既注重人的全面发展,又注重个性发展,并致力于做到二者的相互融合与统一。这样的教育才能使人性获得解放,使人的成长走向全面、自由和美好。

(六)"美好教育"是个人与团队发展融合协调的教育

在经济全球化不断发展的今天,任何一个国家都不可能仅靠一己的力量立足于世界,合作共赢已经成为当今和未来时代的主题。未来将是一个合作共赢的时代,一个资源共享的时代,一个优势互补的时代。合作共赢是未来的趋势、潮流,是一条通向繁荣与富强的光明之路。教育事业培养的是未来的人才,是担当民族复兴大任的时代新人。

因此,"美好教育"必须着眼于现在,更要着眼于未来,培养既具备个人发展能力又具备推动团队发展能力的人。学生个人发展与团队发展以及学校发展态势,可以用费孝通先生所说的"各美其美,美人之美;美美与共,天下大同"来概括。

第三节:构建"美好教育"文化的路径与策略

学校文化是社会文化的有机组成部分,它是以学校群体成员为主体,在教育教学和管理实践中,共同创造生成体现时代特征的价值观念、思维方式、行为规范及其活动结果。学校文化以具有学校特色的精神形式、制度形式和物质形态为外部表现,影响和制约着学校群体成员的活动方式、精神面貌与文化素养,既体现全体教职员工共同的价值追求,也是指导和规范教职员工工作和行为的指南。

第一章 美好教育
新时代教育人的使命与担当

一、"美好教育"文化的概念梳理

从理论上讲,"美好教育"文化是学校所有师生员工认同和自觉遵行的价值观念、活动规范和行为习惯,并为"美好教育"发展持续努力的集体组织行为。从实践状态讲,"美好教育"文化就是在师生中形成追求美好的氛围,每个人都真切知道美好,由衷热爱美好,主动践行美好。

二、"美好教育"文化的价值追求

(一)"美好教育"文化价值分析

"美好"这个词本身兼具感性和理性属性,"美好教育"的文化价值也是如此。它是理性的,也是感性的;是未来的,也是当下的。

我们界定的"美好教育"价值类型和层次是多样的。具体操作方法是:将"需求层次论"的需求分类和学校生活主要领域的活动结合起来,结合调查,分析学生群体所认定的"美好教育"是什么,据此提出下面的价值系统。采用这样的方法,符合学校和学生的现实,有助于"美好教育"及其文化落地生根。

(二)"美好教育"文化价值体系

"美好教育"的价值需要体系

"美好教育"价值需要类别	具体价值需要
"美好教育"生活价值需要	安全(生命安全、心理安全、健康和学习安全)以及基本生理需求(如厕、睡眠、餐饮等)
"美好教育"关系价值需要	尊重、自尊、关爱、交往、合作、感恩等
"美好教育"活动价值需要	知识、技术、游戏、多样性、挑战性、探索、实践、参与、精细、成功、快乐、兴趣等
"美好教育"环境价值需要	美丽、文化、精致、特色、舒适、方便、实用等
美好品德发展价值需要	爱国、敬业、爱心、礼貌、文明、坚韧、理智、自信、成长、进取、担当等
美好组织管理价值需要	公平、公正、民主、权利、规范、支持等

(三)"美好教育"文化系统说明

1. "美好教育"文化是一个综合体,上述众多价值需求在"美好教育"文化的框架内,是各自相对独立而又相互支持的体系。

2. 对这个价值体系及其支持平台（组织和活动）的运行，既要全面，也要有重点。

3. 学校文化建设中，阶段性重点价值要根据学校阶段发展重点（问题重点、目标重点、关键项目等）来选择。

三、"美好教育"文化实践体系

构建学校文化的基石是学校的各类活动和人们的行为。根据学校工作的实际情况，我们将"美好教育"文化划分为以下几个模块：管理文化、课程文化、课堂文化、教师文化、学生文化、家校合作文化。六个实践领域基本覆盖了学校建设的基本要素。见下图：

```
              "美好教育"文化
    ┌─────┬─────┬─────┬─────┬─────┬─────┐
  美好管理 美好课程 美好课堂 美好教师 美好少年 美好协同
```

在构建与实施"美好教育"文化的过程中，学校在充分把握"美好教育"本质和内涵的前提下，逐步探索出了"美好管理""美好课程""美好课堂""美好教师""美好少年""美好协同"六大"美好教育"实践模块。

（一）美好管理

美好管理是和谐与高效相融合的管理状态或管理格局，是管理者通过管理行为挖掘师生"美好"的潜质，唤起师生对"美好"的追求，发展和提升师生实现"美好"的能力。美好管理的本质就是服务师生向着"美好"发展和成长。

（二）美好课程

美好课程是为实现"美好教育"目标而设置的教育内容及其实施的过程，是以"为学生美好生活准备、美好人生奠基"为目标，是由系统化的知识、技能、行为规范及各类活动所组成的完整教育体系。

（三）美好课堂

美好课堂是指在课堂教学活动中，师生双方和谐互动，使学生感受知识的奥妙、体验学习过程的美好，成功完成学习任务，师生共同收获成功感受和愉悦心情的课堂。

（四）美好教师

美好教师是在"美好教育"文化理念下，不断发展起来的"守师德、精业务、重学研、健身心、善合作、尚美好"的教师。

（五）美好少年

美好少年是在"美好教育"活动框架下，成长起来的"崇美德、善学习、强体魄、会审美、爱劳动、知自励、创美好"全面发展的学生。美好少年既是学校培养目标的规定，也是引导学生审视自身成长、感受进步的指南。

（六）美好协同

美好协同是在"美好教育"文化的引领下，逐渐完善和发展起来的家校合作关系及其实践的综合模式。它是基于儿童全面发展和终身发展的家庭教育、学校教育、社会教育的有机融合；是家庭、学校和社会互相配合、支持与协作，发挥各自优势、共享优质资源的教育互动活动；是连接学校、家庭和社会的桥梁；是达成美好少年育人目标的重要路径。

四、"美好教育"文化建设的内容

（一）"美好教育"精神文化建设

学校精神文化是在长期办学实践中逐步形成的、被全体教职员工认同和信守的、相对稳定的价值理念和行动准则。它是新时代学校精神的集中体现，代表着全体教职员工共同的价值追求；是学校办学、教师教育教学的工作纲领；是全体教职员工武装头脑，指导实践和推动工作的行动指南；是学校文化的表达；是学校精神面貌的集中反映；是学校一切教育行为的内在灵魂；是学校文化建设的核心和关键所在。它反映了学校管理、教育教学和育人行为的基本价值取向，综合体现了学校在办学理念、教育思想、育人目标、校训、教风和学风等方面的追求，主要在于塑造、培养和形成主体良好的精神面貌和心理状态。正像知名作家梁晓声所说："文化是根植于内心的修养，无需提醒的自觉，以约束为前提的自由和为他人着想的善良。"学校精神文化对全体师生员工的思想和行为具有约束、规范和激励的功能和作用。

美好教育
——学校文化的构建与实施

　　学校精神文化是全体师生员工共同信守的行动规范和准则。它是师生员工的日常行为准则，渗透在学校管理、教育教学的一切领域，在学校文化体系中具有统领作用，决定学校的办学方向和教育质量。我校"美好教育"教育文化，是在结合学校办学理念、办学追求和办学定位，充分尊重学校原有文化的基础上，深刻领会和把握新时代教育思想，落实立德树人根本任务，落实习近平总书记全国教育大会提出的"培养什么人、怎样培养人、为谁培养人"的时代命题，在充分研究和讨论的前提下，进行了系统的设计、凝练而来。它既着眼于教育的当下，也面向教育未来，既遵循生命成长规律，也着眼于学生可持续发展，是新时代学校精神的集中体现。

"美好教育"文化理念体系

　　办学宗旨：立德树人、全面育人。
　　办学目标：创建九年一贯制现代化品牌学校，办人民满意的教育。
　　办学理念：尊重、发展、开放、创新。
　　教育理想：办"美好教育"、启幸福人生。
　　办学思想：为美好生活准备、为美好人生奠基。
　　文化追求：发掘师生"美好"的潜质，唤起师生对"美好"的追求，发展师生实现"美好"的能力。
　　育人目标：培养"崇美德、善学习、强体魄、会审美、爱劳动、知自励、创美好"全面发展的美好少年。
　　育人途径：美好管理、美好课程、美好课堂、美好教师、美好少年、美好协同。
　　育人方略：以美蕴美、以美育美、以美润美。
　　校　　训：诚实守信、务实求真、志存高远。
　　校　　风：求真、务实、开拓、进取。
　　教　　风：严谨、扎实、谦逊、博厚。
　　学　　风：勤奋、踏实、自主、创新。
　　校　　歌：《美好远航》

第一章 美好教育
新时代教育人的使命与担当

美好远航
北京市陈经纶中学分校望京实验学校校歌

作词：刘美玲 管永新
作曲：焦 烨
编曲/音乐制作：叶敏

1 = C 4/4 ♩=124

迎着初升的朝阳，满载希望的梦想，美好相约，走进陈分望实的课堂。崇德善学让心灵多彩绽放，乐观进取做建设祖国的栋梁。来吧，来吧，播下未来的希望，来吧，来吧，插上思维的翅膀；踏着时代节拍，奏响美好乐章。

徜徉美丽的校园，遨游知识的海洋，美好续航，积蓄迈向成功的力量。来吧，来吧，扬起美好的风帆，来吧，来吧，放飞心中的梦想；牢记初心使命，向着美好远航。

向着美好远航。

（二）"美好教育"制度文化建设

学校制度是学校运行和文化建设的保障系统，建设一套严格、科学和系统的管理制度，形成良好的制度氛围，形成独特的制度文化，是构建学校"美好教育"文化的关键，也是一项系统工程。

首先，制度文化建设要注意制度的文化性与规则性的内在一致性，任何制度体系都是学校文化价值无言而有力的声明。学校的制度文化浸润在学校的人际关系、教育观念、课程知识、教学方法、管理结构、发展规划、组织形式、教育目标、传统习俗以及心理氛围之中。

其次，制度文化建设要坚持以人为本理念，发扬民主，集思广益。根据学校实际，我们应建立一套符合"美好教育"文化理念、反映师生意愿并为师生认可的，能够提升学生道德修养，促进师生素质发展的规章制度，包括学生教育管理制度、班级管理制度、教师教育教学管理制度等。

最后，"美好教育"制度文化倡导美好的人性源自美好的制度保障，有利于学生良好习惯的养成，以及良好班风和良好校风的形成。因此，"美好教育"倡导通过这种"软"文化与"硬"制度的结合，对师生进行多方位的情操陶冶、行为规范，促进学生身心愉悦地成长，塑造和谐发展、健康向上的文化环境、教育环境和精神氛围。

（三）"美好教育"物质文化建设

物质文化是学校文化建设的一部分，是学校文化理念的外在呈现形式，是积淀学校历史、传统与文化的特殊产物。从功能方面看，物质文化在培养人才的过程中，具有教育、示范、凝聚、创造、熏陶等功能；从价值方面看，物质文化又具有传播价值、美育价值、道德认同性价值、知识性价值、社会性价值等。学生通过对物质文化的解读与领悟，学会与他人、社会、历史、文化的"交流"与"对话"，把物质环境中隐含的精神文化转化为自身的主体情趣和自我感受。在"美好教育"文化氛围中，感受精神的感染和教育的熏陶，为新时代学生形成良好的心理品格与正确的价值观念奠定坚实的基础。

学校的物质文化是学校精神文化的物质载体，学校的物质环境可分为基础设施文化、自然人文环境文化等。学校的图书资料、文化设施、活动场所、物质环境等基础物质设施是学校物质文化的硬件，包含着强烈的自然气息与人文精神，能够渗透学校的价值取向，营造一种强有力的育人氛围。

学校物质环境文化建设的具体内容，一方面表现在学校建筑文化层面，如学校建筑的布局、命名、风格，校门、操场与标志性建筑的设计与修建等，使其尽可能体现学校的文化理念，表现丰富的思想内容和价值。

学校物质环境文化建设，另一方面表现在学校绿化、美化和装饰层面，如学校绿化景点、雕塑与壁画的创作设计与内外部装修等，利用自然环境育化心灵，涵养性情，提升境界，形成具有鲜明个性和方向感、立体感的学校品牌形象。学校物质环境文化也包括学校内部教学楼、实验室、图书馆、功能教室、走廊的陈设与布置，使其传达出与学校文化理念相匹配的文化和精神。学校物质环境文化还包括学校传播设施，如校歌、校徽、校标、校服等学校标志物的设计制作，以及黑板报、展示窗、阅报栏、标语牌、广播、学校官网、公众号、视频号的设置等。

在"美好教育"文化理念引领下，学校物质文化建设就是通过对上述每一种学校文化物质载体的精心设计、加工、提炼和升华，赋予其"美好"的精神内涵、教育功能和教育力量，使其具备独特的风格和文化意味，使师生浸润"美好教育"精神意蕴，从美好的环境、布局、装饰、陈设、景观和各种宣传阵地、展示平台、传播途径中，领会"美好教育"文化的态度、情感和价值观，潜移默化地影响学校群体成员的观念与行为，实现"以美蕴美""以美润美""以美育美"的体验和熏陶价值，创造美好校园文化，建立美好品牌形象系统，传播"美好教育"文化核心价值观。

五、"美好教育"文化建设的原则

（一）目标自觉原则

为了建立学校成员共同的文化共识和行为模式，必须在所有成员中形成文化建设目标自觉意识，也就是对要解决的问题、实现的文化目标、达到的成果有清晰的认识、形成高度认同和共识。为了落实目标自觉原则，学校管理部门应当编制系统、细致和具有可操作性的标准和规范，作为师生的行动指南。应当组织教职员工结合实际工作，学习和理解学校文化理念，研究和认识它们在实践中的表现形式、存在问题和解决策略等。

美好教育
—— 学校文化的构建与实施

（二）学生主体原则

学生主体原则，是指学校在构建"美好教育"文化的过程中，把学生当成主角，全程体现学生的主体性，将构建"美好教育"文化的目标聚焦于学生的需要和发展，通过学生的主动参与，使他们获得真实的体验。构建"美好教育"文化的成效，则以学生美好行为习惯的养成和学生"美好"体验的获得作为检验标准。

遵循学生主体原则，就要在设计和实施"美好教育"文化项目的时候，充分研究学生的年龄特点和需要，以学生知、情、行发展的实际结果为标准设计项目目标，开放学生参与的空间，设计学生喜欢的活动方式和组织机制，以学生实际发展和实际获得，而不仅仅是以活动实施为标准，对各项工作进行评价。

（三）知行合一原则

知行合一原则，是指学校构建"美好教育"文化要将"知行合一""知必行""行必久"作为指导思想，把养成师生美好行为习惯作为出发点，并设计全过程的实施方案。只有把养成自觉行为习惯作为构建学校文化的目标和检验标准，才能促进师生个体和学校整体的进步和发展。

落实知行合一原则，必须建立完善的制度和活动系统，将外部推动与个体自我管理紧密结合起来，制定各个方面的行为规范标准，使师生有所遵循。

（四）系统精致原则

系统精致原则，是指要遵循"精致做教育，精致铸文化"的理念，把教育活动系统化、做细致，将"美好教育"的价值追求融入教育活动,进而促进学生的成长。

落实系统精致原则，需要我们在充分理解学生特点和相关活动目标的基础上，进行细致的目标分解和标准要求的制定，认真细致设计每个活动的内容和环节，细致充分地进行引导和评价。在学校管理层面，精致化要求管理者在学校办学总目标和"美好教育"文化价值指导下，对各领域的分目标、要求和实施策略进行系统的设计；在实施过程中，进行动态管理，追踪研究，总结经验，发现问题，不断去提升"美好教育"文化的品质。

（五）继承发展原则

"美好教育"文化不应是水中之月和空中楼阁，而是在学校原有文化的基础上，继承发展而来。因此，构建"美好教育"文化需要在批判性继承的基础上创

第一章 美好教育
新时代教育人的使命与担当

新,在创新的过程中继承与发展。正如习近平总书记说的:"对历史文化,特别是先人传承下来的道德规范,要坚持古为今用、推陈出新,有鉴别地加以对待,有扬弃地加以继承。"可见,继承与发展是相辅相成的,二者不可分离。一方面,我们不能完全抛开学校原有传统文化,空谈文化创新。任何文化的创新,都离不开对传统文化的继承。另一方面,我们也不能只讲继承,不谈创新。一个学校如果只知道继承原有文化,却不知道创新,就会故步自封,就会失去文化的活力。

"美好教育"成就幸福师生

"迎着初升的朝阳,满载希望的梦想,美好相约,走进陈分望实的课堂。崇德善学让心灵多彩绽放,乐观进取做建设祖国的栋梁……"这是北京市陈经纶中学分校望京实验学校校歌的词,配上音乐教师焦烨谱的曲,活泼欢快的旋律,犹如一幅幅"美好教育"的画卷铺展在歌者、听众面前。

"美好教师"首先是幸福的

"美好教育"在于"立德树人,全面育人";在于"为美好生活准备,为美好人生奠基";在于唤起师生对"美好"的追求,以及发展和提升师生实现"美好"的能力……作为"美好教育"的主角之一,"美好教师"首先是幸福的,这种幸福体现在专业成长上,体现在被读懂的内心上,也体现在工作中的创新里。

在这里,氛围是美好的,我是快乐的、更是幸福的,我努力工作,也在享受工作。进入陈分望京实验学校,"美好教育"带给小学语文教师兼小学教育发展中心主任刘凌老师最大的改变就是跳出"舒适区",开启职业生涯的自我革命。学校信息技术与课堂的深度融合,让年近中年的她入迷,并坚定地踏上刻苦学习之路。参与相关课题的深度研究、助力学生个性化学习和发展,在一次次挑战中,刘凌老师的潜能得到了发挥,实现了新的突破——成为一名骨干教师、取得了中学高级教师职称、光荣地加入了中国共产党。

入职仅2年的温馨老师则是另一番体验。初站讲台时,她讲得精疲力尽,学生学得一脸迷茫。就在温馨老师焦急又沮丧的时候,校长的一次"推门课",让她走出了苦恼的怪圈。那一次，校长的语气虽然严厉，但对整节课的分析细致入微——大到课堂秩序、节奏和课堂容量，小到语速和口头禅都一一评价。有了改进的突破口，温馨老师开始回看上课的视频，把自己的教学设计与学校"美好课堂"的标准对标，从教学目标到策略的每一个环节都细细研磨，和自己较劲。"说实话，真的很累，但是每次上课时学生的反应、师生的互动，上完课后的畅快与踏实又让我觉得莫大的幸福。"温馨老师欣慰地说。

伴随着学校各种课题的研究以及学习培训，温馨老师终于有机会弥补"推门课"的遗憾。在朝阳区级研究课上，她的《大道之行也》课行云流水，获得了专家、老师们的认可。这一刻，温馨老师再一次尝到了幸福的滋味。

"美好课程"为学生个性化发展护航

课程是学校贯彻落实国家教育方针，聚焦社会主义核心价值观和核心素养的抓手。据此，学校确立了"国家课程校本化、地方课程规范化、校本课程特色化"的课程建设思路，构建形成了旨在培养学生"崇美德、善学习、强体魄、会审美、爱劳动、知自励、创美好"全面发展的美好少年的"美好课程"体系。

学校"美好课程"体系涉及基础类、拓展类和发展类三大领域，共有人文底蕴、科学精神、责任担当、实践创新等六个方面，包含数理科创课程群、生涯学习课程群以及品德修养课程群等九大课程群。"美好课程"体系建设为学生提供了形式丰富、多维度和多领域的课程资源，旨在面向学生全面成长、个性需求和未来发展，促进学生核心素养的真正落地。

依托40多个体艺科社团和多门选修课，学生们学习、研究的兴趣更浓了。同时，学生们也在"行走人生"课程实践以及博物馆、纪念馆、展览馆研学课程中，不断提升综合素养，积累创新和实践能力。

学校八年级（1）班学生胡芮溪是"美好课程"的受益学生之一。她坦言："学科课程丰富了我的文化知识，为我的美好人生和幸福生活打好底色；社团课程丰满了我成长的羽翼、厚积了成长的能力和力量；综合实践、研学旅行、社会大课堂等课程提升了我的修养，塑造了我的品格。"

2021年，在全国人民隆重庆祝中国共产党成立100周年之际，学校历史教师陈静、王剑娅和李艳玲3位老师合作，将党史知识融入课程体系中。她们依据

第一章 美好教育
新时代教育人的使命与担当

学生的认知特点,以百年党史中决定中华民族命运的大事为主线,选取党史专家对不同历史时期的分析、介绍,制作成党史知识题库供学生们学习。"学生们现在已经不满足于线上学习,还要在线下比拼。"陈老师笑着说:"不管是哪种形式,只要孩子们学进去了,对他们的影响就是不可估量的。"

六个助推实现"美好课堂"

要引领教师从"知识课堂"向"思维课堂"转变,引领学生从"知识积累"走向"核心素养发展",学校用"问题助推、质疑助推、评价助推、工具助推、技术助推、情感助推"实现了独特的课堂教学文化。这种新型的教学实践体系,既体现了从"教"向"学"的转变,也体现了从"育分"到"育人"的转变,促进了教学目标的高效率达成。

这一方面,陈静老师很有体会。她表示,由于受课时、教材容量等因素的影响,历史教材中的党史部分结论性内容多而具体细节少。这种编排,让学生觉得党史和他们有距离。"历史细节最能打动人。"为了让学生懂得中国共产党第一次全国代表大会召开的伟大历史意义,陈老师抛开常规的讲法,有意在语言、氛围上模拟当时复杂的社会环境,并借助设问、信息化等手段一步一步让学生"亲历"事件的整个过程。课讲完后,孩子们根本不用背,就把这个历史事件牢牢记住了,他们在课堂上忍不住感慨:"中国共产党太不容易了。"

作为学校"青师班"的参与者之一,拥有7年教龄的宗欣老师对课堂的变化也感触颇深:"课堂上,学生不再被动接受,而是通过自主、合作和对话开展学习,他们动口、动手、动脑、实践、表达和展示的机会更多了;课下,学生通过做手抄报、自编自导自演话剧或舞台剧、诗歌朗诵、社会调查等方式完成家庭作业,拥有了更加宽泛和自由的学习空间。"学校相关问卷调查显示,学生的学习兴趣、合作能力、组织能力、时间管理能力、自我管理能力、表达能力等均得到明显提升。

初一年级语文教师刘旭还把课堂上教过的"谐音"知识运用到班级管理中。对于进步的学生,颁发芹菜奖,寓意"勤奋";对于积极参加学校各类活动的学生颁发油菜奖,寓意"有才";对于个人物品收纳整齐的学生,则颁发"桌越"少年奖,深受学生、家长欢迎。

美好教育
——学校文化的构建与实施

■家长心声

了不起的"美好教育"

儿子孙钰棋进入北京市陈经纶中学分校望京实验学校这个温暖的大家庭，已经快一年了。回望过往，孙钰棋是这样描述的："这段美好的时光，深深地嵌在了我的记忆里，如同郑燮笔下的竹石一样：千磨万击还坚劲，任尔东西南北风。"

这段时光是怎样的美好呢？从孩子的角度，他忘不了老师们无私忘我的付出，忘不了校园里丰富多彩的生活，忘不了自己一个又一个的成长印迹。一年来，孩子在各学科老师的悉心教导下，在互助友爱的同学们的帮助下，他逐渐从一个平凡普通的中等生成长为优等生。

作为家长，孩子身上的每一个变化，我都看在眼里，喜在心上。

记得在第一次家长会上，校长给我们介绍了学校的办学理想——"办美好教育，启幸福人生"。通过一年的亲身经历，我深深领会到，活动育人、文化润心，学校的育人模式和文化理念蕴含着浓浓的教育情怀。

（此文发表于《现代教育报》2021年6月29日46版）

第二章 美好管理
学校文化构建的支撑与保障

古人云"治大国，若烹小鲜"。学校管理亦如此，美好管理就是要从表面杂乱无章、无从下手、千头万绪和急难繁重、疑难杂症之中逐步发现规律，运用恰当的管理学理论、原则和方法，通过党建引领、制度重构、流程再造和管理创新等策略，构建现代化管理体系，推动学校从"管理"走向"治理"。

美好管理是"美"与"好"并存之管理，"美"体现为管理的艺术性，使人身处其中，如沐春风、喜不自胜。"好"体现为管理的科学性，遵循客观规律、管理理论和管理原则。美好管理则追求这种"美"与"好"的交融和艺术性与科学性的交汇，既有人文情怀又有理性思维，是将"美"与"好"完美渗透进学校管理的一个过程。

第二章
美好管理：学校文化构建的支撑与保障

"美好教育"文化从理念到行为的转变，"美好教育"文化实践体系的高质量运行，离不开与之相配套和适应的管理体系的支撑与保障。

第一节：美好管理文化的理念价值与内涵

一、美好管理文化的理念解读

学校管理理念反映了学校管理的发展趋势和管理者的理想追求，包括办学宗旨、管理理念、管理模式、管理制度、执行力文化、组织氛围、管理活动和参与者行为习惯等。

首先，美好管理是一种和谐与高效的管理状态或管理格局。一方面，美好管理以严谨、科学的管理，高效率地实现学校的办学目标；另一方面，它以关爱、民主的方式，激发每个师生员工投入学校的发展之中，从而形成学校与师生群体"双满意"的局面。

其次，美好管理是一种比较平衡的管理理念和模式。关于管理模式分析，一般集中在如何处理好管理活动中的两个基本问题上：一是个人的需求与组织任务孰轻孰重？二是集权领导与民主放权谁更优秀？第一个问题的极端模式包括重人轻事的"亲情管理模式"和重事轻人的"工作中心模式"。第二个问题的极端模式分别是"领导说了算"和"一切决策要公议"。这几种极端模式都存在偏颇，纯粹的群众决策模式容易导致组织松散混乱，组织的目标和任务难以完成。而领导集权模式则可能冷落人心，导致人们消极对待工作。我们所追求和倡导的美好管理则选择不走极端，注意在"关心人"和"抓工作"之间、"集中"和"民主"之间取得平衡，和谐共进。

最后，美好管理还是一种以人为本的管理，坚持以"学生"为中心，美好管理的目标就是服务师生向着"美好"发展和成长。同时，美好管理是一种以问题为导向的管理，是发现问题、研究问题和解决问题的过程，美好管理不仅不回避问题的存在，还积极提升干部、教师的问题意识。在干部、教师中努力营造发现问题是走向"美好"的第一步，解决问题就是走向"美好"的工作思维。美好管理是"美"与"好"并存的管理，"美"体现为管理的艺术性，使人身处其中，如沐春风、喜不自胜；"好"体现为管理的科学性，遵循客观规律、管理理论、管理原则。美好管理则追求的是这种"美"与"好"的交融和艺术性与科学性的交汇，既有人文情怀又有理性思维，是将"美"与"好"完美渗透进学校管理的一个过程。

二、美好管理文化的价值梳理

构建"美好教育"文化离不开优质的教育资源、科学高效的管理体系、现代化的办学条件和优美的教育环境。因此，构建美好管理文化是实施"美好教育"的前提条件。在构建"美好教育"文化实践体系过程中，学校逐步梳理出了美好管理文化的价值，即普及、提高、共治、共享、质量、成果（进步）、系统思考等。

三、美好管理的内容框架

（一）树立综合平衡的管理价值理念。综合平衡的管理价值理念，属于指向教学工作的管理价值理念，包括成绩、效率、质量、竞争等；属于指向关心人维度的管理价值理念，包括关怀、参与、分享、公平、幸福等。这两类价值的平衡可以体现在制度设计中，体现在不同类型的组织活动中，也体现在管理活动和管理行为的细节上。

（二）建设科学、系统、分类的制度，全面兼顾工作质量和师生合理利益，以制度保障学校有序运行和稳定发展。

（三）建设平衡的组织文化，既要"优质、创新"，也要"关爱、幸福"。

（四）开展对各级干部的美好管理培训，指导管理者结合本职工作，落实美好管理的理念和方法，提高管理的执行力。

（五）建设并发挥学校业务职能组织（如教学处、教研组等）作用的同时，也发挥好学校群众组织（教职工代表大会、工会等）的作用，使对教师工作的业务指导和教师的权利保障都有人管，而且管到位、见实效。

第二章 美好管理
学校文化构建的支撑与保障

四、美好管理者品质分析

美好管理就是通过管理者的管理行为唤醒师生"美好"的人性,发掘师生"美好"的潜质,唤起师生"美好"的追求,发展和提升师生实现"美好"的能力。因此,作为一名"美好教育"管理者,我们就应该具有科学的发展观、正确的质量观、鲜明的特色观、终身的学习观、和谐的团队观、主动的服务观、积极的协调观和牢固的安全观等品质与观念。

(一)遵循科学的发展观

对于一所学校而言,发展是第一要务,发展是解决一切问题的"总钥匙"和"总开关",学校管理者首先要树立牢固的发展意识。发展意识的本质是科学发展、和谐发展和可持续发展。要求学校管理者具有清晰的办学理念、办学思想和办学追求,对学校的未来进行系统的思考和长远的规划。用超前的眼光思考和规划学校发展的蓝图。用发展的眼光看待教师和学生,搭建教师成长阶梯,让每位教师都能在"美好教育"文化的舞台上,找到自己合适的位置,都能尽展育人的才华,让每一位教师有成功感。鼓励学生发展,让每名学生都能体验到成功的乐趣,感受成长的快乐,培养能够适应自身终身发展和社会发展需要的必备品格、关键能力和正确的价值观。

(二)坚守正确的质量观

教育教学质量是学校的生命线,是学校立身之本。"美好教育"同样也追求教育的高质量发展,同样把教育教学质量视为学校生存和发展的命脉。"美好教育"不排斥分数,但绝不止于分数。"美好教育"不是培养会做题的人,它更加关注学生思维品质的提升,从培养学生学会做题走向提高学生问题解决能力,从"育分"走向"育人",引导学生弘扬和践行社会主义核心价值观,培养有理想、有本领、有担当的时代新人。"美好教育"的管理者不仅要自己具备这种质量意识,还要努力将这种意识转化为教师、家长和学生的意识,并使之成为他们的自觉行为。

美在行动,好在自觉。"美好教育"的管理者要全力以赴把学校各项工作的着眼点和落脚点放在提高学校管理水平上,放在努力提高教职工队伍素质、提高教育教学质量上,推动师生向着"美好"发展和奔跑。

美好教育
——学校文化的构建与实施

（三）树牢鲜明的特色观

学校特色是一所学校在各项工作中表现出的与众不同之处。学校的办学特色是衡量学校品牌的重要标志。学校形成鲜明办学特色的关键是建设具有鲜明个性的校园文化。从本质上说，这是全校师生在学校生活中共同体现出来的一种校园精神和文化力量，其核心是具有共同的价值追求。它是学校结合当地风土人情和办学理念，通过长期的规范办学、科学管理、良性运行，日积月累形成的丰厚内涵和外在气质。所以，学校要规范办学行为，增强竞争意识，从实际出发，设计具有自身特色的办学理念。通过统筹优质教育资源，实现教育质量和办学效益的最优化，从而不断塑造有个性的学校，形成特色，培育品牌，不断增强学校的办学影响力。

（四）修炼终身的学习观

学校领导首先是教育思想上的领导，其次才是行政上的领导。新时代，新的教育形势下，需要学校领导拥有先进的办学思想。学校管理者只有坚持学习，才能把握时代潮流，跟上时代步伐，使学校的教育教学思想立得住，"教改"之路走得正。学校管理者不学习就会落伍，就难以胜任本职工作。学校管理者应该坚持终身学习，要根据工作需要，明确"为什么学""学什么""怎么学"，要始终如一地向书本学、向实践学、向老师学、向外界学。学校管理者要率先营造善于学习的氛围，并把这种氛围扩大到教师和学生中去，使师生终身学习的良好风气在校园迅速形成。

（五）弘扬和谐的团队观

注重大力培植团队精神，充分发挥集体的智慧和力量，带领全体教师投入学校各项工作中去，保持校园的和谐发展，是现代学校管理发展的必然趋势。首先，学校管理者要在教师队伍中培养团队意识，各部门间相互协作。分工不分家，相互补台不拆台。俗话说"人人搭台，好戏连台"，学会用自己的博大胸怀，包容他人的过失。其次，要促进管理者与教师之间、教师与教师之间的团结。在各部门、各教研组、各年级组的各项工作和活动中，有意识地进行团队精神的培养，不断增强学校工作环境的人文性。促进同事之间的沟通，促进教师同学校的沟通，使全体教职工都有一个共同的目标，那就是通过团队的共同努力，让我们的学校向着"美好"发展。

第二章 美好管理
学校文化构建的支撑与保障

（六）塑造主动的服务观

在"美好教育"文化理念的引领下，学校管理者必须要有良好的服务意识，当好师生的公仆，站起来能当伞，俯下去能做牛。使自己真正在思想上尊重师生，政治上代表师生，感情上贴近师生，行动上深入师生，工作上为了师生。这样才能赢得广大师生的信任，才能称得上美好管理者。为教职工服务，就是在可能的条件下，尽最大努力满足教师精神上的需要，事业成就上的需要，业务成长上的需要，文化生活上的需要。

总之，要把教职工的冷暖装在心里，这样就能极大地调动教职工的工作积极性。为学生服务，面向全体学生，按照学生所处的年龄阶段，抓住学生的最佳教育周期，在德智体美劳方面对学生予以高度关注。

（七）奉行积极的协调观

协调是指管理者协调组织之间、人员之间的关系，化解矛盾和问题，使学校管理达到一种美好、和谐状态。管理者的协调工作包括处理好与上级教育行政部门的关系，与学校行政成员的关系，与广大教职工的关系，与家长和学生的关系，与周边社区的关系等。学校管理者应成为协调社会关系和人际关系的高手。对外，管理者要经常与各相关部门、社会团体联络感情，让他们理解、关心与支持学校的办学。对内，管理者要经常深入年级和教研组、师生教育教学活动之中，主动了解存在的问题与矛盾，将制度与人文关怀相结合，提出解决问题的办法。从生活上、思想上和学习上真正关怀备至，最大限度地调动师生投入工作和学习的积极性。

（八）树立牢固的安全观

家长把孩子送到学校学习，安全是最基本的需要。学校管理者应该自觉树立"安全第一"的意识和理念，把安全工作提升至为师生负责、为社会负责、为未来负责的高度上，制定目标管理细则，强化内部管理，落实岗位责任，排查安全漏洞，建立全方位、立体化和全覆盖的安全管理责任体系。真正落实安全管理细则，如认真做好各种值班工作，制定值班制度与职责，严格值班纪律，各种值班均有记录，发现问题，及时处理解决。学校的安全管理要做到一环扣一环，环环紧扣。

第二节：构建美好管理文化的思路与目标

一、美好管理文化构建的思路

美好管理就是要从表面杂乱无章、无从下手、千头万绪、急难繁重的各种学校管理事务和"疑难杂症"之中逐步发现规律，运用恰当的管理理论、管理原则和管理方法，通过党建引领、制度重构、流程再造和管理创新等策略，不断推动学校管理工作从"粗放"走向"精细"，从"约束"走向"激励"，从"人治"走向"法治"，从"局部"走向"系统"，从"专治"走向"共治"，从"传统"走向"现代"，最终实现"学校管理"走向"学校治理"，努力构建符合新时代发展需要和学校发展需求的现代化管理体系，为学校"美好教育"文化实践体系的运行，提供最有力的支撑与保障。

二、构建美好管理文化的目标

（一）美好管理：从"粗放"走向"精细"

老子云"天下难事必做于易，天下大事必做于细"。要想把事情做成功，必须从简单的事情做起，从细微之处入手，将小事做细做实做精。随着我国教育改革和课程改革的不断深入，我国教育事业的发展已由低质量的规模增长转向扩大优质资源总量；由关注学生升学转向关注学生全面发展；由粗放型学校管理转向精细化管理。学校管理从"粗放"走向"精细"，有助于学校走上科学、规范和可持续发展之路。一所学校的精细化管理水平决定着学校教育教学和服务的质量，代表一所学校的办学水平。美好管理倡导学校管理的每一个步骤都要精心，实施管理的每一个环节都要精细，最终实现每一项工作都成为精品。我们主张"谁主管谁负责""谁的岗位谁负责""谁的班级谁负责""谁的课堂谁负责"；努力营造人人都管理、处处有管理、事事见管理的"美好"样态；我们更追求事事有人干、人人有事干、权利层层有、任务人人担、责任人人负的管理结果。总之，我们认为精细管理就是学校追求美好管理、实践美好管理和实现美好管理的过程。

（二）美好管理：从"管控"走向"唤醒"

"美好教育"的出发点是人，"美好教育"的归宿点也是人，旨在实现师生

第二章 美好管理
学校文化构建的支撑与保障

美好生活、幸福生活。传统的学校管理者更加注重管控功能，就是管制、约束，就是制定一系列管理的规章制度，对被管理者进行管控和约束。美好管理强调管理不是约束人、压制人和控制人的手段，而是一种基于人、为了人和提升人的载体。美好管理就是管理者运用一颗向往美好的心灵，一双发现美好的眼睛，一颗体察美好的爱心，通过"美好教育"文化理念引领，"美好教育"文化实践体系实施，构建美好管理制度文化，运用美好管理机制，激发和凝聚师生潜在的力量，形成一股源源不断的推动力，推动学校管理走向更加"美好"的境界。

（三）美好管理：从"局部"走向"系统"

管理是学校发展的基石，美好管理就是从有效管理走向高效管理过程，就是推进学校高质量发展的过程。学校管理不仅仅是管人、管事、管物、管环境，更是对人的影响力，构建"美好教育"文化是一个系统工程，涉及学校管理、课程建设、课堂改革、教师专业发展、学生成长、家校合作等多个方面。

因此，美好管理不应该是对学校原有管理体系的缝缝补补，不是头疼医头、脚疼医脚的局部管理思维，而是对学校管理相关要素的系统思考和顶层设计，使各要素之间相互协调、相互支撑、相互作用和相互促进，如运用美好管理促进美好课程建设、深化美好课堂改革、助力家校美好协同、打造美好教师队伍、推动美好少年的发展与成长等，最终实现"美好教育"文化的理想和目标。

（四）美好管理：从"人治"走向"文化"

三流学校靠人管人，二流学校靠制度管人，一流学校靠文化引导人。人治，通俗地讲就是以学校管理者的思想行为作为学校管理的标准，人治多是奴隶社会和封建社会的产物。法治，是以法律制度作为管理标准，强调法律面前人人平等。新时代，我国教育面临着新的使命和担当，需要学校管理从"人治"思维逐步走向"法治"思维。从人管理到制度管理，再逐步走向文化治理，我们实施美好管理，提倡用学校优秀的管理文化，赋予师生独立的人格、独立的精神，激励师生不断反思，不断创新，不断发展，不断超越。

（五）美好管理：从"管理"走向"治理"

党的十八届三中全会明确提出将推进国家治理体系和治理能力现代化作为全面深化改革的总目标。教育作为国家改革的重要领域，推进教育治理体系和治理能力现代化，是新时代教育工作者不可推卸的责任和义务。

相对"管理"而言，"治理"更强调主体的多元性、参与性、协同性，它要求学校建立从人治走向法治、从封闭走向开放、从控制走向协调的治理体系，优化内部组织结构，完善制度体系建设，不断提升学校教育治理能力，推动学校转型升级。我们构建的"美好教育"文化，就是要推动学校从"管理"走向"治理"，通过重构学校与政府、学校与教师、学校与学生、学校与家长、学校与社会等关系，从美好管理、美好课程、美好课堂、美好教师、美好少年和美好协同等多个维度，构建形成学校治理体系，提升学校治理能力，提高学校管理的现代化水平。

第三节：构建美好管理文化的路径与策略

一、党建引领，把稳"美好教育"方向盘

学校作为落实立德树人根本任务的主要阵地，承担着为党育人、为国育才的艰巨任务，肩负着为党和国家培养中国特色社会主义建设者和接班人的重要使命。2022年1月，中共中央办公厅印发的《关于建立中小学校党组织领导的校长负责制的意见(试行)》指出，加强党对教育工作的全面领导是办好教育的根本保证。建立中小学校党组织领导的校长负责制，是坚持为党育人、为国育才，保证党的教育方针和党中央决策部署在中小学校得到贯彻落实的必然要求。在学校构建"美好教育"文化的过程中，始终坚持以高质量党建为引领，党建为"美好教育"文化提供思想保障和制度保障，"美好教育"文化则为党的建设提供实践的活力与动力。高质量党建不仅能引领"美好教育"文化沿着积极、科学和健康的方向发展，也能促进"美好教育"文化的发展与深化，更为"美好教育"文化的构建、实施与发展，提供把握方向和保驾护航的作用。

（一）党建引领"美好教育"文化发展方向

《关于建立中小学校党组织领导的校长负责制的意见（试行）》指出，中小学党组织全面领导学校工作，履行把方向、管大局、做决策、抓班子、带队伍、保落实的领导职责。方向问题是根本问题，是学校文化的灵魂和核心。"美好教育"

第二章 美好管理
学校文化构建的支撑与保障

文化始终坚持以高质量党建为引领,坚持育人为本,党建为魂的工作思路,加强党对学校文化的领导,就是要始终坚持中国特色社会主义办学方向,坚持中国特色社会主义文化发展方向,坚持把立德树人作为根本任务,坚持把培育有理想、有本领、有担当,德智体美劳全面发展的社会主义建设者和接班人作为培养目标。

思想建设方面:以社会主义核心价值观引领学校文化建设,在思想理论、道德情感、意志品质层面,不断增强全体师生对社会主义核心价值观的认同感,增强师生民族自信心、自尊心和责任感。

组织建设方面:以学习型党组织建设推动学习型文化建设,形成全校师生员工共同学习的良好氛围。

作风建设方面:以扎实的"两学一做"学习教育常态化、制度化,促进美好的校园风气的形成。

纪律建设方面:坚持党要管党、全面从严治党,标本兼治、综合治理,加强廉洁从教制度保障,建设风清气正的"美好教育"生态。

(二)党建引领助推"美好教育"文化建设

校园文化的育人功能和党组织的建设具有一致性。在构建"美好教育"文化过程中,学校始终将党组织建设与文化建设有机结合起来,使高质量党建和"美好教育"文化相辅相成、相得益彰。通过开展深入、扎实的党建工作,思想品德教育更加透彻地渗透进师生员工头脑之中,为"美好教育"文化打下坚实牢固的思想根基。

学校师生员工耳濡目染党员践行义务的过程,接受党员健康向上的思想品德的积极影响,通过党员"一帮一"活动,带动师生员工向着党员标准看齐,营造蒸蒸日上的"美好教育"文化氛围。通过党员队伍逐渐发展壮大、代代传承,逐步深挖"美好教育"文化的本质和内涵,丰富"美好教育"文化的形式和内容,发扬和壮大"美好教育"文化的影响和品质。

1.党风引领校风、教风和学风建设

党组织着重抓好思想建设、组织建设、作风建设、制度建设,发挥党员先锋模范作用,形成优良的党风,带动学校师德师风的建设。一是制定并认真落实党员承诺制度、党员教师礼仪规范、教师师德考核评价办法、教师表彰奖励办法、骨干教师评选考核办法。二是结合创先争优活动,定期开展先进教师事迹讲述会,树立榜样,以先进事迹感染人、影响人。

2.学习型党组织建设引领教师成长

党组织紧紧围绕教育教学中心工作,积极创建学习型党组织,重点加强美好教师的培养和培训工作,把优秀教师发展成为党员,把党员培养成骨干教师。

一是"搭平台"。学校为青年教师搭建"青师班"学习平台,制定青年教师培训培养计划,开展一系列丰富多彩的学习和培训活动。内容围绕文化理念、师德师风、德育常规、教学常规、课堂教学和教育科研等多个方面,对青年教师进行全面、全方位、立体式培训,促进青年教师快速成长,使青年教师逐渐成为学习、践行和传播"美好教育"文化的先锋队和主力军。

二是"请进来"。构建"美好教育"文化,不仅要营造浓厚的科研环境,更需要高质量专家团队的理念引领和实践层面的指导。在学校构建"美好教育"文化理论与实践体系的过程中,既需要专家理论和理念的引领,也需要专家手把手的指导和帮助。近些年,学校先后聘请全国和北京市各级各类教育教学专家50余人次,通过专题讲座、学术报告、大会点评、一对一指导等方式,对教师进行培训和指导。

三是"走出去"。学校坚持每年有计划地提供机会,让老师走出去参与培训和学习。通过培训和学习,教师的教育理念逐步得到转变和更新,为"美好教育"文化理论和实践研究提供有效保障。

3.整合优化环境氛围与宣传阵地建设

一是发挥党组织统领学校发展的总思路,发挥工会、团委、少先队等群众组织的作用,抓方向、抓原则、抓动态、抓研讨、抓落实。将"美好教育"文化与学校依法治教、完善各项规章制度、严肃校规校纪等工作紧密结合起来。

二是学校党组织坚持健康美好的文化舆论导向,抓好校内文化阵地建设,包括文化走廊、宣传橱窗、广播站、门户网站、微信公众号、校刊、校报、黑板报等,严格把关审核,保证校园文化建设既贯彻党的教育方针,又凸显"美好教育"文化特色。

第二章 美好管理
学校文化构建的支撑与保障

三是打造学校"同心圆"党建品牌,发挥党组织的统领、协调和沟通机制,构建学校、社会和家庭协同育人平台,同心同德、同向同行,共筑新时代"美好教育"新样态。

(三)党建引领丰富"美好教育"文化内容

一是党建引领"美好教育"精神文化建设。学校精神文化是各种意识形态的集合,是学校文化的核心要素。学校党总支把加强学校精神文化建设,作为党建的有效承载体与着力点,加强顶层设计和系统思考,将党建内容植入精神文化建设,包括学校的教育观、领导的管理观、教师的教育观、学生的人生观与价值观等。

二是党建引领"美好教育"制度文化建设。制度文化是学校在实践精神文化过程中所形成的组织构架、校规校纪、规章制度及管理方法的总和。《关于建立中小学校党组织领导的校长负责制的意见(试行)》指出,党组织领导讨论决定事关学校改革发展稳定及教育教学、行政管理中的"三重一大"事项和学校章程等基本管理制度,支持和保证校长依法依规行使职权。该《意见》是学校管理制度在教育与教学、财务与人事、后勤与服务等工作实践中的标准和依据,是学校办学的指南,反映出师生共同的信念、信仰和价值追求,为学校构建"美好教育"文化发挥着保驾和护航作用。

三是党建引领"美好教育"团队文化建设。《关于建立中小学校党组织领导的校长负责制的意见(试行)》指出,加强学校各级党组织建设和党员队伍建设,严格执行"三会一课"等党的组织生活制度,发挥基层党组织战斗堡垒作用和党员先锋模范作用。在"美好教育"文化理念的引领下,学校积极开展美好教师团队文化建设,建立以党小组为单位的教学团队,在教育教学、改革创新、拔尖创新人才培养等教育工作中,积极发挥党组织战斗堡垒作用和党员先锋模范作用,倡导党员教师理论学习深研一层,实践探索先行一步,以"四有好教师""四个引路人"为标准,做好表率和模范,带领群众教师凝聚在"美好教育"文化周围,积极进取努力拼搏。树立为党育人、为国育才的理想信念,努力打造一支"守师德、精业务、勤学研、善合作、修身心、尚美好"的美好教师团队,为学校构建"美好教育"文化,提供充足的人才资源保障。

美好教育
——学校文化的构建与实施

四是党建引领"美好教育"行为文化建设。《关于建立中小学校党组织领导的校长负责制的意见（试行）》要求，各学校党组织要积极开展社会主义核心价值观教育，抓好学生德育工作，做好教职工思想政治工作和意识形态工作，加强师德师风建设和精神文明建设，推动形成良好校风、教风和学风。党组织充分发挥战斗堡垒作用，努力落实"双培养"工作要求，积极将党员教师培养成为学科骨干，积极将骨干教师吸引进入党组织中来。努力构建以党建为引领的"美好教育"校园文化，全面贯彻落实党的教育方针，把立德树人融入学校教育的各领域及各个方面，教师的育人行为要成为学生做人的镜子，以身作则、率先垂范，以高尚的人格赢得学生的敬仰，以模范的言行举止为学生树立榜样，把真善美的种子播撒到学生心中。引导学生做到行为上明大德、守公德，积极弘扬爱国主义精神，把思想和行动自觉融入实现中华民族伟大复兴的行动中去。

五是党建引领"美好教育"文化广泛吸纳中华优秀传统文化的营养和精髓。中华优秀传统文化博大精深，凝聚着中华民族自强不息的精神追求和历久弥新的精神财富。党的十八大以来，习近平总书记关于中华优秀传统文化作出了一系列重要论述，学习贯彻习近平总书记关于弘扬中华优秀传统文化重要论述，深刻领会其思想内涵和精神实质，对于我们落实立德树人根本任务，构建"美好教育"文化实践体系，引导学生增强价值观自信，坚持道路自信、理论自信、制度自信、文化自信，培育和践行社会主义核心价值观，实现中华民族伟大复兴的中国梦，具有长远的时代价值和重要意义。

通过党建引领，全体党员教师在各自教育教学岗位上，将"三全育人"理念和课程思政的要义，落实到课堂教学行为之中，做到课程教学与学生爱国主义教育相结合，培养学生爱国热情；课堂教学与学生价值观培养相结合，培育学生正确价值观念；实践活动与学生社会公德教育相结合，培养学生良好社会公德和责任意识。

总之，努力在"美好教育"文化实践过程中，厚植师生中华优秀传统文化底蕴，不断丰富"美好教育"文化内涵，将中华优秀传统文化教育始终贯穿于"美好教育"文化实践的各个领域和环节之中，使中华优秀传统文化成为涵养"美好教育"文化内容，实施美好管理、建设美好课程、打造美好课堂、开展美好协同、培育美好少年的重要营养和源泉。

第二章 美好管理
学校文化构建的支撑与保障

二、制度重构，织密"美好教育"保障网

制度文化是学校在日常管理中逐步形成的管理机构和规章制度，体现一所学校特有的管理理念、人文精神和运行效果，既包括相对稳定的规章制度和工作规程的建立，又包括这些规章制度的实施与正常有序运转，是一所学校教育教学工作得以顺利进行的条件和保障。构建与实施"美好教育"文化，无论对学校管理者还是教师的教育观念、教学方式和教学行为都提出了全新的挑战，需要学校管理者充分结合"美好教育"文化本质和内涵以及其价值追求，对学校现有制度进行价值反思，重新构建一套与之相适应的制度文化体系，以发挥制度文化特有的育人价值。

（一）重构学校制度文化的原则

建立、健全学校规章制度，塑造制度文化是学校文化的重要内容，是"美好教育"文化的支撑和保障。学校在构建美好管理文化过程中，始终坚持以下三个原则：

1. 以人为本原则

制度主要是和人打交道，所有的制度体系和规则要求都应体现以人为本原则，做到在规范人和教育人的同时，充分尊重人、理解人、帮助人、激励人、解放人，而不是板着脸、一味生硬地"管"人和"卡"人。

一是以教师为本。学校的中心工作是教学工作，其他工作都是为了这一中心工作服务。做好教学工作的关键是调动教师和学生的积极性，调动教师的积极性必须建立与之相关的制度。所以，树立以教师为本的管理思想，就是要充分认识教师工作的特点，发挥教师在教育教学和文化建设工作中的主体和主导作用；树立以教师为本的管理思想，还要在日常工作中营造宽松民主的管理氛围，让广大教职员工有机会参与到学校管理中来，增强广大教职员工作为主人翁的责任感、紧迫感和荣誉感。树立以教师为本的管理思想，更要注重学习型团队建设，重视教师师德建设、业务能力提升、打造团队精神，确立共同价值取向，为实现"美好教育"办学目标而努力奋斗。最后，树立以教师为本的管理思想，还要注重管理的激励功能，强化教师队伍中有益的、积极的行为，采取多种有效激励方式，唤醒师生对"美好"追求的动力，激发师生持续追求"美好"的毅力。

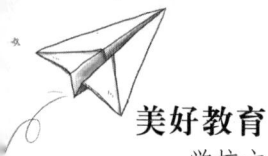

二是以学生为本。以人为本的终极目标是实现人的全面发展，传统的学校管理关注近期目标的实现，忽视学生的全面发展。在"美好教育"文化理念引领下，树立以学生为本的原则，首先，要摒弃传统教育重智轻德的思想，克服德育教育简单化、形式化、表面化倾向，始终树立育人为本、德育为先理念。其次，要重视学生个性和谐发展，不苛求学生全面同步发展，而是立足于学生全面发展的基础上，充分发展他们的个性与特长。最后，还要树立尊师爱生的良好风气，在美好管理中，始终把学生放在教育的"正中央"，把学生当成发展中的人，学生是学习的主人，平等对待学生，尊重学生人格。

2. 开放民主原则

任何一项制度的生成，都不可能靠少数人闭门造车就可以完成。只有秉承开放的态度，才能吸纳更多经验，集中更多智慧，制订出更合理有效的学校制度。如通过对外开放，借鉴吸收国内外众多学校在制度建设上的先进经验，通过对内开放，鼓励全校师生积极主动建言献策，让他们从学校制度的执行者和服从者，变身成为学校制度的设计者和参与者。在制度最终审核通过时，还要实行多数同意原则，这样方能体现制度制定的开放性和民主性，不仅有助于集思广益，而且也传达出一种人文关怀，表达对人的尊重。更重要的是，这样开放、民主的制度生成过程，还可以加深师生对制度的理解，培养他们的民主意识和主人翁精神。

3. 与时俱进原则

构建"美好教育"文化的初心是满足人民日益增长的对"美好教育"生活的需求，适应新时代对教育现代化的需要。美好管理文化本身，是在实践中内涵不断得到丰富和发展的动态管理。一方面，学校制度的生成是一个动态的过程，需要在管理实践中不断进行修正和完善；另一方面，当学校的每个成员都能根据现有制度形成稳定的行为方式时，原有的制度就在一定程度上失去了存在的价值，又需要建立新的、更高层面的制度，以满足学校高质量发展的需要。因此，学校管理制度体系必须在管理实践中不断与时俱进、动态完善和适时提升。

（二）重构学校制度文化的方法

重构学校制度文化一般有三种方法：一是继承，在"美好教育"文化理念的引领下，对学校现有制度进行梳理，对于那些符合"美好教育"文化理念，具有实践应用价值的制度内容要予以继承；二是改良，对于那些有部分内容符合"美

第二章 美好管理
学校文化构建的支撑与保障

好教育"文化理念要求,且具有一定实践应用价值的制度进行改良,以满足"美好教育"文化需要;三是创新,对于那些完全不符合"美好教育"文化理念要求或目前存在管理空白的制度内容,则通过制度创新予以重新制定。因此,重构美好管理制度文化应在"美好教育"文化理念指导下,通过继承、改良和创新三法并举,可以批判地继承,也可以精心地改良,对于存在空白的制度,则创新性地制定和完善。

（三）重构学校制度文化的程序

1. 广集意见,博取样板。广泛征集师生和社区、家长、学者的意见,大量搜集国内外同类学校的制度建设经验,充分吸纳各种意见、经验和智慧。

2. 整体构思,形成体系。在对现有制度体系研究和分析的基础上,结合本校实际,成立重构制度专门小组,通过反复酝酿,整体构思,形成制度体系框架,明确各层次、各方面需要重构什么制度,核心的制度是什么,外围的制度是什么,急待完善的制度是什么。

3. 考量旧制,选准方向。对学校现有制度进行考量和审查,对照"美好教育"文化理念价值,确定哪些制度需要继承,哪些制度需要改良,哪些制度需要创新,哪些制度重构时机不成熟,需要暂时搁置等,最终形成重构制度目录。

4. 分工负责,完善制度。学校重构制度目录形成后,制度重构领导小组或引入校外智力,或筛选校内精英,以分工负责的形式,开展重构制度工作。急待完善的制度立即制定,核心制度优先制定,其它制度分批分类制定。

5. 实践校验,动态更新。学校制度一经订立,就要再次征求各方面意见,特别是师生的意见,得到师生反馈后再进行修正,经多数同意后再组织实施,并通过后续制度实践来不断改进和提升,使制度更加完善有效,更好地满足构建与实施"美好教育"文化的需要。

三、流程再造,校准"美好教育"导航仪

流程是指一系列的、连续的、有规律的活动,而这些活动以特定的方式进行,并导致特定结果的产生。学校管理过程中离不开优质、高效的管理流程。在多年的办学实践过程中,学校逐渐积累了一些管理流程,这些流程都很好地推动和促进了学校各项工作的执行和落实。然而,在构建与实施"美好教育"文化的过程

美好教育
——学校文化的构建与实施

中,我们逐渐发现一些工作流程,已经不能完全符合"美好教育"文化理念需求,急待改良和再造。为此,学校坚持以问题为导向,不断优化、重构和创新管理流程,向流程和标准要管理效率,向扎实和细节要管理效益,向规范和有效要管理质量。

(一)美好管理流程再造的目的

流程再造既是构建"美好教育"文化的重要内容,也是构建"美好教育"文化的重要路径和策略,美好管理流程再造的目的是变革不适应"美好教育"文化理念要求的教育教学管理、人事、财务和后勤等业务流程,通过再造规范、明快、便捷的现代化的管理流程,塑造和培育学校高质量发展的核心能力,做到信息通畅、监控有力、运转高效、人员精干,使学校管理者在流程实施中发挥最大作用,在流程管理中创造最大价值,教职员工在流程执行中作出最大贡献。

(二)美好管理流程再造的意义

流程再造是从流程应用角度出发,关注流程环节上的低效活动,实现降低成本、提高效率、增加价值的目的。这种工作增值的过程,就是学校管理走向"美好"的过程。因此,管理流程再造的意义就是从工作的组织、实施和管理的环节入手,改造那些低效率、不合理的流程和互相扯皮、信息失真的现象,重新考虑、设计符合"美好教育"文化价值和运作规范的管理流程,以求人力、物力、财力、信息等有序协同,消耗最低,推动学校管理逐步走向科学化、系统化、精细化和流程化,实现美好管理的既定任务和目标。

(三)美好管理流程再造的步骤

第一阶段,流程再造策划阶段。分为七个子步骤:充分调研师生及家长需求、明确流程再造目标、确定流程再造管理者、营造流程再造环境、组建流程再造小组、指定流程再造主持人、制定流程再造实施计划。

第二阶段,流程再造设计阶段。分为四个子步骤:翻新流程、新流程试验、新流程完善、新流程检验。

第三阶段,流程再造规范阶段。分为四个子步骤:对新流程规范化、制度化;设计新的组织结构;构建新的岗位系列,指导和培训员工;建设新组织机构和信息管理系统。

第四阶段,流程再造实施阶段。分为两个子步骤:新旧流程切换、评估新流程。

四个阶段是循环进行的,可根据需要并行实施。学校流程再造是一个发现问

第二章 美好管理
学校文化构建的支撑与保障

题—流程再造—流程实施—发现问题—流程再造循环往复的过程。学校通过管理流程再造，逐渐废除与"美好教育"文化理念相悖的管理流程，构建形成一套符合"美好教育"文化理念的管理流程系统。

四、创新驱动，构筑"美好教育"聚能环

（一）融合创新，提升"美好教育"文化"加速度"

党的十八大以来，习近平总书记高度重视信息化和数字化建设，特别强调数字化、网络化、智能化在中国特色社会主义现代化建设中的重要意义。教育部提出要大力推进教育信息化和教育资源数字化建设，以教育信息化推动教育高质量发展，以教育信息化引领教育现代化。"十四五"规划，进一步明确要构建网络化、数字化、个性化、终身化的教育体系，建设"人人皆学、处处能学、时时可学"的学习型社会。可见，教育信息化必将成为未来教育的新样态。在构建"美好教育"文化实践体系过程中，学校始终围绕立德树人根本任务，基于未来社会人才需求思考，致力于探索并走上一条融合创新发展之路。

一是构建形成信息化教学管理"139"工作机制，推动学校信息技术融合创新走向常态化教学。随着学校教育信息化研究的不断深入，特别是开展数字化教学资源应用优化课堂教学研究以来，为了确保研究成果和课堂融合常态化，学校在深入研究、全面实践的基础上，逐渐探索形成信息化教学"139"工作机制："1"是一个目标，即信息技术与教育教学深度融合；"3"是三条路径，即"科研引领""课堂实践""制度保障"三条路径；"9"是九大策略，即充分利用专家资源、构建研究共同体、子课题研究、常态课实践、课题研究课实践、骨干教师示范引领、教学管理创新、构建保障体系和表彰激励九大策略。通过"139"工作机制的运行，学校信息化教学逐渐成为常态，并逐渐形成教育成果，形成教育影响力。

二是通过开展数字化教学资源应用优化课堂教学研究，构建了数字化学习平台，探索提出了信息技术支持下"学科大课"模式、"双减"背景下数字化作业创新模式和"双师课堂"理念下课后服务模式等教学模式。这些信息化教学模式的构建与实施，有效推动了学校教育信息化的发展，推动了教师教学方式和学生学习方式的变革，促进了学生自主学习能力的培养，满足了学生多样化和个性化学习需求，为创新拔尖人才培养提供了有效路径和策略，成为学校深化课程改革、推动品牌和特色发展、促进教师专业成长和推动学生学习能力提升的重要抓手，

美好教育
——学校文化的构建与实施

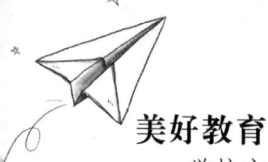

逐步成为学校办学的闪亮"名片"。

三是学校教育信息化特色逐步彰显。随着学校教育信息化研究成果不断丰富,学校的信息化教育教学特色逐渐形成,教育影响力日臻增强。2020年,学校入选北京市100所融合创新课题研究示范学校;2021年,学校入选北京市100所融合创新研究基地学校,成为北京市朝阳区唯一一所"双百"学校。

在教育信息化研究和实践的过程中,我们始终坚持数字化教育教学资源建设共商、共建、共享的策略和原则。一是借助朝阳区"双减"科技赋能项目,与飞象星球科技有限公司达成政企合作项目,联合开发了一系列作业创新、课后服务升级以及"双师课堂"应用课后服务数字化教学资源。学校在北京市教委组织的"人工智能+基础教育"座谈会上做典型经验发言。二是借助"手拉手"学校项目,坚持向北京市延庆区珍珠泉小学,借助对口支援项目,向河北省康保县第二中学,借助北京市校长课程领导力工作室平台,向京津冀地区兄弟学校以及内蒙古乌兰浩特市第八中学、云南省砚山民族中学等学校,开放学校数字教育资源,无偿提供兄弟学校师生学习使用。三是我们坚持把自主研发和定制的部分数字化教育资源,公开在学校微信公众平台端口,供给全社会的教师和学生学习使用。

未来,学校还会继续发扬创新应用与开放共享示范作用,向全区、全市乃至全国更多兄弟学校开放优质数字化教学资源,发挥学校数字化教学资源建设更大的价值和作用,为实现公平而有质量的教育,促进人的全面发展,贡献自己的微薄之力。

(二)多措并举,按下"美好教育"文化"快进键"

在"美好教育"文化构建过程中,学校没有现成的经验所借鉴,需要干部、教师潜下心来摸着石头过河,不断去探索新的路径和策略。学校干部、教师要想深入理解"美好教育"文化理念,精准把握"美好教育"文化本质内涵,并将其准确转化为管理和育人行为,就必须要加强学习,向学习寻求"美好教育"文化构建与实施的路径和方法。因此,学校建立了干部、教师学习研究制度,确定了干部集体学习日,坚持以"目标导向"和"问题导向"双角度切入,学习和研究"美好管理"的理念、原则、组织建设、活动平台、领域性具体问题对策等。在

第二章 美好管理
学校文化构建的支撑与保障

宏观和微观各个层面上形成共识，提高学校管理的专业化水平。

1. 机制构建，以美育美

构建"美好教育"文化，实施美好管理，建设美好校园，需要不断增强学校管理团队的现代管理意识，建章立制，切实解决管理中存在的一些突出问题，促进各项管理工作科学高效运行，进一步提升"美好教育"文化品质，提升学校办学和育人水平。

一是构建发展导向机制。学校积极为教职工发展提供发展导向服务，最大限度地调动教师的积极性和主动性，让教师想干事、能干事、干成事。

二是构建榜样示范机制。以榜样带动为抓手，引领学校师风、教风、学风建设，激发广大师生爱校、爱岗和敬业的自信心和自豪感。

三是构建民主管理机制。重视党总支、工会和教代会的民主监督作用，坚持校务公开和各项民主管理制度，畅通师生申诉机制，确保学校无责任投诉。

四是构建行政协作机制。优化行政机构，加强工作统筹协调、职能分工合作，增强大局意识、创新意识，提升工作的效果、效率和效能，形成立体管理网络。

五是构建激励保障机制。逐步完善以"教育教学质量奖""绩效管理""评优评先方案"为主要内容的激励机制；合理配置人力、物力、财力资源，发挥制度的激励导向和保障作用。

六是构建后勤管理机制。不断优化后勤管理机制，加强后勤队伍建设与管理，建设一支结构合理、勤奋高效、适应新时代教育发展的高素质后勤队伍，做好财物管理、后勤服务保障和"平安校园"建设等工作。

七是构建研判预警机制。建立师生情绪、需求、愿望等管理机制，及时发现、预警、研判，并及时消解消极因素，尽力满足师生合理要求。

2. 方式创新，向美而行

一是在"美好管理"理念的指导下，结合师生的愿望和需求，组织师生参与各个领域管理制度制定，编制实施指导手册。

二是为学生开设"美好管理"课程，加强各级学生干部的管理能力培训。在学生各个层面活动中，发挥学生参与管理和自我管理作用。

三是按照"分布式管理"的理念和方法，在一些工作或活动项目中，赋权给适当的师生人选，担当组织和领导角色，发挥有能力的"普通人"的管理作用，提高师生的积极性和向心力。

3. 总结交流，美美与共

一是交流总结，增强美好信念。在学校各个层面，开展"美好管理"经验总结活动，深入学习宣传"美好管理"的理念，提升干部、教师参与管理的主动性和自觉性，提高管理水平。总结要有问题指向性，有研究色彩，加强管理规律分析。

二是反思复盘，向着美好奔跑。在美好管理文化理念的引领下，我们不回避错误或问题，但绝对要避免同样的错误或问题再次或反复出现。因此，在工作过程中，我们坚持"抓好开头、精细过程和关注结果"的工作思路，做到凡事有方案、事前有计划、事中有监控、事后有反馈、事毕有复盘的"五有"工作作风。事毕复盘有助于我们避免犯同样错误，有助于我们推演找到管理的规律，有助于我们始终保持正确的做事方向，提高管理者工作效率、提升管理水平。

三是文化督导，涂匀美好底色。"美好教育"文化体系构建是一个系统工程，它不可能一蹴而就，也不可能一劳永逸，更不可能一成不变。它是一项系统的、持久的、长期的、动态的建设过程。学校每年组织一次校内督导，自评自查问题，及时进行改进完善；每三年组织一次外聘专家督导，借助专家力量从专业和更为严苛的视角，梳理总结"美好教育"文化体系建设成效，准确查摆存在的问题和不足，为学校"美好教育"文化构建工作把好脉、开好方。通过这些举措，保障"美好教育"文化始终保持向着美好发展的活力和动力，为"美好教育"文化涂匀"美好"的底色。

（三）科研引领，激活"美好教育"文化"内驱力"

在构建"美好教育"文化实践体系过程中，学校始终将教育科研作为推动学校文化建设、促进教师专业成长和学生学习能力提升的重要途径。始终坚持"科研兴教、科研兴校、科研强师、科研增效"教育科研工作理念；始终坚持以构建"美好教育"文化理念与实践体系为任务，以发展学生核心素养为宗旨，以深化课程改革为核心，以推动教与学方式变革为重点，以信息技术与教育教学深度融合为策略，以提高教育教学质量为目标，以推动学校内涵发展为使命，逐步推动学校"美好教育"文化品牌的形成。

一是坚持问题导向。坚持以问题为导向的管理，树立美好管理就是发现问题、研究问题和解决问题的过程，美好管理不回避问题的存在，还积极培养干部、教师的问题意识。鼓励干部、教师积极将教育教学和日常管理中遇到的问题转化为科研课题，通过课题研究不断解决问题，在工作中树立发现问题是走向美好的第一步的理念，培养干部和教师解决问题的管理思维，推动各项工作不断向着"美好"发展。

二是坚持课题引领。在问题中提炼课题，在研究中解决问题，紧紧围绕科研课题研究引领学校科学发展，进一步挖掘"美好教育"文化的本质与内涵，丰富"美好教育"文化理论，优化"美好教育"文化实践路径，探索"美好教育"文化实施策略。

三是坚持骨干带头。学校教学干部要成为美好课堂的行家里手，成为美好课堂建设的研究者、指导者和促进者。学校骨干教师要成为美好课堂建设的先锋队，要在课堂教学中发现问题、研究问题和解决问题。

四是坚持平台助力。积极争取举办"展示会""现场会""交流会""市区级研究课"等机会，搭建高层次交流展示平台，提升教师教学创新能力。学校坚持每年10月中旬召开一年一度教育科研年会，通过制作宣传片、大会报告、印发光荣册、颁发荣誉证书等方式，表彰教育科研先进个人，进一步总结梳理"美好教育"文化建设成果。

五是坚持实践探索。构建"美好教育"文化不仅需要校长顶层"全景图"的绘制，更需要中层干部精准有力"街景图"分解，以及全体教师"实景图"建设。学校全体干部和教师必须牢固树立"美好教育"文化信念，厚植"美好教育"文化情怀，深入理解"美好教育"文化理念，精准把握"美好教育"文化的本质和内涵，并将其准确转化为管理和教育教学实践，并在实践中不断发现问题、解决问题。促进"美好教育"文化成果的深化和可持续发展，提升学校"美好教育"文化实践的实效性和影响力，最终打造形成"美好教育"文化特色和品牌。

（四）传媒聚能，传播"美好教育"文化"正能量"

文化宣传工作是学校文化的有机组成部分，对学校办学与发展起着重要的舆论和导向作用。在当前这个信息爆炸时代，学校只有大力宣传学校的改革成果，大力宣传丰富多彩的教育教学活动，才能扩大学校的社会影响，增强师生员工的凝聚力，提升学校的美誉度，进而更有效地唤醒教职工对"美好教育"执着的追求，激发他们参与构建"美好教育"文化的热情，推进"美好教育"文化朝着正

美好教育
——学校文化的构建与实施

确的方向发展。在"美好教育"文化理念的引领下,学校充分发挥各类传媒"喉舌""桥梁"和"纽带"作用,积极营造"美好教育"文化氛围,宣传学校发展动态,弘扬"美好教育"文化精神。把"美好教育"文化宣传工作打造成为汇聚各方力量、凝聚智慧共识的重要平台与抓手,成为学校"美好教育"文化传播的"扬声器"、美好管理的"助推器"、美好课程的"显示屏"、美好课堂的"扩音器"、美好教师的"服务器"、美好协同的"连通器"、美好少年的"充电器"、校园美好瞬间的"记录仪"和校园美好行为的"放大器"。

1. 微信公众号:学校"美好教育"文化的"记录仪"

随着信息技术的不断发展,校园文化与信息技术已经密不可分。借助网络信息技术,可以使学校各项活动的呈现更加具有观赏性、灵活性和可操作性。通过网络信息技术,可从多途径、多角度呈现学生个人和集体的文化活动。通过网络信息技术,能更好地架起家校之间的沟通桥梁,更好地服务家长和学生需求,促进学校"美好教育"文化的传播与发展。目前,微信公众号作为互联网交互平台与工具,具有用户数量多、传播速度快、展现方式多样、互动性强等特点,逐渐承担起"官宣"的作用和功能,已经被越来越多的学校所运用。

学校借助微信公众号这一平台,能有效地将学校、教师、学生和家长进行网络化连接,从多途径、多角度呈现学校丰富多彩的教育教学活动。通过内容的呈现,使学校、教师、学生、家长成为一个有机整体,有效促进家庭、学校、社会的沟通与协作,提升家庭、学校、社会协同育人的合力。借助微信公众号消息的推送,教师能进一步了解了学生的需求,为今后的教育教学提供帮助;通过微信公众号平台,全面展示学校的教育教学面貌,充分得到家长的关注和信任,有利于良好家校关系的形成;通过微信公众号平台,家长能第一时间掌握学校动态,更加了解学校的要求,了解孩子的文化需求,为家庭教育提供有价值的参考,更好地配合学校做好学生教育工作;通过微信公众号平台,学生能第一时间获得学校推送的信息,更好地按照学校的教育教学目标进行活动。学生通过相关内容的呈现和浏览留言等方式,了解家长、同学的想法,增进彼此间的沟通。

总之,微信公众号平台信息传递快,传播效果强,有效拓宽了"美好教育"文化构建的空间,使"美好教育"文化的传播更加广泛、更加迅速和有力,受到广大学生和家长的积极关注,充分调动了学生、家长参与"美好教育"文化活动

第二章 美好管理
学校文化构建的支撑与保障

的主动性，显著提高了"美好教育"文化的传播效果。

2. 微信视频号：学校"美好教育"文化的"显示屏"

随着新媒体平台的日益兴起，微信视频号内容创作已经蔚然成风。微信视频号迅速成为学校文化传播的窗口，汇聚着学校个人和群体的力量，显示出强大的生命力、影响力和传播力。对学校构建"美好教育"文化有着积极显著的促进和推动作用。

与微信公众号不同，微信视频号内容以图片和视频为主，具有"短""小""精""悍"四大特点，"短"是指视频时间短，一般几十秒或1—2分钟，适应当下人们的生活习惯；"小"是指切口小，一般只针对某一事件或活动，或这一事件和活动的某一瞬间；"精"是指其主题突出、目标明确、内容精炼；"悍"是指视频的冲击力、震撼力，直击心灵，充满力量。

3. 传"美"传媒：学校"美好教育"文化的"扬声器"

在当前网络快速发展的时代，相对于校报、校园广播等传统校园媒体，以信息化网络和手机为代表的校园新媒体，已经广泛渗透到校园生活的方方面面，给学校办学和发展带来了新的机遇和挑战。学校非常重视现代新媒体宣传的重要性，制定了"美好教育"文化宣传专项方案，通过成立"传美"传媒中心，整体设计美好"传媒"方案，传播构建与实施"美好教育"文化的典型经验，成为引领学生自我管理、自主学习的"服务器"和快乐成长的"记录仪"。

"传美"传媒中心，是学校为弘扬"美好教育"文化，传播"美好教育"理念，展示美好管理、美好课程、美好课堂、美好教师、美好少年和美好协同活动动态和风采的校园立体化媒体传播平台。它奉行学生"自主工作、自主管理、自主运营"的核心理念，以服务师生信息化教与学需求为己任，以发展学生核心素养、拓宽学生综合素质能力为核心，是"美好教育"文化建设及对内外宣传的平台，其主要组成机构有校园电视台、校园广播站、校园小记者站。

"美好时光"电视台是"传美"传媒中心领导下的以影视信息传播为主的学生社团机构，其目的是在建设信息化校园的同时，培养学生影视拍摄、剪辑、栏目策划、影视制作等专业能力，开阔视野、拓展平台，打造出校园传媒新力量。目前，开设了"新闻直击""校园访谈""综艺之窗"三档常规直播节目，同时支持远程视频现场授课和优秀教师的展示课、微课堂录制等教学工作，提供班会课、

美好教育
——学校文化的构建与实施

学生微电影等学生活动的录制服务。

"美好之声"校园广播站是"传美"传媒中心的重要组成机构,在传播"美好教育"文化的同时,培养具备广播电视新闻传播、语言文字等能力,能担任广播电视播音与节目主持工作的复合型人才。广播站以"用我们的视野捕捉美好校园的精彩纷呈,用我们的声音传递生活的乐趣无限"为宗旨,团结奋进、勤奋创新,不断完善进步,用满腔的热情打造每日专栏广播节目,以及一系列富有浓郁"美好教育"文化特色的活动。

"美好有约"校园小记者站,是由一批爱好新闻宣传工作的学生组成,通过活动丰富第二课堂,培养具有组织能力和敏锐新闻触觉的人。记者站的小记者在校内开展具有思想性、知识性、能动性的活动,承担校园电视台和校园广播站相关栏目的采访工作,坚持相互交流、充实自我的原则,把校园内外、课堂内外,学习与生活有机地联系起来,起到"以美育美"的作用。

在构建"美好教育"文化过程中,学校充分借助各类传媒平台,将学校文化的经验亮点、精彩瞬间、高光时刻等,第一时间进行"官宣",使得学生、家长和社会都能第一时间接收到学校文化建设的内容,感受到美好少年崇德、善学、乐观、进取的风采,帮助他们更好地了解"美好教育"文化本质和内涵,理解"美好教育"的价值取向和导向,提升他们主动践行和传播"美好教育"文化的积极性,吸引他们自觉加入到学校"美好教育"文化实践中来。

第三章 美好课程

学校文化构建的核心与根本

　　教育改革的核心在课程,"美好课程"紧紧围绕"孩子需要什么样的教育"和"未来需要什么样的孩子"提出在课程建设方面的任务目标。美好课程,不是着眼于某一门精品课程的打造,也不是着眼于某一门校本课程的再开发,更不是特指兴趣班和社团活动,而是以"中国学生发展核心素养"为统领,围绕学校育人目标,以培育学生适应终身发展和社会发展需要的必备品格、关键能力和正确价值观为导向,构建三大领域、三大层级、九大课程群,实现了核心素养的全覆盖。它是落实党的教育方针的具体化表达,是连接宏观教育理念、培养目标与具体教育教学实践的中间环节,是对"培养什么人""怎样培养人""为谁培养人"的一种校本化实践。

第三章

美好课程：学校文化构建的核心与根本

课程是学校教育的核心要素，是学校教育思想、教学理念的集中体现，凝聚着学校文化和精神内涵，是教育教学活动的中心。

自"美好教育"文化提出以来，我校根据国家教育方针政策，立足新时代教育发展需求，结合学校自身特有历史文化和发展现状，以创建"美好教育"文化品牌为主线，秉承"尊重、发展、开放、创新"办学理念，培育践行社会主义核心价值观，聚焦培育学生核心素养，努力构建"美好课程"体系，并以此为生长点，不断丰富"美好教育"文化内涵，提升办学品质，凸显办学特色，铸造教育品牌。

第一节：美好课程建设的背景与历程

一、美好课程建设的背景

（一）政策背景

党的十九大报告指出，中国特色社会主义进入了新时代，我国社会主要矛盾已经转化为人民日益增长的美好生活需要和不平衡不充分的发展之间的矛盾，并由此发出"永远把人民对美好生活的向往作为奋斗目标"的时代强音。人民日益增长的对美好生活的向往，自然包括对"美好教育"的向往。因此，构建"美好教育"文化是新时代发展的要求。2019年6月，教育部颁发《关于深化教育教学改革全面提高义务教育质量的意见》再次强调落实立德树人的根本任务，进一步指出中国学生发展核心素养"一核、三方面、六大素养、十八个基本要点"是我国未来人才培养的要求，着重指出构建德智体美劳全面培养的教育体系，健全立德树人的落实机制，着力在坚定理想信念、厚植爱国主义情怀、加强品德修养、增长知识见识、培养奋斗精神、增强综合素质等方面下功夫。

（二）社会地域背景

学校所在的北京市朝阳区望京地区是集高端科技、高速发展、高知人群的"三高"地区，区域经济的高端发展对学校办学提出了更高的要求。同时，由于高端企业、高知人群的涌入和在教育"深综改"及优质资源均衡发展政策背景下，受区域名校办分校、引进资源校和大学办附属学校等资源整合策略影响，区域内优质教育资源日益增加，望京地区已经成为北京市朝阳区名副其实的优质教育高地。这些变化使得学校办学不得不进行转型和升级，以适应区域对学校教育高质量发展的要求，满足周边百姓对优质、均衡教育的期待，满足教育高质量发展和可持续发展的需求。

（三）校情学情背景

北京市陈经纶中学分校望京实验学校创办于1973年，建校初期是一所公立普通高中。20世纪80年代末，学校开始发展高中职业教育，同时开办初中教育，成为一所职普结合型学校。2002年，学校迁到现址，成立小学部，成为一所公立九年一贯制学校；2015年，学校开始构建与"美好教育"文化理念相匹配的"美好课程"体系；2019年，学校与北京市陈经纶中学分校开始实施集团化办学，旨在通过共享优质教育资源，互促增强办学活力，实现优质资源整合，共同提高办学水平。

截至目前，学校有教职工146人。其中，全体教师为本科及以上学历，高级职称教师31人、中级职称教师58人。专任教师125人，朝阳区区级以上优秀青年教师和骨干教师占比42%；40岁以下中青年教师占比49.8%。学校共开设56个教学班，在校学生2000余人，主要来自周边地区，家庭文化和经济背景差异性很大，个性化教育需求多元。

（四）学校课程改革的实践探索阶段

学校从建校伊始，几经改革，牢牢把握时代命脉，顺应社会发展对人才培养提出的要求，大致经历如下几个阶段：

1. 职普转型国家课程建设阶段（1973年—2002年）

这一阶段，学校以普通高中立校，应当时国家人才培养需要，转型为职业高中，着眼于开办外事公关礼仪、外事服务与管理等专业，培养了一大批外事应用

第三章 美好课程
学校文化构建的核心与根本

型人才。本阶段，学校课程建设以落实国家课程为主，同时探索了一系列实用性较强的外事礼仪课程。

2. 校本课程探索课堂教学改革阶段（2002年—2015年）

2001年，北京市课程改革开始，学校积极响应并大力发展学生社团，加强校本课程建设，实施课堂教学模式变革，逐渐形成"激发兴趣——体验探究——展示分享——评价激励"教学模式。

3. 美好课程理念提出及课程整体建设阶段（2015年—2019年）

2015年，北京市基础教育课程改革的元年，学校围绕北京市教委颁布的《北京市实施教育部〈义务教育课程设置方案〉的课程计划修订》要求，制定了《2015年—2018年三年教育发展规划》，开启了"美好教育"文化理论研究与实践探索之旅，以校本课程建设为抓手，以学科实践活动课程开发为重点，以国家课程、地方课程、校本课程三级课程整合为目标，着手开展九年一贯一体化课程体系建设，构建与"美好教育"文化理念相适应的"美好课程"体系，探索课程整体育人实施的路径与策略。

4. 课程不断迭代优化阶段（2019年—2021年7月）

2019年，学校纳入"北京市陈经纶中学分校教育集团"，集团化办学进一步推动了学校文化理念的优化与创新，"美好教育"文化理论和实践体系初步构建形成，学校集中各方力量，围绕国家教育方针和学校育人目标，不断完善和优化"美好课程"体系建设。

5. 课内、课后一体化整体构建阶段（2021年7月—至今）

2021年7月，国家"双减"政策颁布，为扎实落实"双减"要求，在原有"美好课程"体系基础上，学校进一步打通课内与课后课程壁垒，重构形成中国学生核心素养全覆盖，课内、课后全链条，九年四段一体化的美好课程体系，为学生提供形式更加丰富的课内和课后服务课程资源，进一步满足了学生多样化和个性化学习需求。

（五）学校面临的机遇与挑战分析

我们对课程建设的内部因素与外部因素进行了 SWOT 分析。见下表：

陈分望京实验学校课程建设 SWOT 矩阵分析表

优势	劣势
1. 始终坚持正确的育人方向 2. 教师专业化发展迅速 3. 形成"美好教育"文化品牌 4. 初步形成九年四段一体化的课程体系	1. 中小学课程缺乏有机联系与整合 2. 课后服务课程与课内课程的有效贯通不够 3. 教师队伍课程意识不强,课程开发、实施和执行能力不足 4. 学生数量较多,专用教室等资源比较缺乏
机遇	挑战
1.《2022年义务教育课程标准》的颁布 2. 北京市朝阳区教育深综改持续深入,课程建设支持力度逐年提升 3. 教师"美好教育"文化认同较高	1. 学校被纳入"陈分教育集团",既是机遇,也是挑战 2. 学校周边名校、名校办分校、大学附属校等优质教育资源的涌现,为学校办学提出了挑战,学校教育教学质量急需突围

通过对学校背景 SWOT 矩阵表的梳理、归纳与分析,结合课程改革的形势要求、学生实际需求和教师发展需要,进一步修订和完善了课程建设方案,开启了"美好课程"实践探索之旅。

二、美好课程建设的思路

(一)美好课程建设的指导思想

学校全面贯彻党的教育方针,全面落实国家、北京市、朝阳区关于课程改革系列文件精神,以人的全面发展为本,以核心素养为导向,以课程建设为载体,深化实施课程与课堂教学改革,打通课内与课后服务课程壁垒,整体构建九年一体化课程体系,完善小学、初中课程衔接机制,探索一体化育人模式,促进学生全面发展和个性化发展。

1. 立德树人的使命担当

中国特色社会主义进入了新时代,学校承担着为党育人、为国育才的重要使命,坚持把立德树人作为教育的根本任务。我校学生来源于经济快速发展、商业繁华的望京核心地段,家庭经济情况普遍较好,但囿于相对传统的教育理念以及家庭成长环境,家长对学生学习目标普遍存在功利化和短视化认识。2015年后,在充分调研、经验总结和全面论证的基础上,学校提出了育人的着力点:一是"立德",即以培养学生的"公德"为核心,强调学生在道德上的表现;二是"树人",即培养勇担复兴民族大任的有理想、有本领、有担当的时代新人;三是"育人",强调育人目标是培育具备上述两种属性的人。

2. 课程改革的困境突破

2017年，高中版新课程标准正式颁布，标志着以核心素养为导向的新一轮课程改革正式启动。2022年，义务教育课程方案、新课标颁布，核心素养导向成为推动教育高质量发展的内在需求，引发了学校课程实施方式的极大变革。其中，最突出的特征是，要将个人的"正确价值观、必备品格、关键能力"三个维度旗帜鲜明地标示出来，但在实施层面却无法很好地转化落实，学校课程改革遇到了前所未有的挑战。此外，新课标所强调的实践能力、问题解决能力、创新能力的培养和发展，我们的学生表现出明显的不足。同时，在课程实施上，也面临诸多改革困境：理念上，依然存在以教学计划替代课程规划，缺少系统性、生成性；课程体系上，教师普遍关注碎片化的学科知识，缺少知识的结构化和课程的整体性研究和实施；课程评价上，普遍存在偏重训练效应，缺少对教学过程生成性的关注，体现为强调应试、刷题，缺乏过程性、表现性评价，使得评价本身缺少灵活性，难以促进学生核心素养的培养。所有这些困境的突破，都指向了要充分挖掘"美好教育"文化的内在本质，呼唤"美好课程"的高质量建设。

3. 学校转型发展的难题破解

2015年起，随着北京市朝阳区教育改革和优质教育资源均衡发展政策进一步深化，集团化办学不断推进，学校周边地区引进大量名校分校，学校办学空间进一步缩减，学校周边形成了强校包围的外部办学压力和挑战。与此同时，学校办学内生动力也呈现出明显的不足，具体表现在"美好教育"文化不能有效激发教职员工主体自觉性，九年一贯制学校的教育优势发挥不明显，学生培养路径不清晰等问题。学校办学系统变革刻不容缓，构建九年一贯制、融通式、核心素养导向下的美好课程体系，成为学校破解办学难题，实现转型升级、促进教育高质量发展的迫切需要。

（二）美好课程建设的原则

在"美好教育"文化理念和育人目标的指导下，学校在"美好课程"体系建设过程中，逐渐形成课程建设六大基本原则：基础性、全面性、一贯性、选择性、综合性和实践性。

1. 基础性原则

以学生发展为本，以掌握学科知识为基础，以打牢基础知识、基本技能为根本，以增强学生核心素养为目的，以实现学生全面而个性化发展为出发点和归宿。

2. 全面性原则

以公平机会为基准，以平等对待为理念，面向全体学生，用全学科育人的方式，全过程育人的方法，全要素育人的态度，全方位育人的观念，全力促进学生全面发展。

3. 一贯性原则

我们认为九年一贯不仅仅是学制一贯，更是育人目标和课程体系的一贯。因此，我们将美好课程划分为三大领域、三大层级、九大课程群，体现了中国学生核心素养的校本化表达，结合学生成长实际，有计划、有梯度、有层次地为学生提供美好课程供给。

4. 选择性原则

尊重差异，提供选择，发展特长。尊重学生的个体差异、特长爱好和发展方向的不同，满足学生成长的多元需求，支持学生按自己的特长作出发展规划，并据此出发，为学生提供丰富的、具有选择性的课程内容，满足学生多样化和个性化发展需求。

5. 综合性原则

将学生校园生活全方位、立体化地纳入课程范畴，横向适度打破学科界限，纵向适当打通学段壁垒，实施跨学科课程融合、跨学段课程贯通等课程样态，强调满足学生完整活动体验和整体的生命成长需求。

6. 实践性原则

通过多样化的课程载体，大力弘扬中华优秀传统文化，培育和践行社会主义核心价值观，让学生走出校园、走出教室、走出书本，走向更多能够让学习发生的场所，使经历和感受成为学生学习的有效途径，努力构建学生学习的新样态。

（三）美好课程建设的历程

学校"美好课程"建设大致经历"核心素养"的理论研究—国家政策导向—高中新课标引领—义务教育课标修订等过程，成为"美好课程"创生、完善、推广、总结的发展脉络，通过现状调研与诊断、教育实践与修正、行动研究与改进、经验总结与梳理等研究方法，开展了丰富的课程研究与实践，具体美好课程建设的历程。见下图：

第三章 美好课程
学校文化构建的核心与根本

```
探索阶段              2017年9月—2021年6月           完善阶段
   ①                        ②                        ③
                        构建阶段
2014年9月—2017年8月                              2021年7月—至今
```

第一阶段：核心素养理论基础上，"美好教育"理念雏形探索阶段（2014年9月—2017年8月）

2014年，《教育部关于全面深化课程改革，落实立德树人根本任务的意见》提出："教育部将组织研究提出各学段学生发展核心素养体系，明确学生应具备的适应终身发展和社会发展需要的必备品格和关键能力。"在这一文件精神指引下，学校抓住契机对未来办学进行了哲学思考，先行先试，在对核心素养理论深入学习和理解的基础上，决定将核心素养作为学校课程改革的重要方向和依据。2016年9月，《中国学生发展核心素养》研究成果发布后，学校又乘势进一步加大课程改革力度，以课堂改革为切入点，大力开展"自主、合作、探究"学习方式变革实践，推动教师教育理念更新，引领课堂从"教"走向学生"学"，从培养学生学会做题走向培养学生学会解决实际问题，以核心素养为导向的课堂样态、关注学生真实成长的"美好教育"文化理念初具雏形。2016年11月16日，学校成功召开了北京市课程改革现场会，围绕信息技术支持下小组合作学习方式深入探索，全面展示学校课堂教学方式变革的实践成果。

第二阶段：核心素养培养背景下"美好课程"体系构建阶段（2017年9月—2021年6月）

学校立足当下办学的困境，对学校办学方向进一步深入思考，在基于学校历史文化基因与发展的前提下，进一步确认"美好教育"文化理念及其内涵外延，并以此为依据，进一步提出"美好教育"六大实践体系，为发展学生核心素养提供有效路径。

在"美好教育"文化理念的指导下，学校依据国家教育方针，围绕办学理念和育人目标，充分考虑社会主义核心价值观和学生核心素养培育，以"为美好生活准备，为美好人生奠基"为目标，努力构建"美好课程"体系。

美好教育
——学校文化的构建与实施

在课程开发方面，围绕"美好教育"文化价值追求，结合育人目标，从"美好少年"成长必备的认知、实践和成长规划三大领域入手，围绕核心素养落地路径和策略，组织教师开发学科、跨学科和校本特色课程群。

在课程实施方面，学校以高中新课标为引领，组织教师围绕各学科核心素养重新梳理整合学科内容，以学科大观念、大概念、大任务和大项目为统领，以单元为研究视角，把各学科核心素养合理地分配到各个课时的教学和学习目标中。经过单元整体教学的多轮探索与实践，梳理提出"457"单元整体教学实施策略。

在课程评价方面，进一步迭代升级学校课程评价理念，本着素养导向、育人为本的评价原则，完善美好课程评价方案，从关注结果评价到关注过程评价，从注重知识评价到关注综合评价，从单一维度评价到多元主体评价，开发多维度、多元的课程评价方式，激发教师参与美好课程建设的活力，引导美好少年育人目标的落实，推动学生核心素养培养目标有效达成。

第三阶段："美好课程"一体化模式完善阶段（2021年7月—至今）

2021年，国家"双减"政策实施以来，学校聚焦"双减"要求和标准，重新审视学校"美好课程"体系，发现学校课程建设仍存在追求课程数量、忽视课程质量；追求课内、忽视课外；对课程本质内涵挖掘不够，九年一体化设计不足等一系列问题。为解决这些问题，在课程建设方面，学校对标"双减"要求，以"减量提质"和"课内、课后一体化"为目标，围绕"美好课程"体系框架，打通课内和课后服务课程壁垒，实施课内、课后课程整合，推动课内和课后服务课程一体化建设。

在课程实施方面，一是学校在文献研究基础上，创新性地提出"双师课堂"应用课后服务课堂教学模式，丰富了学校课后服务课程供给，满足了学生的多样化和个性化学习需求；二是率先在朝阳区内探索形成科技赋能作业创新设计模式，切实做到作业控时长、减重复、改进与创新目的，实现了学校课程整体育人新的"增长点"。

第三章 美好课程
学校文化构建的核心与根本

第二节：美好课程体系的结构与设置

一、美好课程体系的结构

为落实2022年版义务教育课程方案要求，落实立德树人根本任务，落实育人目标，满足不同层次学生的多样化和个性化学习需求，在对已有课程进行梳理、总结和提炼的基础上，形成了多领域、多层次、可选择的课程体系，包括三大层级、三大领域、九大课程群。三大层级分别是面向全体学生的基础类课程、面向群体学生分层的拓展类课程和面向个体学生的个性发展类课程。课程的三个层级充分尊重教育发展规律，有效激发不同层级学生的学习潜能，为学生的发展与成长搭建良好的平台。见下图：

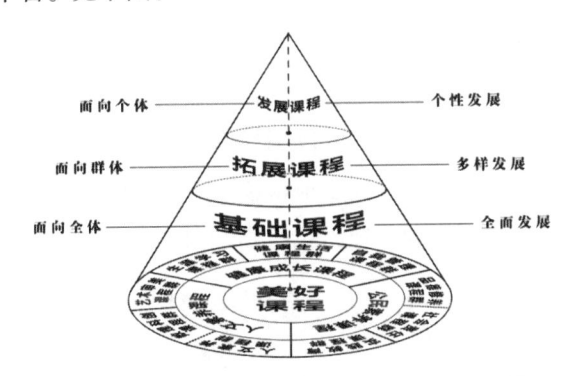

北京市陈经纶中学分校望京实验学校美好课程模型图

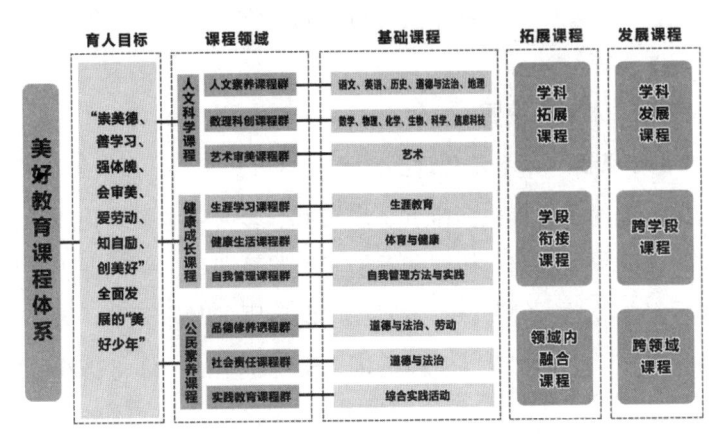

北京市陈经纶中学分校望京实验学校课程结构图

美好课程体系以中国学生发展核心素养为统领，构建形成人文科学课程、健康成长课程和公民素养课程三大课程领域，共设人文素养、数理科创、艺术审美、生涯学习、健康生活、自我管理、品德修养、社会责任、实践教育九大课程群。

（一）基础课程

基础课程面向全体学生，旨在落实国家对教育的基本要求，夯实学生发展的基础，在整个课程体系中起到奠定基础的作用。在新课程标准的指导下，学校发挥九年一贯制办学优势，充分结合学校实际和学生特点，对国家课程按学科知识逻辑体系，对课程进行改编、扩充和整合，实施单元整体教学，使学科课程更加符合学生学习要求。

（二）拓展课程

拓展课程是针对学生发展需求，充分利用本校或当地的课程资源，对基础课程的拓展和延伸，与国家课程形成优势互补，以校本课程为主，包含学科拓展课程、学段衔接课程和领域内融合课程，以满足不同群体学生的发展需求。拓展类课程不仅要考虑适应学生的多元发展要求，还要考虑学生的年龄特点，将课程内容按照梯度进行设置，力求做到课程内容衔接、学段递进、能力阶梯发展，实现课程整体育人目标。

（三）发展课程

发展课程强调课程的个性化和精品化，面向在某些领域有更高能力或者有特殊需求的学生，旨在鼓励和培养学生的特长和个性，包含学科发展课程、跨学段课程和跨领域课程等。

二、美好课程体系的设置

（一）"美好课程"体系课程设置总表

"美好课程"为学生提供多维度、多领域、多时空和系统化成长课程，三大领域、九大课程群覆盖基础、拓展和发展三个层级课程，基础课程和拓展课程贯穿课内和课后服务教学，发展课程主要利用课后服务时段开展。另外，大部分拓展课程突出横向学科融合与纵向学段衔接，实现学生的一体化培养。见下表：

第三章 美好课程
学校文化构建的核心与根本

美好课程一体化课程设置总表

课程层次	课程维度 类别	课程群	人文科学类			健康生活类			公民素养类		
			人文素养课程群	数理科创课程群	艺术审美课程群	生涯学习课程群	健康生活课程群	自我管理课程群	品德修养课程群	社会责任课程群	实践教育课程群
基础课程	课内		语文、英语、道德与法治、地理（7—8）、历史（7—9）、德育	数学、科学、物理（8—9）、化学（9）、生物（7—8）	音乐、美术	生涯技术	体育与健康、心理健康	自我管理主题班会、校园值周课程	道德与法治、各种班队会活动、劳动教育	专题教育、信息技术	综合实践活动、学科实践活动、主题实践活动
	课后服务		各学科个性化作业辅导课程								
拓展课程	课内		中华经典诵读、传统文化讲坛、书法、阅读、英语课本剧、英语节、传统文化绘本（1—3）	校园科技节、游戏中的科学、物理趣味实验、开放性科学	校园艺术节、合唱、舞蹈、管乐、民乐	职业调查及生涯体验、开学辅导课程	生命教育系列课程、校园体育节、足球、棒球、橄榄球（1—6）、羽毛球、心理健康讲座、心理辅导团体辅导、心理健康校本课程	升旗仪式教育、班级文化、"成长伙伴"课程、"一日中学生活体验"课程	升旗仪式教育、校园规则教育、礼仪教育（1—6）、传统节日教育、习惯养成教育（7—9）	法制教育、国旗下讲话、垃圾分类、可持续发展教育	STEM创新实践、跨学科实践主题课程

059

美好教育
——学校文化的构建与实施

拓展课程	课后服务	绘本阅读（1—3）、文化经典阅读（4—6）、名著阅读（7—9）、世界历史（7—9）、中文明史上下五千年（1—6）、古诗词积累（1—6）、汉字竞赛、合唱、剪纸、小画家	生活中的化学（7—9）、物理实验探究（7—9）、机器人操作（7—9）、物理教具制作（7—9）、遇见恐龙（1—6）、人体奥秘（1—6）、动物奥秘（1—6）、简单机械方（1—6）、科学创新（1—6）、有趣的电（1—6）	书法、管乐团、合唱团、民乐团、健美操、舞蹈社、梦想中国画、京剧社、小小艺术家（1—6）、艺术大师的笔（1—3）	情绪管理、善管生涯体验	趣味体能训练、武式篮球、啦啦操、十字绣、护花团课程、体育健康课、心理辅导课程、体育社团、个体心理咨询、飞盘、少儿围棋（1—6）	自主作业、合作作业	时事课程、党史教育、劳动教育、校园美化	小记者课程、种植课程、Scratch课、Lego wedo、发明与制作	小课题研究、创新小论文、合理建议
发展课程	课后服务	"趣学慧学"课程、学生自主研究课程、班级报刊课程	生活中的小课题研究、地理环保、人工智能编程、趣味科学实验、数学思维拓展	合唱、舞蹈、打击乐、行进管乐、室内管乐、行进旗舞社团、科幻画社团、中国画社团	心理社团、社会实践社团	羽毛球社团、健美操社团、足球队、轮滑社团、棒球队	学习规划制定与落实、体育锻炼计划制定与落实	社区服务	社区研究性学习	行走人生课程、社会生活调研、撰写小论文、金鹏论坛
	寒暑假期	走进文化馆、走进博物馆	走进科技馆	走进艺术馆	走进企业	走进体育馆观赛	夏（冬）令营	走进社区	社区服务	家庭旅游

中华传统文化进校园（传统文化、非遗文化、绿色科技、奥运文化、戏剧教育……）

注：数字1—9分别代表1至9年级

（二）美好课程体系课时安排总表

按照北京市课程设置文件要求，我校基础课程严格落实国家课程标准，拓展课程的必选类课程分年级统筹时间设置，发展课程中选修课程在课内进行，其他课程在课后服务中实施，各学科学时安排。见下表：

美好课程课时安排总表

课程类别		课内课程									课后服务课程									
课程层级	课程名称	各年级课时安排									课程名称	各年级课时安排								
		1	2	3	4	5	6	7	8	9		1	2	3	4	5	6	7	8	9
基础课程	道德与法治	2	2	2	2	2	2	2	2	3	劳动课程	1	1	1	1	1	1	1	1	1
	历史							2	2	2										
	地理							2	2											
	物理								2	3										
	化学									3										
	生物							2	2											
	语文	6	6	6	6	6	6	5	5	6										
	数学	4	4	4	4	4	5	5	5	5										
	英语	2	2	3	3	3	3	4	4	4										
	体育与健康	4	4	3	3	3	3	3	3	4	课业辅导自主学习	5	5	5	5	5	5	4	4	5
	音乐	2	2	2	2	2	1	1	1											
	美术	2	2	2	2	2	1	1	1											
	地方课程	1	1	1	1	1	1	1												
	科学实践	1	1	2	2	2	2	1	1											
	劳动技术			0.5	0.5	0.5	0.5	1												
	学科实践	2	2	2	2	3														
	信息技术			0.5	0.5	0.5	0.5	1	1											
	德育	1	1	1	1	1	1	1	1	1										
拓展课程	校本课程	1	1	1	1	1	3	2	1	1	特色社团	5	5	5	5	5	5			
											学科大课堂							1	1	1
发展课程	人文科学、健康生活、人文素养																			
	学科实践活动、社区服务、社会实践、家长课程、学生课程等																			

说明：课内课程开设时间：中学部早上8：00开始，小学部8：25开始，每课时教学时长为40分钟。中学部上午4节课，下午3节课，每周34课时。小学部上午4节课，下午2节课。其中一、二年级每周26课时，三至六年级每周30课时。没有体育课的当天，中学安排体育锻炼活动40分钟，小学安排课间操30分钟。中小学每日大课间活动30分钟，保证学生每天体育锻炼不少于1小时。

地方课程包括《专题教育》《职业生涯》《朝阳》《心理健康教育》等。

课后服务课程：

1. 劳动教育包括三部分——"劳动树立美好匠心、劳动创生美好生活、劳动创造美好未来"，根据各年级实际安排每周1节劳动教育课程。

2. 特色社团课程，中学部安排在周四课后服务时间，学生根据自己实际学习需求自愿参加。小学每天1个小时特色社团活动时间，学生自主选择参加。

3. 课业辅导包括提优、巩固、答疑、辅导等多种形式，中学每周设置4—5次固定时间和地点的答疑辅导，由各年级组统筹协调。小学每天1小时的固定班级的教师答疑辅导，由小学教育发展中心统筹安排。

4. 学科大讲堂：每周二固定时间，各年级开展学法指导、学科竞赛、学生综合实践活动等。

5. 家长课程：学校充分发挥家长作用，聘请有专长的家长开发和实施的一种课程，既发挥家长参与学校教育的作用，又能增强家校美好协同育人合力，丰富学生的学识，增长见识。家长课程开设形式比较灵活，可以录制课程资源，推送给学生，学生自主选择学习，还可以在课后服务时间段，邀请家长走进课堂进行授课。

（三）指向"美好少年"养成的本土课程群

在"美好课程"体系框架下，围绕"崇美德、善学习、强体魄、会审美、爱劳动、知自励、创美好"全面发展的美好少年育人目标，经过多年课程建设实践，逐渐从学生认知、实践和成长三个维度，凝练形成一系列指向"美好少年"养成的本土化课程群。

1. 注重素养养成的认知类课程群

（1）以阅读为支点，指向文化素养的综合课程群

阅读是认知的重要基础，学生通过阅读理解语言文字的魅力，提升理解、鉴赏、辨析文字的能力。同时，通过阅读名著，学生可以对话先贤圣者，纵观历史变幻。阅读是学生认识世界，学习知识，涵养品格的重要途径，也是培育美好少年的关键方式。基于美好少年培养目标，我校中学语文组教师对教材中的名著进行了梳理、归类，并设计了"课堂导读+活动探究""阅读体会+交流表达"的名著阅读课程群。

第三章 美好课程
学校文化构建的核心与根本

册数	必读书目	推荐阅读书目	读书方法训练点
七（上）	鲁迅《朝花夕拾》 吴承恩《西游记》	孙犁《白洋淀纪事》 沈从文《湘行散记》 屠格涅夫《猎人笔记》 李汝珍《镜花缘》	清除与经典的隔膜精读和跳读
七（下）	老舍《骆驼祥子》 儒勒·凡尔纳《海底两万里》	罗广赋、杨益言《红岩》 柳青《创业史》 阿西莫夫《基地》 J.K.罗琳《哈利·波特与死亡圣器》	圈点与批注 快速阅读
八（上）	法布尔《昆虫记》 埃德加·斯诺《红星照耀中国》	卞毓麟《星星离我们有多远》 蕾切尔·卡森《寂静的春天》 王树增《长征》 李鸣生《飞向太空港》	科普作品的阅读 纪实作品的阅读
八（下）	傅雷《傅雷家书》 奥斯特洛夫斯基《钢铁是怎样炼成的》	斯坦贝克《苏菲的世界》 朱光潜《给青年的十二封信》 路遥《平凡的世界》 罗曼·罗兰《名人传》	选择性阅读 摘抄和做笔记
九（上）	《艾青诗选》 施耐庵《水浒传》	泰戈尔诗选 《唐诗三百首》 刘义庆《世说新语》 蒲松龄《聊斋志异》	如何读诗 古典小说的阅读
九（下）	吴敬梓《儒林外史》 夏洛蒂·勃朗特《简·爱》	钱钟书《围城》 乔纳森·斯威夫特《格列佛游记》 契诃夫短篇小说选 夏目漱石《我是猫》	讽刺作品的阅读 外国小说的阅读

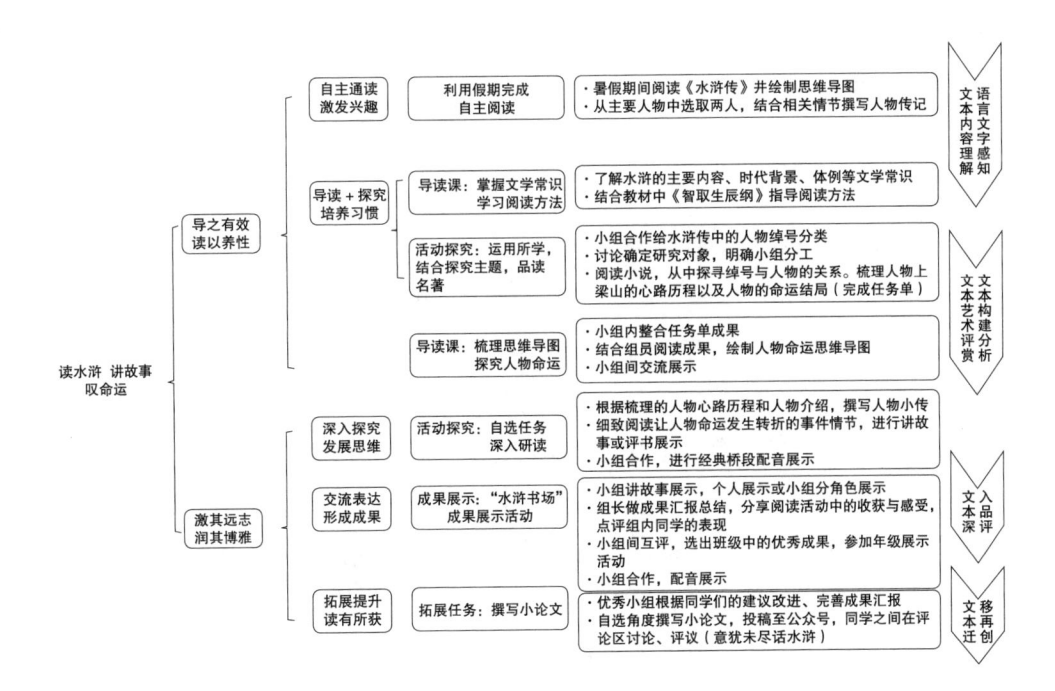

导之有效 读以养性
- 激发兴趣 — 自主通读 — 假期布置阅读任务辅助阅读：小报、思维导图、人物小传等
- 培养习惯 — 课堂精读 — 结合课内选文，指导阅读方法，读重点内容。
- 品读理解 — 重点研读
  - 主题探究
  - 阅读任务群
  - 阅读项目报告册

导读+探究
阅读+表达

激其远志 润其博雅
- 发展思维 — 活动促读 — 阅读电台、讲水浒英雄故事、课本剧、影视配音秀、诗歌朗诵会、辩论赛等
- 交流表达 — 读有所获
  - 专题阅读成果汇报
  - 读书笔记、阅读报告册
  - 名著拓展阅读

读水浒 讲故事 叹命运

导之有效 读以养性
- 自主通读 激发兴趣 — 利用假期完成自主阅读
  - 暑假期间阅读《水浒传》并绘制思维导图
  - 从主要人物中选取两人，结合相关情节撰写人物传记 → 语言文字感知 / 文本内容理解
- 导读+探究 培养习惯
  - 导读课：掌握文学常识 学习阅读方法
    - 了解水浒的主要内容、时代背景、体例等文学常识
    - 结合教材中《智取生辰纲》指导阅读方法
  - 活动探究：运用所学，结合探究主题，品读名著
    - 小组合作给水浒传中的人物绰号分类
    - 讨论确定研究对象，明确小组分工
    - 阅读小说，从中探寻绰号与人物的关系。梳理人物上梁山的心路历程以及人物的命运结局（完成任务单） → 文本艺术分析 / 文本构建评赏

激其远志 润其博雅
- 深入探究 发展思维
  - 导读课：梳理思维导图 探究人物命运
    - 小组内整合任务单成果
    - 结合组员阅读成果，绘制人物命运思维导图
    - 小组间交流展示
  - 活动探究：自选任务 深入研读
    - 根据梳理的人物心路历程和人物介绍，撰写人物小传
    - 细致阅读让人物命运发生转折的事件情节，进行讲故事或评书展示
    - 小组合作，进行经典桥段配音展示 → 文本入品深评
- 交流表达 形成成果
  - 成果展示："水浒书场"成果展示活动
    - 小组讲故事展示，个人展示或小组分角色展示
    - 组长做成果汇报总结，分享阅读活动中的收获与感受，点评组内同学的表现
    - 小组间互评，选出班级中的优秀成果，参加年级展示活动
- 拓展提升 读有所获
  - 拓展任务：撰写小论文
    - 小组合作，配音展示
    - 优秀小组根据同学们的建议改进、完善成果汇报
    - 自选角度撰写小论文，投稿至公众号，同学之间在评论区讨论、评议（意犹未尽话水浒） → 文本移再迁创

063

（2）以思维为撬动，指向科学素养的跨学科主题学习课程群

以培养"美好少年"科学精神、科学思维和科学素养为目标，以科学学科知识为原点，整合语文、数学、英语、地理、生物、化学、物理、道德与法治、历史等多个学科内容，开发、实施指向培养科学素养的跨学科主题学习课程群。

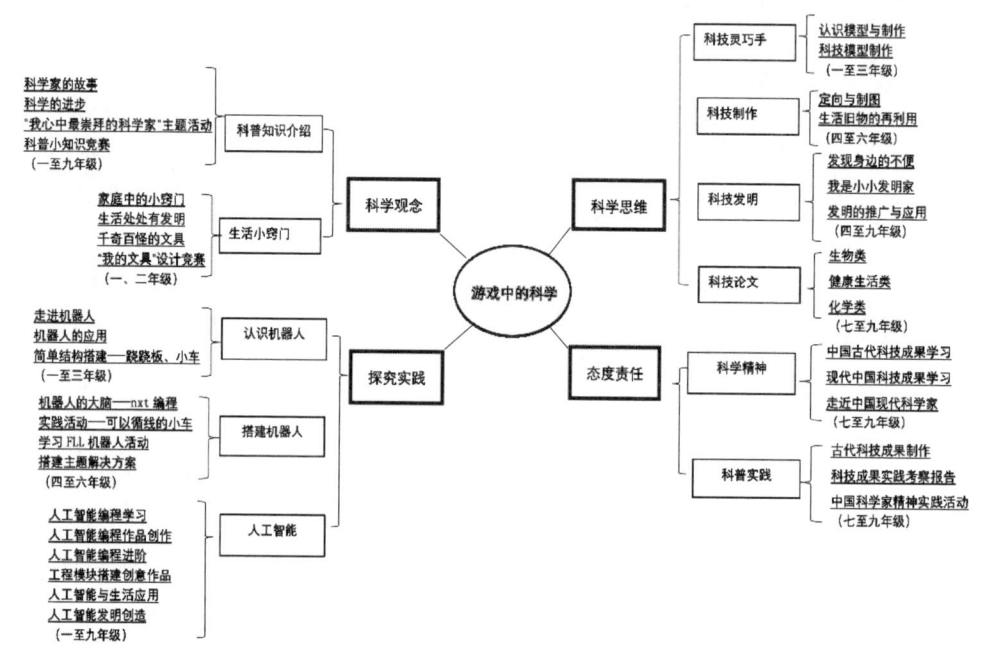

```
科学家的故事
科学的进步
"我心中最崇拜的科学家"主题活动         科普知识介绍
科普小知识竞赛
（一至九年级）
                                                            认识模型与制作
                                            科技灵巧手      科技模型制作
                                                            （一至三年级）

家庭中的小窍门                                              定向与制图
生活处处有发明                                科技制作      生活旧物的再利用
千奇百怪的工具         生活小窍门                          （四至六年级）
"我的文具"设计竞赛       科学观念    科学思维
（一、二年级）                                              发现身边的不便
                                            科技发明      我是小小发明家
                     游戏中的科学                          发明的推广与应用
                                                            （四至九年级）
走进机器人
机器人的应用                                                生物类
简单结构搭建——跷跷板、小车   认识机器人   科技论文      健康生活类
（一至三年级）         探究实践    态度责任                化学类
                                                            （七至九年级）

机器人的大脑——nxt 编程
实践活动——可以循线的小车  搭建机器人                  中国古代科技成果学习
学习 FLL 机器人活动                          科学精神      现代中国科技成果学习
搭建主题解决方案                                            走近中国现代科学家
（四至六年级）                                              （七至九年级）

人工智能编程学习                                            古代科技成果制作
人工智能编程作品创作                          科普实践      科技成果实践考察报告
人工智能编程进阶       人工智能                            中国科学家精神实践活动
工程模块搭建创意作品                                        （七至九年级）
人工智能与生活应用
人工智能发明创造
（一至九年级）
```

2. 注重经历体悟的综合实践类课程群

2022 年版新课标倡导"学科实践"，强调"做中学""用中学""创中学"，引导学生经历发现问题、解决问题、建构知识、运用知识的过程，增强学生认识真实世界、解决真实问题的能力，让学生在研究性学习、探究性学习和综合实践学习中，实现知识与技能的统整，培养学生实践能力、创新精神和社会责任感。

以拓展类课程"行走人生"综合实践活动课程——《文房探源、匠心徽州》课程为例，该课程打破学科壁垒，进行语文、数学、历史、地理、道德与法治、艺术等多学科跨学科整合，引导学生从多角度认同中华传统地域文化瑰宝和博大精深的文化，培养学生理性思维、文化理解与传承、审美的鉴赏与创造等核心素养。见下表：

第三章 美好课程
学校文化构建的核心与根本

学科	知识目标	核心素养目标
语文、历史《探源笔墨书香》	通过对宣纸、徽墨等探究，梳理文房四宝历史发展脉络 通过参观宏村，探索中原古代氏族迁徙的原因 通过实地考察，体会徽州古人的文化价值及儒家文化对徽商的影响	文化的理解与传承
生物《探秘徽州生物，体验徽茶工艺》	通过对徽州园林观察，了解徽州生物多样性原因，环境对植物发展的影响，黄山植物的垂直分布 通过听取黄山毛峰解读，了解黄山毛峰对环境的要求	理性思维 生命观念 科学探究
地理《行走人生，体验画里乡村》	了解长江下游水系和钱塘江上游水系的分水岭 通过参观了解徽州古城布局，理解城市发展变迁	人地协调观 地理实践力
艺术《徽州印象》	实地观察徽州文化博物馆的馆藏珍贵文物，了解古代徽州文明的艺术高度 欣赏古代文房精品，了解新安画派，弘扬中华优秀传统美学，提升学生文化鉴赏能力	审美的鉴赏与创造

3. 注重全面发展的九年贯通课程群

我校作为一所九年一贯制学校，学生年龄跨度比较大，在整体考虑学生年龄特点和学生成长规律的基础上，构建九年贯通课程，通过九年一体化课程目标设计、一体化内容选择、有计划分学段实施、跨学科课程内容整合、课程综合化实施等满足学生核心素养发展需求。见下表：

九年贯通课程群

领域	课程群	主要内容
人文科学类课程	人文素养课程群	书法（1—9）、课本剧（1—9）、英语节（1—9）、传统文化绘本（1—3）、文化经典诵读（4—6）、名著阅读（7—9）
	数理科创课程群	趣味数学（1—6）、生活中数学（7—9）、游戏中的科学（1—9）、校园植物识别（1—6）、植物种植（7—9）
	艺术审美课程群	合唱（1—9）、啦啦操、体育舞蹈（1—6）形体训练、健美操（7—9）、绘画（1—6）、中国写意花鸟画（7—9）
健康生活课程	生涯学习课程群	职业调查（1—6）、职业体验（7—9）
	健康生活课程群	生命教育系列——健康、安全（1—6）、生命教育系列——青春、励志（7—9）、足球（1—9）、心理健康讲座（1—6）、心理健康团体辅导（7—9）
	自我管理课程群	班级岗（1—6）、校园值周（7—9）

065

美好教育
——学校文化的构建与实施

（续表）

领域	课程群	主要内容
公民素养课程	品德修养课程群	礼仪教育（1—6）、养成教育（7—9）
	社会责任课程群	国旗下演讲（1—9）、法制教育（1—9）
	实践教育课程群	行走人生课程：行走校园（1—3）、行走北京（4—8）、行走中国（9）、行走世界（1—9年级）

（注：数字1—9分别指1至9年级）

学校作为朝阳区小初衔接课程改革项目实验学校，坚持开展九年一贯中小衔接贯通培养的实践研究。我们逐步探索出了一些课程贯通培养与中小课程衔接的策略和方法，形成了"四统四通"小初衔接经验。

（1）课程"统整"，打通学段课程壁垒

课程是学校的核心竞争力，课程衔接是九年一贯制学校的核心优势。由于小学和初中两个学段的课程目标要求和课程设置差异较大，学段间的课程衔接不充分，容易造成学生从小学到初中转换的不适应。为此，学校本着课程统整，深度融合"一贯"与"统整"的原则，既着眼于学生的终身发展，又坚持儿童成长的客观规律，重点关注三个方面：一是国家课程的校本化实施；二是实施小学与初中课程衔接与融合；三是开发九年一贯的特色校本课程。

（2）教研"统筹"，贯通中小教研隔断

校本教研是落实课程和教学衔接的重要手段。学校基于"整体性"和"发展性"的课程育人理念，以问题为导向，加强三个方面的衔接研究：一是学段的衔接教研，主要侧重六、七年级衔接过渡研究；二是学科的衔接教研，主要包括学科知识的纵向衔接和横向整合；三是师资的衔接，组织小学教师到初中听课，安排中小学教师跨学段任课，如音、体、美学科实施了跨学段任课教学。

（3）学法"统培"，疏通中小学法体系

小学与初中、学科与学科之间学习方法虽然有共性，但也有个性与不同。为实现小学与初中的双向靠拢、平稳过渡、有效教学，学校层面深入开展学法指导教学。九月份开学第一周，分别召开六年级和七年级学法指导讲座。主要包括：

第三章 美好课程
学校文化构建的核心与根本

学习习惯的衔接、学习方式的衔接、学法指导的衔接,既有学生层面的学法经验分享,又有教师层面的学法指导讲座。其中,学法指导专题讲座从全年级层面解决学法指导的共性问题,从班级层面针对多学科学法指导,结合个案进行诊断指导,主要是从尊重差异的角度满足学生的个体发展需要。

(4)管理"统合",畅通管理模式机制

九年一贯制学校管理学段跨度长,管理要素多,涉及小学、初中两个学段,必须创新内部管理模式。为此,学校遵循"以生为本"的基本理念,按照组织结构设置扁平化原则,优化管理体制改革。一是校级干部打破以往按中小学分部抓管理的模式,实行九年一体化管理;二是中层干部实施"一职多兼""项目管理"的管理模式,既有纵向管理责任,又有横向岗位责任;三是统一评价标准,建立兼顾过程与结果、数量与质量相统一的九年一贯制教师考核评价与奖励制度。提高教育管理的活力,充分调动教师工作的积极性。

近5年,学校先后承办数学、英语和语文等多场小初衔接项目研究现场会。通过对六、七年级的学科教材中的教学主题进行梳理,找到主题或内容相近的教学主题,将两个主题整合形成一个新的教学主题,整合后的主题充分体现小初衔接的策略和思想方法,实现课程目标、教学内容、教学方法、学习心理、学习习惯和学习方法等方面的有效衔接。

4.注重实践体悟的劳动课程群

以"劳动树立美好匠心、劳动创生美好生活和劳动创造美好未来"为维度,整体构建《劳动创造美好》课程,并通过课程实施和评价,引领学生掌握劳动知识和技能,树立正确的劳动观念,养成良好的劳动习惯和品质。见右图:

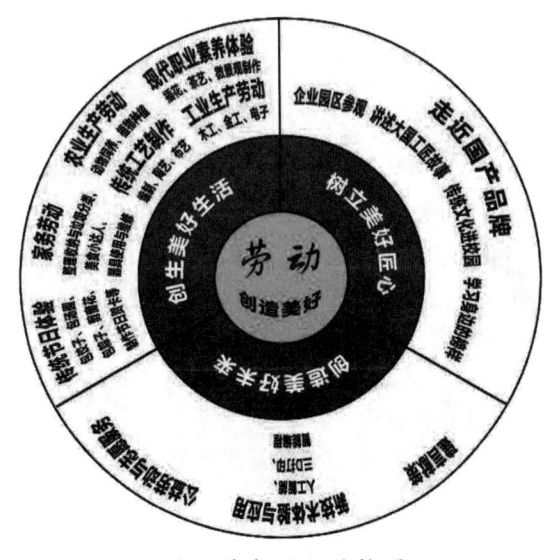

劳动特色课程结构图

美好教育
——学校文化的构建与实施

小学阶段注重日常生活劳动教育和良好劳动习惯养成，包括参加力所能及的服务性劳动等；初中阶段注重生产劳动教育，包括参加木工、电工等劳动实践，社会劳动实践、志愿服务和公益劳动等。此外，劳动教育课程还做到与中华优秀传统文化教育相结合，借助中华传统节日（春节：学习包饺子，元宵节：做汤圆，端午节：包粽子，中秋节：做月饼）制作节日贺卡等；通过开发和建设劳动教育基地、开展职业体验教育、组织学生参观现代工艺流程，体验新技术；通过开展劳动主题升旗仪式、传统文化进校园、讲述大国工匠故事、劳模讲座、身边的劳动榜样等宣传活动，实现劳动教育课程实施的多样态。

劳动教育课上的生命教育

刘美玲 管永新

"它们又长大了。""它们太可爱了。""我们好想它们！"……前不久，北京市陈经纶中学分校望京实验学校五年级一节线上劳动课刚开课，学生们便不约而同地聚焦同一个话题——芦丁鸡。为什么孩子们对芦丁鸡有这么深的情感惦念？这里面有一个关于劳动教育和生命教育的故事。

2022年版《义务教育劳动课程标准》颁布以来，学校围绕"美好教育"文化理念，以培养学生"问题解决能力"为劳动教育出发点和落脚点，通过创设与生活关联的真实情境，解决生活实际问题，开展了形式多样的劳动教育。如学校在今年新学期刚刚开发的劳动课程中，紧紧围绕"芦丁鸡"这一"主角"设计与展开。将劳动课程标准中要求的"十大任务群"中的"日常生活劳动""家用电器使用与维护""农业生产劳动""传统工艺制作""工业生产劳动""新技术的体验与应用"等学习任务，转化成为劳动教育课程内容，通过组织学生学习芦丁鸡的习性，芦丁鸡的孵化知识，孵化器的选择与使用，饲养箱的设计与组装，照明和取暖设备设计与安装，玉米叶编织鸡窝，废旧水瓶制作食盒、水盒，废旧物品设计装饰等，引领学生在真实的情境中学习、动手和实践，在真实的问题解决过程中，培养学生解决问题的能力。

经过近1个月的研究性学习，学生通过上网查阅资料、小组讨论交流、制作

第三章 美好课程
学校文化构建的核心与根本

展示PPT、学习成果汇报等,完成了有关芦丁鸡的习性和孵化知识的学习。2022年10月9日,36枚圆滚滚的小芦丁鸡蛋被装进了孵化器。学生们每天按时翻蛋、喷水和照蛋,认真记录孵化器里温度、湿度变化,观察鸡蛋的变化,并把这些数据记录在观察报告上。等到了第7天,照蛋灯透过鸡蛋的外壳,看到蛋里有网状的毛细血管以及明显的胎动了。这个时候,同学们才真正感受到这些小小芦丁鸡蛋的神奇,感受这些小生命孕育的过程……直到第17天一早,师生刚进教室,就听到孵化器里有小鸡的叫声。第一只小鸡破壳,看着蛋壳上一圈啄痕,孩子们欢喜不已,目不转睛地盯着蛋壳,直到小鸡破壳而出。

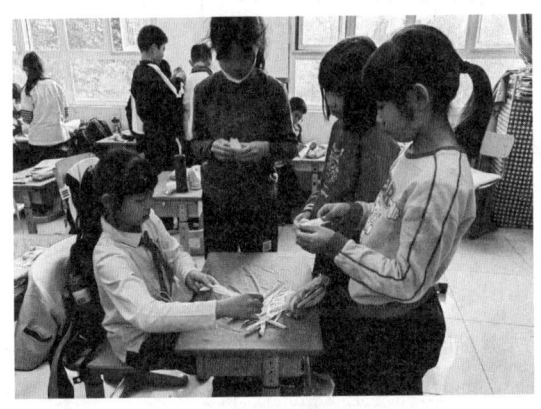

孩子们用玉米皮给鸡宝宝编织温暖的小窝

看着这个活蹦乱跳的小生命,孩子们小心翼翼地把它转移到饲养箱,还为它垫上隔尿垫,打开采暖灯,准备好开口饲料和温水。大家一起商量着给它取了一个好听的名字叫"坤坤"。接下来,小鸡一只一只接连破壳而出。36枚鸡蛋在同学们精心呵护下,一共孵出了25只小鸡。同学们在老师的带领下,通过探究得知,也有几只没有受精,几只停止了发育。看到小生命的逝去,有的同学伤心地落下了眼泪。

面对25只成功孵化的小鸡宝宝,孩子们的责任感和担当意识增强了——他们为小鸡的生活张罗忙碌起来:在劳动教师的指导下,孩子们纷纷找来了家里丢掉的玉米皮,清洗、晾晒、给小鸡编鸡窝。有的孩子还找来了家里不用的水瓶,画一画、剪一剪,制作成了自动食盒和水盒。慢慢地,孩子们家里的快递箱、牛奶盒、水瓶……都成了他们课上材料,为了这些小小生命,老师和孩子们真的"玩出了新花样",他们用智慧和双手为这25只小生命创造着幸福的生活。

正在孩子们陪伴小鸡快乐成长的时候，受疫情影响，学校开启了线上教学，学生改为居家学习。防疫教育、心理教育、生命教育也成为学校工作的重点。通过鸡宝宝的纽带，我们和孩子们谈生命，谈人生价值。孩子们虽然居家学习，但他们对小鸡宝的牵挂一刻都没有停止，因为亲眼见证小鸡宝宝孵化全过程的他们，已经将鸡宝宝们当成自己生命中的最重要一员了。孩子们经常和老师一起探讨，见缝插针地打听"鸡宝宝"们的情况。想必在陪伴小鸡一起成长的过程中，同学们学会了更加尊重和热爱生命。

（此文发表于《人民政协报·教育在线》2022年12月14日11版）

5. 注重心智成长的心理课程群

依据积极心理学为心理健康教育课程开发、实施和评价的思路，从树立美好信念（积极认知）、培养美好情感（积极情感）、塑造美好行为（积极行为）三个方面，整体构建《美好少年、心育成长》校本课程。并通过课程实施和评价，使学生初步了解心理知识，关注自身心理健康，建立积极乐观的心态，塑造积极向上的美好行为，遇到困难时具有韧性和坚毅的品质，以积极的视角看待生活，为未来美好的生活奠定心理基础。见下图：

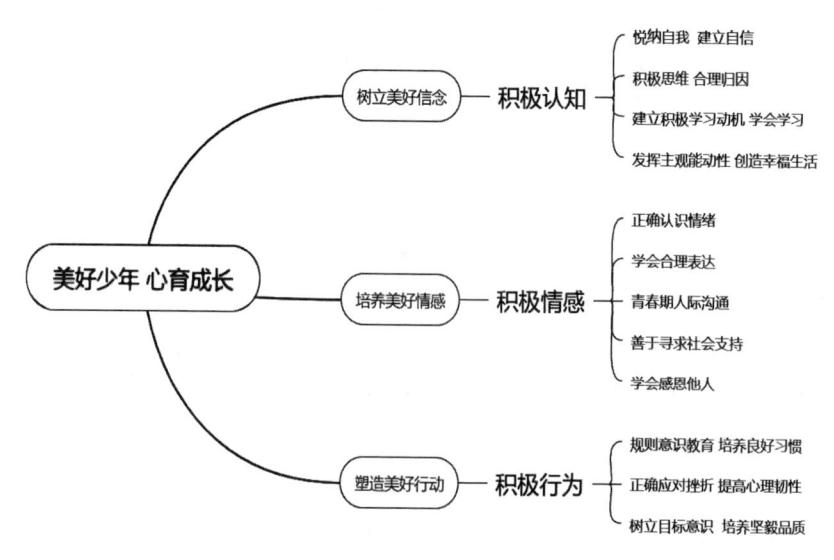

美好少年 心育成长

- 树立美好信念 — 积极认知
  - 悦纳自我 建立自信
  - 积极思维 合理归因
  - 建立积极学习动机 学会学习
  - 发挥主观能动性 创造幸福生活
- 培养美好情感 — 积极情感
  - 正确认识情绪
  - 学会合理表达
  - 青春期人际沟通
  - 善于寻求社会支持
  - 学会感恩他人
- 塑造美好行动 — 积极行为
  - 规则意识教育 培养良好习惯
  - 正确应对挫折 提高心理韧性
  - 树立目标意识 培养坚毅品质

心理健康教育课程结构图

第三章 美好课程
学校文化构建的核心与根本

第三节：美好课程的评价策略

基于核心素养的课程评价呈现出从关注课程到重视人，从关注学业成就到重视核心素养发展的特征。我校以培育"崇美德、善学习、强体魄、会审美、爱劳动、知自励、创美好"全面发展的"美好少年"，作为课程建设依据和实施效果评价的出发点、着力点和归宿点。

一、迭代从重选拔到重发展的综合化课程评价理念

（一）从评价"是美好少年"到引领学生"成为美好少年"

创新实施课程评价，不仅关注静态指标，而且关注动态成长进程；不仅关注单一指标，更加关注综合维度；从关注学生是否合格，到引导学生学成、养成、长成"美好少年"。

（二）从注重知识评价到关注综合评价

深入落实"立德树人"根本任务，回应"培养的怎么样？"并据此调试学校课程体系与评价指标，促进持续动态的良性循环，促进每个学生综合素质的发展和个性特质的形成。

（三）从单一维度评价为主到多元主体参与

学校依托数字化教育评价平台，创设课堂教学质量评价体系，从四年级起，每学期进行一次课堂教学质量评价。学校在日常教学中，强调培养学生的评价能力，引导学生明确评价的激励与导向功能，协助学生恰当评价自我，引领学生正确评价他人，建立具有激励和导向性的评价标准，使学生与同伴之间不再是竞争关系，构建有爱、安全的美好课程评价体系，促进"美好少年"和谐、健康和全面发展。

除开展学生评教评学外，学校还建立了教师自评、教师互评、中小学教育发展中心考评等多维度的评价制度，多方面评估教师潜力，帮助教师发掘自身特长，助力教师成为一名"守师德、精业务、勤学研、善合作、修身心、尚美好"的美好教师。

美好教育
——学校文化的构建与实施

二、构建学生主体、多维并重的课程评价指标

（一）构建基于核心素养的课程方案，建立学校课程评价体系

学校每3年召开一次课程方案评估会议，由课程评价工作小组统筹，邀请课程专家参与，对学校课程方案进行总体把控。见下表：

学校课程顶层设计评价表

一级指标	二级指标	三级指标	评价等价（Ki）					专家建议
			A	B	C	D	E	
			1.0	0.8	0.6	0.4	0.2	
课程理念与目标	与上位理念的契合	与国家培养目标的契合						
		与学校育人目标的契合						
	总体目标的合理	科学性						
		综合性						
		时代性						
		规范性						
课程结构	课程设置	总体安排的时代性						
		总体安排的实用性						
		总体安排的综合性						
		基础型、拓展型、发展型课程间的迁移						
	课程比例	必修与选修课程的比例						
		基础型、拓展型、发展型课程的比例						
		基础型课程中三大领域比例						
		拓展型课程中三大领域比例						
		发展型课程中三大领域比例						
	课时安排	课时总量合理						
		课时年级分配合理						
		周课时安排合理						

在学校美好课程实施方案的指引下，学校基于核心素养培育目标，不断丰富和完善美好课程评价指标，重点突出以下三方面内容：一是关注学生核心素养培

第三章 美好课程
学校文化构建的核心与根本

育,指向"美好少年"养成;二是落实新课程标准要求,关注知识学习的结构性、逻辑性与关联性;三是结合最新学习科学研究成果,关注学生认知水平和已有经验,注重课堂生成与问题解决。在此基础上,进一步迭代升级了美好课程评价指标。见下表:

美好课程评价指标

课程名称	评价指标			评价主体		评价等级
	一级	二级	评价要点	教师	同行	ABCD
课程设计		课程目标	1. 目标明确、恰当、具体,符合《课程标准》要求			
			2. 目标能够指向核心素养培养,关注"美好少年"养成			
			3. 目标能够符合学生的思维水平与能力水平,指向学生综合运用所学知识解决问题的能力			
		课程内容	1. 内容符合《课程标准》要求,符合当前主流价值观和意识形态要求			
			2. 内容设计能够围绕学科前沿问题,通过大概念、大单元、大任务等形式帮助学生搭建结构化体系,注重逻辑性、联系性、层次性			
			3. 内容设计具有科学性、思想性、启发性与针对性,能够符合学生认知规律与学业水平			
		课程资源	1. 课程资源类型多样、内容丰富,注重案例的选择和使用,能够结合现代信息技术等手段			
			2. 注重支架的设计与使用,能够提供由浅入深、由表及里引发思考的问题链,能够提供学生自主探究,预习与复习的资源包			
课程实施		教学活动组织	1. 教学设计符合学生认知规律,能够调动学生已有认知经验			
			2. 能够关注学习科学最新研究成果,注重引发学生学习动机			

073

（续表）

课程名称	评价指标 一级	评价指标 二级	评价要点	评价主体 教师	评价主体 同行	评价等级 ABCD
		教学方法运用	1. 注重使用自主、合作、探究等方式开展教学；充分运用对话、讨论等形式			
			2. 注重观察不同思维水平学生的学习情况，能够及时进行指导			
			3. 注重核心素养在教学中的培育，能够设计有助于学生素养培养的活动环节			
		教学策略创新	1. 注重课堂生成性内容，能够根据课堂需要调整内容			
			2. 注重培养学生审辨式思维，鼓励学生大胆质疑，敢于表达观点和想法			
			3. 注重知识重难点把握，逻辑清晰、思路清晰，环节紧凑			
			4. 注重使用信息技术手段,关注情境和体验，注重互动交流和批判反思			
		学习活动设计	1. 鼓励不同思维水平学生参与到活动中，能够设计不同层次问题引发思考			
			2. 能够构建师生、生生、多媒体信息交流的学习氛围，平等对话，给予学生民主、自由、轻松的观点表达空间			
			3. 学习活动有角色分工，有配合指导，能够鼓励学生结合实际，提出有价值、有深度、有创造性的问题			
	课程效果	教师	1. 能够完成既定的教学任务			
			2. 能够根据学生学习成效给予及时反馈和适时总结			
			3. 能够促进不同层次的学生在知识、能力、情感、态度、价值观方面获得成长			
			4. 能够发现不同学生的优势与闪光点，促进学生核心素养培养			
		学生	1. 学生能够理解、掌握课程所学内容			
			2. 学生能够利用所学内容进行综合运用，解决问题			
			3. 学生能够根据课程内容掌握获取知识的学习方法，可以搭建结构化知识体系，独立思考，创生学习观点			
			4. 学生喜欢上该门课程，认为有内容、有意思、有兴趣、有思考、有收获，对学习更有积极性和信心			

第三章 美好课程
学校文化构建的核心与根本

（二）基于"学生体验"和实际获得，建构学生评教评学指标

学生是美好课程建设的最直接和最重要的"受益者"，学生对美好课程的真实体验和实际获得感，是检验美好课程建设成效的重要指标。为此，学校建立学生评教、评学制度，每学年开展一次学生评教、评学活动，学生对承担本班课程的教师和自我在学习活动中的学习状态进行客观评价。通过评价过程和评价结果的反馈，引领教师进一步完善课程设计，提升课堂教学实效。见下表：

学生评教评学量表

评价维度	具体问题	符合程度				
^	^	非常不符合	不符合	符合	比较符合	非常符合
学习热情	我发现这门课程在智力上富有挑战性和激励性					
^	我通过这门课提高了对该课程的兴趣					
^	我通过这门课学会与掌握该课程的内容					
教学风格	老师上课时充满活力且精神饱满					
^	老师上课风格幽默且风趣					
^	老师讲课的方式很能吸引我					
课堂组织	老师的讲解清楚明白					
^	老师上课的讲解有助于我整理笔记					
课堂互动	老师会鼓励我们参与课堂讨论					
^	老师会邀请我们分享想法与知识					
^	老师会鼓励我们提出问题，并给予我们适当的解答					
^	老师会鼓励我们发表自身观点或向老师质疑					
个人交流	无论是课内或是课后，老师都欢迎我们寻求帮助或提问					
^	我们可以很容易找到老师，无论是办公时间或课后时间					

（续表）

评价维度	具体问题	符合程度				
		非常不符合	不符合	符合	比较符合	非常符合
课程拓展	老师能介绍课程中运用的背景知识与概念来源					
	老师会在适当时机提出各种观点，引发我们思考					
作业评价	这门课必要的阅读或练习是有价值的					
	这门课的阅读与课后作业等，都有助于对课程主题的理解与提升					
总体印象	我认为这门课较其他课程好					
	我认为这门课的老师较其他课程的老师好					

（三）指向"美好少年"的培养目标，建构过程性的成长记录指标

小学部建立"学生成长记录表"，依据学生年龄特点，设立不同版本，引导学生从多维度评估自己的发展情况，分析自己存在的问题，寻找符合自身条件的"独特"发展路径，实现自身"个性化"发展。见下表：

学生成长记录表

月份	考察领域	取得的成绩	存在不足	如何改进	改进结果
	知识与技能				
	自我认知				
	人际交往				
	体育活动				
	家庭参与				
	社会贡献				
	成长感想				

中学部主要依托"北京市中小学生综合素质评价平台"，对学生进行综合性评价。在七年级第一学期，采用"量表平台齐步走"模式，以《北京市初中学生综合素质评价方案》为指导，构建"学生成长记录表（七年级版）"，帮助

第三章 美好课程
学校文化构建的核心与根本

学生适应综合素质评价平台的使用方法和填写内容,引导学生以综合素质评价标准为指导,全面规划3年学习生活,发掘自我优势,实现全面而个性化的发展。见下表:

部分年级"学生成长记录表"示例

月份	我学习了哪些知识	我还需要进一步学习哪些知识	我要怎样掌握呢:	上个月目标实现了吗
	我与他人发生了哪些重要的事情	与他人相处过程中,我还有些疑惑	我还可以做哪些尝试	上个月目标实现了吗
	我发现了自己的变化	我期待自己新的变化	我要如何实现呢	上个月目标实现了吗
	我进行了很多体育活动	我还想尝试这些活动	什么时间尝试呢	上个月目标实现了吗
	这个月我的一些感想			

部分学科"学生学业记录表"示例

学科	日常积累						期中		期末		总评等级	备注
语文	习惯培养	阅读积累	口语交际	美文鉴赏	笔下生活	质量调研	特色展示	笔试	反思	笔试	演讲		

学校依托数字化教育评价平台,每学期为每位同学生成一份"成长档案",涵盖一学期内全学科的"学生学业记录表",汇总而成的"学期学业记录表",及4个月"学生成长记录表",汇总而成的"学期成长记录表",让学生直面成长轨迹,正视自身学业成就与遗憾。

077

第四节：美好课程管理与保障

一、课程开发组织与运行

（一）学校统筹，教师主体，区校协同

学校成立以校长为组长的课程评价领导小组，成立以分管课程建设副校长为组长的课程评价工作小组，统筹管理课程评价工作。教师作为课程实施最直接的参与者，是课程评价小组的核心成员；学生作为课程实施的最直接受益者，让其参与课程评价工作也是十分必要的；学校还积极与课程专家、区域教育行政相关人员交流，主动邀请他们来校指导，从而提升学校课程评价的专业水平和操作水准。

（二）信息赋能，双线融合，提质增效

根据不同课程设计，充分借助信息技术功能，通过网络教育资源整合、组合和转变教学方式等手段，优化学生学习环境。积极开展信息技术与课堂教学深度融合课堂教学展示课、评优课等活动，将信息技术手段应用于课堂教学与课堂评价之中，评价结果与学校日常工作相结合，与学期、学年绩效考核挂钩。

（三）全员参与，专业激励，跨界整合

学校建立良好的教师课程建设表彰和激励机制，要求所有教师参与到学校校本课程的开发和实施工作中来，任课教师每学期必须申报至少一门校本课程，对在校本课程开发和实践中，成绩突出的教师给予物质与精神上的奖励；教师承担校本课程的课时独立计算，并独立计算报酬。同时,对积极参与课程开发的教师，在年终工作考核、评优和职称晋级中给予优先考虑；为承担校本课程开发和实施的教师提供对外交流和参加相关学术研讨活动的机会。

二、课程管理机制与保障

（一）构建管理机构，夯实发展基础

为了保障课程的顺利高效实施，学校专门建立课程管理组织机构，保障课程管理的规范、有序和高效。见下表：

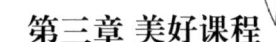

第三章 美好课程
学校文化构建的核心与根本

课程实施的组织机构及职责

课程实施组织单位	组成	职责
课程实施领导小组	校务会成员	决定重大事项
课程专家指导组	聘请有关高校、教科研机构的专家及学校内外的市、区学科带头人、骨干教师	提供咨询、意见、建议
课程实施督查组	校务会成员，中小学教育发展中心，课程、科研与教师发展中心	监督课程实施的进展情况
课程实施工作小组	教研组长、年级组长	协调、研究和决定有关工作
项目组	中小学教育发展中心，课程、科研与教师发展中心	负责组织课程教材建设、教师培训、教学指导、监控与评价、宣传等专项工作及各方面工作的实施

（二）加大物质投入，助力课程发展

1.加大资金投入，提供经费保障

学校高度重视美好课程建设工作，每年从有限的办公经费中，专门拿出一定的经费，定向支持教师课程建设与教学改革工作，支持教师围绕某一学科领域开展专业课程培训，丰富专业知识。

2.发动各界力量，提供专业保障

学校聘请30余位专家成立课程发展指导团，坚持每年有计划提供机会让老师走出去，参与各级各类培训和学习。同时，引领教师积极参与相关课题研究，并与北京市、朝阳区的教研部门加强联络，建立良好关系，为美好课程开发、实施和评价提供智力支持和专业咨询，确保美好课程建设的规范性、科学性。除此以外，学校还积极发动学生家长、社区等社会力量，定期组织座谈会，邀请多方力量为美好课程建设献策献力，共商、共研、共建和共享美好课程建设成果。

3.加强师资建设，提升队伍保障

教师作为课程的设计者、参与者和评价者，是课程建设的中坚力量，打造一支师德高品位、专业高学识、能力多方位、科研高水平、工作高成果，

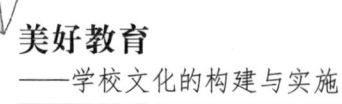

具有较强课程研究意识与课程实践能力的教师队伍，是学校课程建设、课程品质提升和提升课程育人效果的重要保障。因此，学校始终坚持加强教研组建设，旨在通过构建教研组发展机制，促进学习型教研组建设，研究解决课程实施中的问题，推进美好课程体系的设计与实施。

4. 加强资源建设，丰富资源保障

加强校内、校外资源整合，不断丰富美好课程资源库，积累形成系列国家课程校本化课程资源，以及丰富的校本课程资源。通过多种途径和方式，与家长、社区以及其他相关部门建立密切的联系，进一步丰富、完善和优化学校课程资源建设，形成丰富的美好课程资源。

第五节：美好课程建设的成果与成效

一、具有"美好教育"烙印的美好少年初步养成

建设美好课程体系，以培养学生核心素养为目标，坚持五育并举，推动了教师教育理念的转变，推动了教与学方式的变革，为学生全面和个性化发展提供了更为广阔的平台，促进了学生学业水平提升、综合素质发展和个性化发展。

（一）学生学业质量稳步提升

学校连续多年被评为朝阳区中考工作优秀校。2019年，我校荣获朝阳区拔尖创新人才培养奖；2020年，中考高中上线率达100%；2021年，中考600分以上高分学生占考生总数的64%，处于全区的高位水平；2022年，中考再次取得优异成绩，市区级示范校录取率为84.3%，普高录取率为95.04%，拔尖人才贯通培养取得历史性突破，2名学生进入全区前20名行列；2023年，中考拔尖人才上线率为14%，市区级示范高中录取率为85.4%，普高录取率为97.7%。小学教育教学质量稳居朝阳区高位，连续被评为朝阳区小学教育教学质量优秀校。学生、家长的教育实际获得感和对学校办学的满意度显著提升。

第三章 美好课程
学校文化构建的核心与根本

（二）学生综合素质全面发展

学生在课程中全面成长，同时也增强了自信，提升了思维品质和核心素养，为自己的美好人生奠基。我校100%的学生参加艺术、体育、科技社团，近3年，学生在体育、艺术、科技各级各类大赛中获奖达8000余人次。2021年，荣获全国青少年人工智能活动特色单位、北京市2021年线上艺术冬令营优秀组织奖、第38届科技节优秀组织奖和朝阳区体育、艺术和科技各类活动组织奖等28项。在五育并举的美好课程实施过程中，学生绽放了自我，交际能力、合作能力、组织能力、管理能力、社会责任、思维品质等都得到显著的提升，体现了新时代核心素养的培养目标要求。

（三）学生个性特长突出

学生体育、艺术、科技特长日益彰显，在各种大赛中成绩优异。2021年，孙玉棋同学获得朝阳区"十佳中学生提名奖"和"新时代好少年"荣誉称号。

二、培养了一批追求"美好教育"使命感的教师

（一）教师不断自我超越

学校美好课程体系的建设与实施，转变了教师的教育观念，教师从追求"育分"走向追求"育人"，从关注知识的掌握转向对核心素养的养成，从关注学生的学业成绩走向对学生全面发展的关注。这些理念的转变，逐渐促进教师教学行为的转变，教师在日常教育教学实践中，积极践行"美好教育"文化理念，并不断认识自我、规划自我、完善自我和超越自我。

（二）教师专业能力显著提升

美好课程的建设与实施，促进了教师专业水平显著提升。学校市、区级骨干教师人数由31人提升至46人次，骨干教师比例由21.7%提升至42%，提升达20.3%。学校教师做区级以上研究课及教学研究类获奖逐年提升。学校课程建设也逐步唤醒了教师自主发展的自觉和动力。2018年至今，教师教育教学论文获奖人数逐年增加。学校目前有国家级课题2项，市区级课题18项。见下图：

美好教育
——学校文化的构建与实施

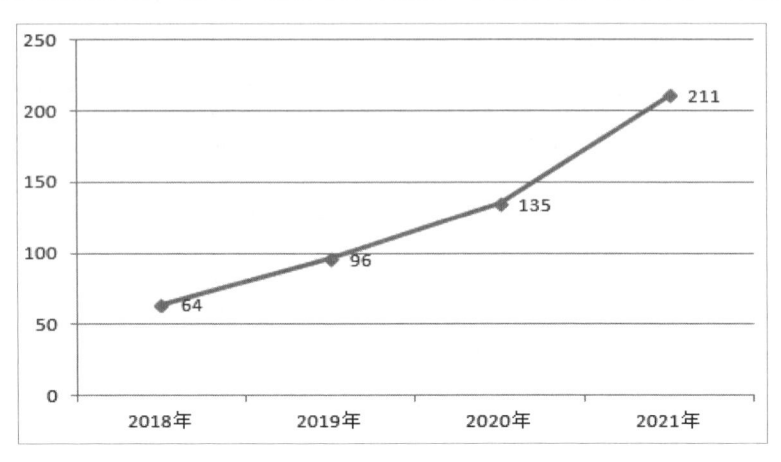

2018 年—2021 年，教师研究课、教学设计类获奖统计图

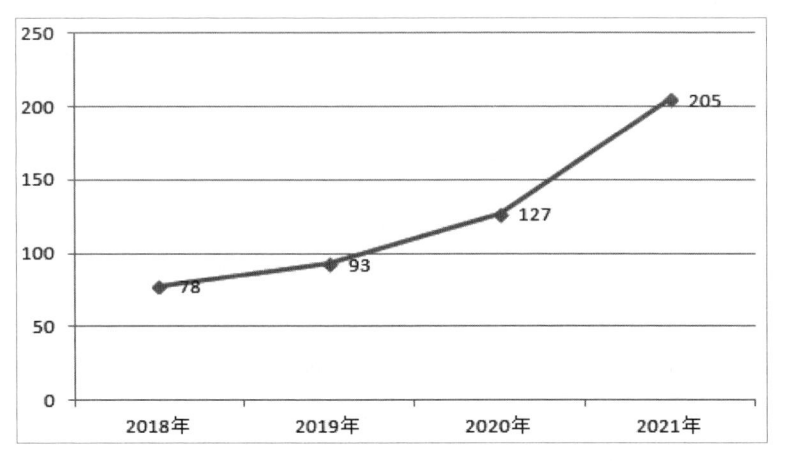

2018 年—2021 年，教师论文获奖人数统计图

（三）"美好教育"成为教师的自觉追求

随着美好课程不断深入实践，教师也越来越强烈地意识到，只有将个人的奋斗目标与学校的发展愿景紧密结合，构建成为发展共同体，才能实现个人美好的教育人生。在对学校满意度调查中，文化建设、课程建设、管理评价、环境建设方面，教师满意度均高于 90%。教师表现出高度的集体归属感和文化认同感，并将其转化为自身的课堂教学实践。近 2 年，学校组织专家、干部走进课堂，开展听评课 200 余节，通过对课堂的观察和分析发现，85% 的教师已经很好地将"美好教育"文化理念落实到每一节课堂之中，真正让学生感受到美好的教育和教育的美好。

第三章 美好课程
学校文化构建的核心与根本

三、学校"美好教育"办学品质、特色和影响力逐步提升

（一）形成了一批彰显学校办学特色的精品课程

围绕学校美好课程体系，各教研组对现有课程进行了认真梳理，结合各学科特点进行校本课程开发。目前，每个教研组都已经形成了1—2门精品校本课程，并在区域内形成了一定的示范作用。《游戏中的科学》《人工智能》《行走人生》《智能编程》《职业认知体验》《中国写意花鸟画》《党史故事》《趣学乐考》等课程都深受学生欢迎，更赢得各界专家和同行好评。《行走人生》课程荣获北京市综合实践课程成果一等奖，人工智能课程研究成果《义务教育阶段人工智能课程体系的实践研究》刊于《北京教育教学研究》，智能编程课程入围《现代教育报》举办的首都校园特色社团评选活动，被评选为优秀社团课程。学校课程建设报告《构建"美好课程"体系，实施品质教育》入选北京市基础教育课程建设优秀成果选辑（十三）。2022年11月，学校被评为北京市课程建设先进单位。

（二）学校办学品质得到各界的高度认可

随着美好课程建设的日益深入，学校在教学质量、办学效果等方面也取得了较大的成就，得到各界的广泛认可，先后被评选为全国足球特色学校、全国人工智能教育优秀单位、全国管理创新品牌学校、首都精神文明单位、北京市教育科研先进学校、北京市课程建设先进单位、北京市科技教育示范学校、北京市青少年涉台教育基地、朝阳区教育劳动奖状集体、朝阳区外事教育对外窗口校、朝阳区文化特色品牌建设金牌学校、朝阳区全面实施素质教育规范管理先进校、朝阳区艺术教育先进校、朝阳区优秀基层领导班子等荣誉称号。学校连续多年被评为朝阳区中考工作优秀校、小学教育教学质量优秀校。2020年，学校入选北京市百所融合创新课题示范学校；2021年，入选北京市百所融合创新基地学校，成为朝阳区唯一一所"双百"学校。

（三）学校教育影响力不断提高

学校先后20余次承担区级及以上教育教学研讨和现场会活动。全国各地兄弟学校近1000人次干部和教师来校观摩和交流学习。2016年12月、2021年12月，学校两次成功举办北京市课程现场会，得到全市兄弟学校近300位课程领导

和老师们一致好评。同时，学校也始终坚守博大的教育情怀，无私地将学校"美好教育"文化理念、美好课程建设成果，传递给对口支援的河北省康保县第二中学、北京市延庆区珍珠泉小学以及手拉手的内蒙古乌兰浩特第八中学、云南省砚山民族中学等兄弟学校，助力这些学校办学特色和品牌的建设。学校先后接受《中国教育报》《现代教育报》《中国教师报》、朝阳教育有线电视台、北京电视台、深圳电视台、教育头条等多家媒体采访和报道。学生、家长教育实际获得感和对学校办学满意度逐年提升。见下图：

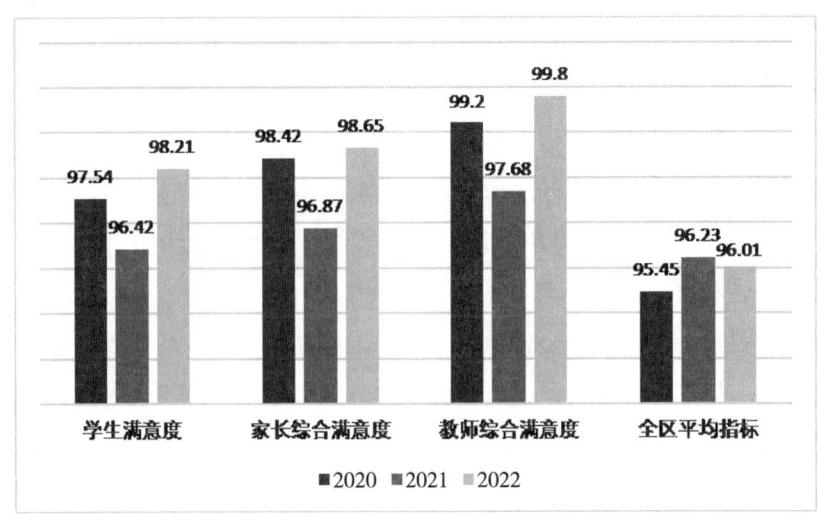

项目	2020	2021	2022
学生满意度	97.54	96.42	98.21
家长综合满意度	98.42	96.87	98.65
教师综合满意度	99.2	97.68	99.8
全区平均指标	95.45	96.23	96.01

2020年—2022年，学校综合满意度统计图

第六节：美好课程建设的特色与创新

一、坚守课程建设正确方向，形成"美好教育"品牌

学校在美好课程体系构建与实施过程中，始终坚持落实立德树人根本任务，以培育德智体美劳全面发展的社会主义建设者和接班人为终极目标。美好课程以中国学生发展核心素养为统领，以培育适应学生终身发展和社会发展需要的必备品格、关键能力和正确价值观为导向，构建三大领域、三大层级、九大课程群，实现了核心素养全覆盖。它是学校落实党的教育方针的具体化表达；是

第三章 美好课程
学校文化构建的核心与根本

连接宏观教育理念、义务教育学生培养目标与具体教育教学实践的中间环节;是对"培养什么人""怎样培养人""为谁培养人"这一根本问题的一种校本化实践。伴随美好课程建设的不断深入,学校的美好课程文化逐渐凸显,并不断彰显其品牌和特色。

二、以核心素养为目标,突出课程育人的全面性

美好课程体系以人为本,尊重学生的主体性,将学生放在教育的正中央,为了体现学生的主体性地位,让学生更好地成长为中国特色社会主义的建设者和接班人,学校在人文与科技课程的基础上,增加了两类课程,一是增加了体现学生自主性的健康成长课程,从一年级开始培养学生独立自主的能力;二是增加了体现社会性的公民素养课程,培养学生的社会责任感。美好课程体现了核心素养培育的要求,通过丰富的课程供给,既满足了学生的个体成长需求,又满足了学生的社会化需求。

三、以"美好教育"文化为统领,构建完整的课程育人场域

近些年,学校立足于中国特色社会主义新时代教育发展需求,立足于区域百姓日益增长的对优质、均衡教育的需求,积极主动作为,构建并实施"美好教育"文化理念与实践体系,着力开展集"美好管理""美好课程""美好课堂""美好教师""美好少年""美好协同"六位一体的、完整的"美好教育"文化实践场域,充分发挥文化育人功能,营造形成课程文化育人氛围,充分发挥课程育人功能,拓宽课程育人渠道,提升了课程育人的价值和效果。

四、以"减负增效"为导向,探索课程一体化育人路径

在美好课程建设和实施过程中,学校始终坚持以"减负增效"为目标。一是实施整合学习,开展学科内整合、跨学科整合、学科与生活整合以及学习方式整合等,打破学科界限,打通学段壁垒,构建九年一贯一体化课程体系,使课程更加完整而有意义;二是积极开展课程视域下作业改进探索,探索形成了科技赋能作业创新设计模式,提高了作业质量和育人效果;三是围绕三大课程领域和九大课程群,构建了课后服务课程体系,提升了学校课后服务课程品质,满足了学生多样化和个性化学习需求,推动学校课后服务走向课后育人。

美好教育
—— 学校文化的构建与实施

对于美好课程的追求，我们永远在路上。在未来的课程建设中，学校将继续秉承"美好教育"文化理念，不断升级美好课程体系，逐步形成系列"课程建设引领，教学改革跟进"的课程改革与教育教学成果，进一步探索走出一条独具特色的"美好教育"课程育人路径，为更好地满足周边百姓对优质和均衡教育的需求，更好推动朝阳区教育强区目标达成，准确回应新时代教育要求，提交一份更加满意的答卷，为党育人、为国育才，为培养德智体美劳全面发展的社会主义建设者和接班人，为办人民满意的教育而继续奋斗！

第四章 美好教师

学校文化构建的主力与先锋

习近平总书记说:"一个人遇到好老师是人生的幸运,一个学校拥有好老师是学校的光荣,一个民族源源不断涌现出一批又一批好老师则是民族的希望。"教育,是一场美好旅行,是一次诗意人生的修行。"美好教育"是灯,把孩子的心田点亮;"美好教育"是灯塔,为孩子的成长引航。新时代呼唤教师要以"美"为底色,做"好"的教育。教师是"美好教育"的先行者,"美好管理"的践行者,"美好课程"的研发者,"美好课堂"的推动者,"美好协同"的主导者,"美好少年"的筑梦人,为党育人、为国育才,为美好家庭增光,为美好社会树人,让平凡的三尺讲台变得不平凡,用爱浇灌,以欣赏的眼光看待每一个孩子。

第四章
美好教师：学校文化构建的主力与先锋

百年大计，教育为本；教育大计，教师为本。教师是立教之本，兴教之源，是学校文化建设的主力军，是学校"美好教育"文化的创造者、承载者和传播者，学校办学的价值理念、育人目标等都要通过教师传递给学生。在构建"美好教育"文化的过程中，我们始终坚持教师队伍优先发展的战略，以仪表美、师德美、人格美"三美"外塑形象，内修师魂，着力培养一支师德高尚、业务精湛、结构合理、充满活力的高素质、专业化"美好教师"队伍。

第一节：美好教师的标准与内涵

一、美好教师的标准

美好教师是在"美好教育"活动框架下不断发展起来的"守师德、精业务、勤学研、善合作、修身心、尚美好"的教师。见下表：

	一级指标	二级指标
1	守师德	爱党爱国，敬业爱校。遵纪守法，廉洁从教。努力创新，追求实效。关爱学生，一视同仁。团结同志，助人为乐。尊重家长，合作育人。文明礼貌，行为表率
2	精业务	五育方针，从细落实。严谨从教，业精识广。读懂学生，因材施教。夯实知识，培育素养。激发兴趣，传授方法。善讲精炼，启迪思维
3	勤学研	坚持学习，节节发展。问题导向，勤于研究。系统思考，精细反思。与时俱进，提高素养
4	善合作	乐于合作，共同作为。奉献在先，勇挑重担。求同存异，善于交流
5	修身心	完善人格，养精气神。坚持锻炼，强身健体。交往娱乐，巧调心境。广览新知，拓宽心胸。业中求进，与生同乐
6	尚美好	文化认同，崇尚美好。身先垂范，践行美好。反思感悟，分享美好。追求卓越，深化美好

二、美好教师的内涵

（一）美好教师，师德为先

在党的十九大报告中，习近平总书记明确指出："加强师德师风建设，培养高素质教师队伍，倡导全社会尊师重教。"在与北京师范大学师生座谈时，习近平总书记再次对教师的工作性质作出重要定位："教师重要，就在于教师的工作是塑造灵魂、塑造生命、塑造人的工作。"2012年，教育部印发《教师专业标准》，"师德为先"是重要理念之一，强调不管任何教育阶段的教师都应该履行教师职业道德规范，热爱本职工作，践行社会主义核心价值观。在"美好教育"文化理念与活动框架下，美好教师应该是坚守师德的表率和楷模。爱党爱国，敬业爱校，有浓厚家国情怀；遵纪守法，廉洁从教，有强烈的社会责任感；努力创新，追求实效，以人格魅力和学识魅力教育感染学生。关爱学生，一视同仁，尊重学生人格，富有爱心、责任心和耐心。尊重家长，合作育人，共同促进学生健康发展和成长。同时，具有团结同志、助人为乐、文明礼貌、行为表率的优秀品质。

（二）美好教师，业务为本

2020年10月，中共中央、国务院印发《深化新时代教育评价改革总体方案》，强调："要突出教育教学实绩，把认真履行教育教学职责，作为评价教师的基本要求，引导教师上好每一节课、关爱每一个学生。"面对新的评价改革，对于广大中小学教师而言，要牢固树立业务为本教育理念，把上好每一节课作为教师立业之本，在自己的课堂教学中努力实现"六个转变"。

一是实现从学科教学向学科育人转变。上好每一节课，学科教学必须回归育人本位，让教育教学成为育人的过程，让育人落实在教育教学过程之中。教师要主动从"学科知识的传递者"转变为"学科育人的实践者"，引导学生从"学科知识的消费者"转变为"学科知识的探索者"，在发展学生核心素养，培养学生学科思维品质，引导学生在运用学科方法分析问题、解决问题的过程中，实现关键能力、必备品格和正确价值观的培养目标。

二是实现从教学中心向学习中心转变。在以学习为中心的教学形态中，教师要善于转变自身角色，不再是课堂教学的主角、知识的拥有者和讲授者，而是打破传统师生之间关系的壁垒，重构形成一种新型师生关系，有意识地俯下身，从

第四章 美好教师
学校文化构建的主力与先锋

学生学习实际需要出发,与学生建立成为成长共同体,由知识讲授者转变为学生学习的铺路者、服务者、评价者、助力者和欣赏者,成为课堂教学活动的设计者和组织者,成为学生学习过程的支持者和帮助者,成为学生自主发展的引导者和促进者。不仅如此,教师还要成为反思者和学习者,在不断的教学反思中改进教学,在持续的学习中提高业务素养,在教学相长中提升教学能力。

三是实现从教教材向用教材的转变。2022年版新课标要求,教师课堂教学不能局限于教材本身,要深刻理解教材立意。在充分尊重教材内容的基础上,对教材内容进行合理化改造、结构化开发,让教材成为适合每一个学生学习的有效资源;还要立足于学情,依托现有教学资源,创设基于学生生活经验的真实问题情境,善于运用多种教学方法,设计合理的教学活动,创造性地组织实施教学内容,确保教学目标的有效达成。

四是从课内教学向课内外结合转变。教师要打破站稳课内"一亩三分地"的局部教育思维,积极打通课内与课外壁垒,充分利用课外教学资源,通过组织、指导学生广泛参加社会实践、社团活动、竞赛展演等,将教学活动从课内向课外延伸,使显性教学与隐形教学有机统一,引导学生在"做中学、用中学、创中学",在课内外相互促进中,增长学生的知识、见识,培养学生的奋斗精神,增强学生的创新精神、实践能力和社会责任感。

五是从教研分离向教研融合转变。新时代,教师要克服重教学轻研究的倾向,努力实现教研融合,以研促教,以教促研。加强新课标学习,实施全面育人研究,打破学科壁垒,强化学科育人和跨学科协同育人功能,促进学生德智体美劳全面发展、健康成长;加强对新教材、新技术、新方法的研究,不断提高自身专业能力,着力增强教学设计的整体性、系统化,不断提高基于课程标准的教学水平;加强作业和考试评价等育人关键环节的研究,创新作业方式,提升作业设计水平,科学评价学生学习;加强对学情的研究,深入研究学生学习和成长规律,把握学生的认知规律,为学生提供适合的指导和帮助。

六是由分数考评向教学述评转变。建立突出过程性评价的教学述评制度,利用人工智能、大数据等现代信息技术,运用观察、谈话等方法,全方位、多角度、

美好教育
——学校文化的构建与实施

全过程掌握学生学习、成长信息，对每个学生的学习成效、学习态度、学习品质、学习兴趣、学习能力和行为习惯等用描述性语言进行评价，并针对存在的问题提出改进建议，突出对学生学习情况的全过程纵向增值评价和德智体美劳全要素横向综合评价，发挥评价的导向、鉴定、诊断、调控和改进作用，服务学生的全面发展和个性特长发展。

（三）美好教师，学研为径

习近平总书记在致全国教师慰问信中指出："教师应加强学习，拓宽视野，更新知识，不断提高业务能力和教育教学质量，努力成为业务精湛、学生喜爱的高素质教师。"多年来，在教师队伍建设和教师专业发展实践中，我们逐渐发现，教育科研是教师专业发展的重要路径。

教育科研是在教育理论的指导下，运用科学的方法，探索和揭示教育规律的一种创造性的认识活动；是指教师运用科学的方法探索教育的真相和性质，总结教育规律，并取得科学结论的研究活动。教育科研以教育科学理论为"武器"，以教育领域中发生的现象为现象，以探索教育规律为目的，是一种创造性认识活动。简言之，教育科研是一种揭示教育规律的创造性认识活动；是教师发现问题、研究问题、解决问题、总结经验的过程；是一个周而复始、螺旋上升的过程；是不断学习、查阅资料、寻找答案、探索策略和方法的过程。这样就能逐步提升教师的学习意识，促进教师不断学习，不断追求卓越，逐步成长为学习型和研究型的教师。

（四）美好教师，合作为策

教育事业是集体的事业，教育的劳动也是一项集体性劳动，它需要教师之间团结、协作和相互配合来完成。新时代以来，我国社会已经进入了"合作"的时代，受现代科学和信息技术突飞猛进影响，各行业之间分工越来越精细。然而，每一个人所涉猎的知识和所具备能力，相对浩瀚的知识海洋及纷繁复杂的世界而言，又是有限的。所以，要完成一件事、成就一项事业就需要多方合作。与学生一样，教师之间在知识结构、智慧水平、思维方式、认知风格等方面也存在着较大差异，即使是同一学科的不同教师，在教学内容处理、教学方式选择、教学整

第四章 美好教师
学校文化构建的主力与先锋

体设计等方面的差异也是明显的。这种差异就是一种宝贵的教学资源。通过教师之间的交流与分享，可以相互启发、相互补充，实现思维和智慧的碰撞，从而产生新的思想，进而实现1+1＞2的效应。因此，合作是教师专业成长的重要途径之一，也是美好教师重要的一项能力和指标。通过合作，可以使教师之间优势互补，形成教育合力；合作还能实现教师之间教育教学资源共享，减少教师重复的劳动，缓解教师工作的压力；合作更能增强组织的创新能力，实现组织的快速发展。教师的合作一般包括：教师集体备课、合作教研和课题研究，也包括教师与家长之间的合作。

（五）美好教师，修身为重

怎样的老师才是好老师呢？习近平总书记提出了"四有"标准："有理想信念、有道德情操、有扎实学识、有仁爱之心。"后来，他又提出了四个"引路人"要求："广大教师要做学生锤炼品格的引路人，做学生学习知识的引路人，做学生创新思维的引路人，做学生奉献祖国的引路人。"因此，为了使学生的人格健康发展，教师必须致力于塑造自身高尚的人格，要想能够照亮别人，自己心里一定要有阳光和火种。首先，美好教师应该有正确的人生观和价值观，有热爱教育，献身教育的精神，要不断提高个人责任感和社会责任感，要将自己的生命融于人类和民族的发展进程之中，不断磨炼意志。其次，美好教师要具有修身意识，正人者必先正己。教师要处处严于律己，要有言行一致的人格风范，教师要求学生做到的，自己首先要能够做到。以求真、至善、达美作为自己的行为准则，事事为人师表，做学生的良师益友。要以积极向上的处世态度，豁达乐观的胸怀，高尚的理想情操，崇高的敬业精神，坚强的意志品格，良好的心理素质去感染学生、教化学生，时刻用自己的言行去温暖和浸润学生的心灵。

（六）美好教师，尚美为魂

构建"美好教育"文化，从美好教师团队打造开始，教师队伍建设是构建"美好教育"文化的基础和前提，美好教师成就"美好教育"，造就美好少年。

首先，美好教师要成为"美好教育"文化认同者和崇尚者，要致力于"美好教育"文化理论和实践体系研究，运用"美好教育"文化理念不断更新自己的教育教学观念，优化自身教育教学行为。其次，美好教师要成为"美好教育"文化的实践者和传播者，要坚持从自身做起，率先垂范，实施美好管理、开发美好课程、打造美好课堂、推进美好家校协同，争当美好教师，努力培育美好少年。再次，美好教师要积极反思感悟，了解、肯定和正确对待自己的成绩和进步，积极总结和反思取得进步的经验，主动分享取得进步的经验和获得美好感受的体会。最后，美好教师还不能满足或停留于已经取得成就和成绩，要不断寻找继续进步的新目标，不断追求卓越，始终使自己保持着进步和成长。

美好教师誓词

我志愿成为一名光荣的人民教师，忠于党的教育事业，贯彻党的教育方针，坚守立德树人根本任务，不忘为党育人、为国育才教育初心，履行教师的神圣职责，做有理想信念、有道德情操、有扎实学识、有仁爱之心的好老师，忠于职守、敢于担当、善于作为、甘于奉献，努力践行"美好教育"文化理念，为培养"崇美德、善学习、强体魄、会审美、爱劳动、知自励、创美好"全面发展的美好少年奉献智慧与力量，为党和人民的教育事业而努力奋斗。

第二节：美好教师的培养与打造

一、校本培训，学习创造美好

校本培训指由学校自主开展，紧密结合本校教育教学与管理工作实践，以提高教育教学质量和办学效益、促进教师专业发展和职业修养提升为目的的教师在职培训形式。

（一）加强领导，构建校本培训制度

为了保证教师校本培训工作顺利实施，学校成立以校长为组长的校本研修工作领导小组，建立以主管校长为组长、继续教育干部为副组长、各学科教研组长为成员的校本培训工作小组，形成"校长——分管校长——继续教育干部——教研组长——教师"为模式的校本培训网络，推动教师100%参与校本培训。学校先后出台和修订《教师培训、学习、考察制度》《教科研课题管理制度》《教研组

第四章 美好教师
学校文化构建的主力与先锋

管理工作细则》《教师培训服务协议书》《美好教师评选办法》《校级骨干教师评选细则》《教育科研先进教研组评比条例》等制度,将教师的培训、评价、考核、奖励等实行规范化管理。我们还制定了《青年教师培养计划》《名师培养计划》《师徒结对协议》《关于加强青年教师培养与管理工作的实施意见》等,使校本培训工作做到"有制度、有计划、有落实、有检查、有考核、有评价、有奖惩",从而提升校本培训工作效果。为每名教师建立校本培训个人档案,并且把教师校本培训考核结果纳入教师个人业务档案。

2020年,突如其来的新冠疫情迫使学校开启了"停课不停学"教育教学样态,疫情改变了学校原有的管理方式,对教师校本培训的实施和预期效果的达成产生了极大的影响。为了减少因疫情对校本培训工作的影响,学校积极将问题转化成课题,借助科研引领主动变革,引领学校干部、教师转变线下培训方式,构建基于在线思维的"云培训"体系,成立校本培训信息保障中心、科研指导中心和督导评价中心,构建在线校本培训实施支持和保障体系,细化校本培训组织、实施、监控和评价等工作流程,通过设置固定微信群、在线会议APP等,明确教师在线校本培训信息传递和反馈的渠道,为教师校本培训工作有效落实提供保障。通过"云培训"体系的构建和实施,实现了校本培训由线下体系向线上体系的有序过渡,提升了特殊时期校本培训的效果,为教师专业成长提供了有力的支撑和保障。

(二)多措并举,提供校本培训支持

1.组织保障

(1)成立校本培训工作领导小组

组长:校长、书记

成员:学校校务委员

工作职责:研究制定校本培训工作实施方案,分年度制定工作推进方案,阶段性实施教师校本培训成果考核、评估。

(2)成立校本培训工作小组

组长:主管副校长

副组长:教学副校长、德育副校长

美好教育
——学校文化的构建与实施

成员：中小学教育发展中心、中小学教研组长

工作职责：依据校本培训工作实施方案和年度工作方案，分解各教研组工作目标，明确各教研组工作任务，制定各教研组校本培训计划，细化工作流程，按部就班开展校本培训工作。

2. 环境保障

不断优化教师成长环境，努力营造积极进取的美好校园文化，创设宽松民主的学术氛围，积极倡导互帮互学的良好教研气氛。做好教师办公环境文化建设，建设与"美好教育"文化理念相符的办公环境文化。

3. 经费保障

不断加大对教师校本培训的财力、物力和人力支持，保证校本培训经费投入，优化外在物质资源，加大物质、精神奖励力度，全力保障教师校本培训的合理需求。

（三）规划引领，分层实施有效培训

凡事预则立，不预则废。学校始终坚持以规划引领教师专业发展，校本培训工作推进更是如此。

学校层面：将教师培训工作纳入学校发展规划，明确发展目标、工作策略，细化到落实的部门；

管理层面：每年制定继续教育培训工作专项计划，分解培训目标，细化工作任务，提出具体培训策略；

教师层面：根据教师发展所处的阶段，对从教1—2年适应阶段、从教3—8年成长阶段、35岁以后成熟阶段的教师，在"SWOT"分析的基础上分别制定一年、三年、五年个人发展规划。

学校教科研室根据教师的个人发展规划，针对教师不同阶段发展需求"因人施训"，有针对性地为老师提供个性化培训机会，搭建不同的发展平台。如适应阶段的教师以教育科研方法的学习为主；成长阶段的教师以参与课题研究为主；成熟阶段的教师则以承担课题研究，搭建全国、北京市、朝阳区各级各类教育教学展示平台为主。这样，在层层规划的引领下，学校的校本培训氛围越来越浓郁，一支教育科研意识强、热情高、能力强的研究团队逐步打造形成。

第四章 美好教师
学校文化构建的主力与先锋

附：**教师专业发展规划书**

1. 个人基本情况

姓名		出生年月		学历		职称	
参加工作时间				来本校时间			
行政职务				政治面貌			
任班主任年限				任教学科			

正在进行的校级以上的课题研究和教学研究：
课题名称：
级别：(校级、区级、市级)
你所发挥的作用：

曾获得的校级以上的主要荣誉或奖励：

2. 个人发展现状分析

（1）对学校发展状态的认识与展望

（学校未来会发展成什么样子,学校的发展对我有什么要求,给我什么机遇。）

（2）我的优势与长处

（我已经做的工作，所取得的成绩，我的长处与特长。）

（3）我的不足

（我在发展方向上存在的问题，遇到的困难，需要突破的地方。）

①教学工作方面：

②班主任工作方面：

③教育科研方面：

3. 发展方向与发展目标

（1）总目标及主要标志

（用自己的语言描述自己设定的目标，注意可检测性。）

（2）分目标及主要标志

（分项描述自己要做的工作和预期达到的程度。）

分项	在哪些方面达到什么程度	备注
师德建设		
提高教学能力与教学效果		
提高班主任工作能力		
提高教育科研能力与水平		

4. 发展内容与发展项目

项目	工作内容及成果标志	备注
师德建设		
学历提升或专业进修		
参加课程建设		
提高教学成绩		
班主任工作		
公开课和基本功大赛		
听课评课		
参加课题研究和教学研究		
论文发表或获奖		
读书学习		
指导青年教师		

5. 年度计划与要求

项目	工作内容及成果标志	措施
师德建设		
参加课程建设		
提高教学成绩		
班主任工作		
公开课和参加教学竞赛		
听课评课		
参加课题研究和教学研究		
教学反思		
论文发表或获奖		
读书学习		
指导青年教师		

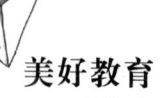

第四章 美好教师
学校文化构建的主力与先锋

（四）专家助力，提升校本培训实效

校本培训不仅要营造浓厚的学习环境，更需要一批高质量专家团队的理念引领和实践层面的指导。我校在开展教师校本培训过程中，始终把教师教育理念更新放在首位。通过聘请专家做专题报告、学术报告、大会点评、一对一指导等方式对教师进行理论培训和指导。学校还坚持每年有计划地提供机会，让老师走出去参与培训和学习。通过多种方式，组织教师到国内外名校考察学习，让老师们有机会接触到先进的教育思想，深刻地感悟教育实践，为干部和教师的终身发展积蓄力量。

特别是疫情期间，为了减少疫情对教师专业成长的影响，切实推动教师校本培训的实施和预期成果的达成，学校充分借助信息化教学优势，聘请专家开展"云培训"20余次，这些培训活动有效地促进了教师教育理念的更新，提升了教师教育教学能力，为教师专业成长提供了有力保障。

（五）组长培训，打造"美好教育"领跑者

为进一步发挥学科教研组建设在落实立德树人、培养学生核心素养、提升教育教学质量等活动中不可替代的功能，引领各教研组不断提升学科队伍、课程建设、学科研究、人才培养等工作水平，推进学习型、研究型教研组建设，切实发挥教研组长在学科学术引领、教学研究和课堂教学中的"领头羊"作用，提升教研组长设计、组织、实施教研活动的能力，进一步提升教研组教研活动的有效性、实效性，学校启动并实施了学习型教研组建设暨教研组长能力提升项目，制定了《北京市陈经纶中学分校望京实验学校学习型教研组建设暨教研组长能力提升项目方案》，从教研组现状入手，利用SWOT分析法，分析了教研组建设的优势、劣势以及面临的机遇与挑战。

1. 现状分析

（1）优势分析

①我校教研组长普遍爱岗敬业、肯于奉献，自身学科专业知识扎实、教学严谨，教学经验比较丰富。

②中学教研组长任职年限大多为10年以上，多年从事教研组工作，组内威信较高，深受组内青年教师尊重与爱戴。小学教研组长相对比较年轻，区级学科骨干教师比例高，发展潜力大。

③教研组长质量意识强,视学科教学质量为生命,对课堂教学有较高追求,个人教学成绩均位居同组教师前列,具有较强的示范和引领作用。

(2) 劣势分析

①教研组长队伍自身专业发展动力不足。一是中学教研组长平均年龄48周岁左右,年龄结构偏大,发展动力不足;二是教研组长学历均为本科,且暂无学历提升追求,引领组内教师专业成长动力不足;三是教研组长队伍区级及以上骨干教师比例偏低,在朝阳区、北京市和全国范围内影响力不够。

②教研组长教育科研意识和能力不足。一是教研组长自身教育科研能力不强,均无独立申报课题,部分组长近三年乃至更长时间内不做论文研究,无教育教学论文获奖;二是面对新课程、新中考、学科核心素养培养、问题学生教育转化等教育问题,依靠传统经验解决较多,借助科学研究的意识不足;三是对"美好教育"文化理念理解还不够,特别是对美好课堂"三个原则""六个助推""九字方针"的研究和引领依然不够,缺少有效落实策略和方法;四是教研组长引领本组教师开展学科教育科研的意识、能力依然不足。

③教研组长在学科建设方面的能力有待提升。一是对教研组工作职责理解、落实不到位,部分教研组仍然停留在上传下达水平;二是教研组教学研究氛围不浓,教研活动实效性不强,教研组长组织、设计教研活动的能力有待进一步提升;三是学习和研究型教研组建设依然任重道远,教研组长学习能力有待进一步提升。

(3) 发展机遇

①学校借助集团化办学契机,与北京市陈经纶中学分校总校开展联合教研、同步教学、同标准考核评价等活动,为我校开展学习型教研组建设,提升教研组长教研活动设计、组织和实施能力,提供了较好经验和借鉴。

②学校"美好教育"文化理念体系已经初步形成,美好管理、美好课程、美好课堂、美好教师、美好少年和美好协同六大实践体系建设初步形成,为学习型教研组建设和教研组长能力提升,提供了很好的理论和实践基础。

③近3年,学校教育科研课题研究所取得的成果,如荣获北京市教育科研先进学校、北京市融合创新百所课题示范校、北京市融合创新百所基地校、朝阳区教学文化品牌金牌学校等荣誉称号,以及现有北京市、朝阳区教育规划课题研

第四章 美好教师
学校文化构建的主力与先锋

究等，均为学习型教研组建设和教研组长能力提升搭建了良好的实践机会和学习平台。

（4）面临挑战

①落实新时代立德树人的根本任务、培育社会主义核心价值观；落实新课程、新中考和新课改理念，发展中国学生核心素养；落实"美好教育"文化理念，满足周边社区百姓日益增长的对"美好教育"需求等，对学习型教研组建设和教研组长能力提升提出挑战。

②北京市朝阳区望京地区教育格局变化，特别是清华大学附属中学朝阳学校的引进，对我校招生和发展带来极大的挑战。进一步提升学校办学质量是赢得周边百姓信任，扩大学校声誉和影响，改善学校生源数量和质量的重要渠道。

③部分教师教育理念陈旧、教学方式传统，教育教学研究能力不足，缺少学习动力等，仍是学习型教研组建设和教研组长能力提升的重要制约因素。

通过以上分析，我们进一步明确了学习型教研组建设和教研组长能力提升的工作目标、工作任务、培训方式和制度体系等内容；通过设计一系列培训活动，进一步提升教研组长教研活动设计、组织、实施能力，提升学科教研活动的实效性。

2. 培训目标

（1）通过培训，进一步转变教研组长的教育观念，打造一支符合新时代教育要求、理论扎实、业务精湛、肯担当有情怀、勇于创新和主动发展的教研组长队伍。

（2）通过培训，进一步激发教研组长专业发展动力，进一步提升教研组长队伍学历水平，提升教研组长市、区级以上骨干教师的比例，进一步提升教研组长在市、区范围内的个人学术影响力。

（3）通过培训，进一步提升教研组长教育科研能力，提升其引领教师走"科研兴教、科研强师和科研增效"之路的能力，提升教研组长课题研究和运用科研课题研究解决教育教学实际问题的能力，推动研究型和学习型教研组建设。

（4）加强教研组长教研活动设计、组织、实施能力培训，进一步提升教研组学科教研活动的实效性。

3. 培训任务

（1）师德修养培训。通过加强新时代"四有好教师""四个引路人"和《中小学教师职业道德规范》学习和培训，进一步规范和提升教研组长队伍师德水平、职业素质和爱岗敬业精神。

（2）文化理念培训。通过对"美好教育"文化理念学习，进一步理解"美好教育"本质和内涵，唤醒教研组长对"美好"的追求，提升和发展其实现"美好"的能力。

（3）业务能力培训。通过培训，使教研组长进一步明确工作职责，熟悉并掌握教研组活动设计、组织、实施策略，提升教研组活动设计、组织、实施能力。

（4）教育科研培训。通过培训，进一步提升教研组长教育科研的意识和能力，引导教研组长遵循教育教学规律，研究教育教学方法，提升教育教学效益。

（5）课堂实践观摩。教研组长轮流结合培训内容，自选或指定内容自主进行教研组活动设计，并进行教研活动成果展示。其他组长、学校干部及外聘专家进行观摩学习，活动后进行集中点评和交流。

（6）学习交流反思。推荐学习资料进行自主学习，开展主题论坛沙龙、研讨会等活动，搭建资源分享、问题碰撞、思维互动的学习平台，引导教研组长学会反思、实现提升。

（六）骨干先行，锤炼"美好教育"先锋队

"美好教育"文化构建不仅需要校长顶层美好蓝图的绘制，也需要中层干部精准"施工图"的分解，更需要一线教师精确的"街景图"建设。然而，我们构建"美好教育"文化并没有现成经验，需要学校干部、教师潜下心来摸着石头过河，不断探索构建和实施"美好教育"文化的路径和策略。因此，学校干部、骨干教师要深入理解"美好教育"文化理念，做到理论学习"学深一层"，实践研究"先行一步"，精准把握"美好教育"本质内涵，并将其准确转化为学校管理和教师教学行为。如美好课程体系下学科课程开发、实施和评价；美好课堂"六个助推"的落地；基于"美好少年"培养的德育课程一体化设计等。为此，学校倡导干部和骨干教师要成为构建"美好教育"文化的先行者，成为"美好教育"文化实践

第四章 美好教师
学校文化构建的主力与先锋

的先锋队,要成为"美好教育"文化理论与实践研究的行家里手。在"美好教育"文化实践过程中,不断发现问题、研究问题和解决问题,不断迭代和升级"美好教育"文化理论与实践研究的品质。

北京市陈经纶中学分校望京实验学校
骨干人才履职考核奖励工作方案

一、指导思想

依据《朝阳区教育系统骨干人才管理办法(修订)》《朝阳区教育系统骨干人才考核奖励办法(修订)》、朝阳区教育系统"双名工程"系列文件精神,结合学校"美好教育"文化理念、学校"十四五"时期教育发展规划、教师专业化发展五年规划等要求,制定北京市陈经纶中学分校望京实验学校骨干人才履职考核奖励工作方案。

二、工作原则

依据朝阳区关于骨干人才履职考核文件要求,为切实做好骨干人才的履职考核奖励工作,进一步调动和发挥区级及以上骨干教师的学术引领、专业引领和业绩引领作用,树立区级及以上骨干教师质量意识、荣誉意识和榜样意识。按照朝阳教委"谁使用、谁管理、谁考核、谁奖励"的考核原则,制定区级及以上骨干教师考核奖励办法。

三、考核奖励对象

在职在岗的任期内正高级教师、北京市特级教师,任期内的市级学科带头人、市级骨干教师、市级骨干班主任、区级学科带头人、区级班主任工作带头人、区级骨干教师、区级骨干班主任和区级优秀青年教师及优秀青年班主任、拔尖青年教师后备人才;享受相应待遇的博士、博士后和引进人才等。

四、考核奖励的方式和内容

(一)考核方式

考核方式包含日常履职考核和学年履职考核两部分。每学期,对学校骨干人才履职考核结果进行公示。

（二）考核内容

北京市陈经纶中学分校望京实验学校学科骨干人才履职考核项目

序号	考核维度	项目明细	考核标准	奖励权重
1	思想政治师德素养	每学年，积极参加区、校组织的政治学习、理论研讨、价值观引领培训等，提高自身思想政治素养，积极学思践悟	按时参加市、区、学校组织的各项学习，在校内分享学习心得	3%
		每学年，师德考核均为合格及以上等次	每学年师德考核结果合格以上	2%
		每学年，服务对象测评满意率均达到90%及以上	学生、家长满意率达到90%以上，无家长投诉	3%
		每学年，民主测评认可率均达到90%及以上	民主测评认可率达到90%以上	2%
2	教育教学岗位实践	各岗位的骨干人才达到本岗位规定的满工作量	聘期内，承担本岗位教学满工作量，不满工作量者，不享受此项奖励津贴；每月病事假达到5天（含）按比例扣除此项津贴	10%
		每学年，在本单位教育教学质量评价中均位居前列	中学部区级（含）以上骨干教师所任教班级教学质量达到学校教学目标；或在同学科和所授班级其他学科中位居年级前三分之一，享受全额奖励，达到年级平均水平享受此项奖励的50%；未达到年级平均水平的不享受此项奖励 小学部区级（含）以上骨干教师所任教班级教学质量达到年级领先水平；或参加区质量调研达到区同类校平均水平以上，享受全额奖励；达到年级平均水平或者参加区质量调研与区同类校持平，享受此项奖励的50%；未达到年级平均水平或参加区质量监控未达到区同类校平均水平的不享受此项奖励 中小学非考试学科骨干教师积极指导学生参加市、区举办的各项比赛等活动，学生参与面广，多人或团体获得市级以奖励，享受此项全额奖；学生参与面广，多人或团体获得区级以奖励享受此项奖励的50%；指导学生人数少且未获得区级二等奖以上奖励的教师，不享受此项奖励。承担社团工作，并在任期内申报朝阳区特色社团，起到示范引领作用	20%

第四章 美好教师
学校文化构建的主力与先锋

（续表）

序号	考核维度	项目明细	考核标准	奖励权重
		积极承担课后服务工作，并获得学校高度认可	每学期，承担学校课后服务工作，并得到师生家长认可	5%
		积极参与交流轮岗任务，交流期限为1-3学年	任期内，参与交流轮岗任务，并发挥骨干教师作用，得到轮岗学校的认可	5%
		积极承担区域内各项重大改革任务	市级骨干任期内作为主要参与人承担区域内重大改革任务并取得良好的效果；区级骨干、区青优教师积极参与区、学校课程改革、"双减"背景下教学研究等	5%
3	示范引领作用发挥	深度参与学校学科建设工作，在学科内（教研组、备课组）举办至少一次学科展示活动	市级骨干多引领教研组开展学科建设工作，做好阶段学科建设汇报。组织一次学生学科素养大赛，每学年带领组内教师举办一次区级以上学科展示活动；区级骨干、区青优教师承担师带徒或学科教学指导工作，开展一次校内学科素养讲座或年级学科实践活动。市、区级骨干教师、区青优在任期内至少梳理一门精品校本课程，上报区教科院课程室审批备案	10%
		领衔一个教改团队，每学期上一次示范课（研究课、标杆课等）、组织一次示范教研或开展一次教师培训等途径发挥示范引领作用	市级骨干教师，完成一次骨干教师示范课并组织一次示范教研活动或开展教师专题培训；区级骨干、区青优完成一次骨干示范课，一次教研专题分享；区级（含）以上骨干教师承担督导、质量监测、现场会等重大活动、临时性任务和展示工作。在日常教学中，推门课、常态课保持较高的A课率	10%
		深度参与青年教师发展与学校建设，特级教师、正高级教师要承担"名师工作室"工作任务，辐射整个区域	特级教师、正高级教师、市骨干教师要承担"名师工作室"工作任务，每学期，在区域内开展1-2次研讨交流活动，培养青年教师；区级骨干教师要承担师带徒任务，每月指导青年教师汇报课，做好评课，过程记录翔实，反馈及时。每学期做导师带教工作经验介绍，起到示范引领作用。区青优教师承担学校青师班工作任务，每学期开展1-2次教研活动，分享交流教学心得	10%

（续表）

序号	考核维度	项目明细	考核标准	奖励权重
4	自主成长主动发展	服从上级部门安排，积极参加教师职称评审、骨干人才评选、教师资格认定等等相关人才工作，发挥骨干学术支撑作用	服从上级和学校工作安排，发挥骨干学术支撑和示范引领作用	5%
		制定个人三年专业发展规划，每学年，梳理成长轨迹并依据个人规划制定下一学年发展计划	每学年按时上交个人专业发展规划，有针对性、专业性、实效性、辐射性	2%
		积极参加各级各类教师培训，并修完规定的学时，全面研读教育教学理论专著和其他著作，带头研发校本研修课程	每学期至少研读一本教育教学理论书籍，并在校内分享学习心得。每学年，开设校本研修课程或定期为学生开展学科大讲堂	4%
		主持或参与区级及以上课题研究，或在本专业期刊上发表论文	任期内，市级骨干主持至少1个区级及以上课题研究，并取得阶段性成果，或在本专业期刊上发表至少1篇论文；区级骨干教师作为核心成员参与至少一个区级及以上课题研究，并取得阶段性成果，或在本专业方面撰写论文并获得市级以上奖励；区青优教师参与至少一个区级及以上课题研究，并取得阶段性成果，或在本专业方面撰写论文并获得区级以上奖励	4%

（七）入职培训，培育"美好教育"后备军

为了更好地帮助新任教师更新教育理念、提升师德修养，规范育人行为，学校建立了新任教师培训制度，每年8月—10月，采用线上与线下相结合、理论与实践相结合、集中培训与自主学习相结合的方式，对新任教师实施专项培训。

1. 培训目标

（1）师德修养培训。通过加强新时代"四有好教师""四个引路人"和《中小学教师职业道德规范》学习和培训，进一步规范新任教师师德水平，提升职业素质和爱岗敬业精神。

（2）文化理念培训。通过对"美好教育"文化理念学习，进一步理解"美好教育"文化本质和内涵，唤醒其对"美好"的追求，提升和发展新任教师实现"美好"的能力。

（3）教学常规培训。通过培训，使新任教师进一步明确教育、教学工作的基本流程、基本规范、基本要求和基本职责，规范新任教师的教育教学行为，提升新任教师的育人能力和水平。

（4）教学技能培训。通过培训，进一步引导新任教师将教育理论运用于教学实践，提升新任教师备课、上课、作业、辅导和教学反思等能力。

（5）教育科研培训。通过培训，进一步提升新任教师教育科研的意识和能力，引导新任教师遵循教育教学规律，研究教育教学方法，提升教育教学效益。

2. 培训课程

序号	课程内容	授课教师
1	学校文化理念体系解读	校长
2	中小学教师职业道德规范解读	书记
3	学校教学工作的基本流程、规范要求培训	教学干部
4	学校德育工作体系及的基本流程、规范要求培训	德育干部
5	青年教师备课、上课、作业、辅导和教学反思等能力培养	教学干部
6	教师如何做教育科研	科研干部

3. 自主学习安排

（1）读书学习

根据自身实际，结合学校"美好教育"文化价值追求，自选一本教育理论书籍阅读。阅读后，再根据美好课堂评价标准，结合自身和学情实际，思考并形成个人"美好课堂"行动计划。

（2）名师引路

①它山之石，可以攻玉。积极向专家、向优秀教师学习，是促进教师专业成长的重要途径之一。借助网络或其他学习资源，学习区、市乃至国家级名师课堂至少3节，根据所学课程自主完成1节学科教学设计。

②学校将根据教育教学实际，为每位新任教师聘任学科和班主任师父，负责指导新任教师教育教学工作，帮助其迅速成长。

③新任教师要积极向其他教师学习，每学期听课不少于30节，并认真做好听课记录，积极进行反思。

（3）课堂实践

每年10月份，定为新任教师"学习展示月"，每位新任教师做教学汇报课1节，学校组织学科专家进行评选，并予以表彰。

（4）总结提升

通过培训，每位新任教师完成培训学习报告1份，学校组织召开培训总结会，梳理培训成果与经验，学员进行学习成果展示与交流，为完成学习并合格学员颁发结业证书。

二、科研引领，向着美好奔跑

正如教育家苏霍姆林斯基所言："如果你想让教师的劳动能够给教师带来乐趣，使天天上课不至于变成单调乏味的义务，那就应当引导教师走上从事研究这条幸福之路上来。"开展教育科学研究，提高教师的科研意识，更新教师的教育理念，帮助和引导教师从"经验型"转向"研究型"，从"教书匠"转向"学者型"教师，这是新时代教师发展的大趋势。

新时代教育变革需要研究型教师、专家型教师。2019年，教育部颁布了《关于加强新时代教育科学研究工作的意见》，强调充分发挥地方和学校在教育科研中的实践主体作用，鼓励教师结合实际开展教育改革实验。鼓励支持中小学教师增强科研意识，积极参与教育教学活动，不断深化对教育教学改革的规律性认识，探索适应新时代教书育人的有效方式和路径，推进教育高质量发展。

教师是学校课程建设、课堂教学的主力军，我校在构建"美好教育"文化理论与实践体系过程中，始终把教师放在优先发展的地位，坚持以培养"四有好教师"和"四个引路人"为追求，以培养和打造"守师德、精业务、勤学研、善合作、修身心、尚美好"的美好教师为目标，积极鼓励教师走上研究与成长之路。我们始终树立教师的问题意识和科研意识，鼓励教师把教育教学中遇到的问题转化成教育科研课题，通过课题研究去解决问题。通过引领教师参与课题研究、申报市、区级教育规划课题、教育学会课题等方式，提升教师教育科研能力，促进教师专业成长。

（一）引领教师参与课题研究

1. 理想教育课题实践研究

2018年9月，学校参加了朝阳区人民政府教育督导室主持的理想教育文化课题实践研究。在课题倡导的"一个价值观、二个方法论、十二个教学策略、四大能力培养、三个真正落地"课题理念的引导下，借力课题专家们手把手追踪式指导，通过单元整体教学设计研究、靶子课教学实践、课题研讨交流、参与课题教研等活动，引领教师逐渐从追求知识积累的课堂转变为追求育人价值的课堂，让老师们体会到"合作对话"课堂的魅力。在课题专家的引领下，老师们对课程和课堂改革从质疑、观望走向了接纳、认同，再到主动探索和积极实践。参与实践以来，学校每月组织一次课题专家进校教研指导活动，每次活动1人做课题靶子课，1人做单元备课说课。

截至目前，我校共有近30位老师做了课题靶子课和单元备课说课展示，共开展线下专家进校园课题研讨活动20余次。特别是疫情期间，课题组老师积极参加课题线上研讨，得到课题专家一致好评。参与理想教育课题实践研究以来，课题组老师的"研究味""学术味""文化味"越来越浓，老师们围绕学科教学"真问题"开展"真诚"交流，研究和实践过程"真实"，老师们的教育理念、教育教学行为等均有了很大转变和提升。课题研究也取得了一定成果，老师获奖30余人次，课题组老师先后多次在区级层面做交流展示，撰写课题相关文章多篇被《中国教师报》发表，并被多家媒体转载。

2. 小初衔接课题实践研究

我校是北京市朝阳区小初衔接课程改革项目实验学校，参加项目研究以来，学校始终坚持开展九年一贯中小衔接贯通培养策略研究，先后承办了数学、英语和语文三场小初衔接课题研究现场会，六位老师做了小初衔接课程展示课。课题组老师在对六、七年级学科教材中的教学主题进行梳理的前提下，找到主题或内容相近的教学主题，将这两个主题整合形成一个新的教学主题，整合后的主题充分体现小初衔接的策略和思想方法，实现了课程目标、教学内容、教学方法、学

习心理、学习习惯和学习方法等方面的有效衔接。通过小初衔接课题的实践研究，逐步探索出一系列中小学课程衔接的策略和方法，对"美好教育"文化理念下九年四段"美好课程"体系的构建与实施，起到了很好的助力和支撑作用。

3. 生态语文课题实践研究

2018年开始，我校中小学语文教研组参加了全国教育科学"十三五"教育部规划课题"基础教育阶段生态语文教学系统的理论与实践研究"的子课题"九年一贯读写结合读写共促课程的实践研究"课题研究。中小学语文教师近100人次参加了课题组开展的培训、学习、观摩、教学设计训练等系列活动。通过培训学习，逐步形成了课题研究骨干教师队伍。教师们积极总结研究成果，参加课题组组织的各类研究成果评比，近130人次教师撰写的论文、案例和教学设计等成果获得各级各类奖项，学校连续5年获得课题研究优秀组织奖。通过"生态语文"课题实践研究，提升了教师课题研究能力，逐步解决语文教学中的难点问题，对"美好课堂"理论和实践研究起到了很好促进作用。

（二）带领教师申报课题研究

1. 以问题为导向选题

我们始终注意培养教师的问题意识和科研意识，积极鼓励教师把教育教学中遇到的问题转化成课题，申报市、区教育规划或教育学会课题，通过课题研究去解决问题，提升教师科研能力，促进教师专业成长。

如针对"新中考"改革带来的学生问题解决能力不足问题，学校引领教师申报并立项了北京市教育科学规划课题《培养中小学生问题解决能力策略的研究》。该项研究获得北京市教育科学研究成果基础教育专项奖。2016年，又在前期研究成果的基础上，聚焦学生提取有效信息能力不足问题，进一步以《培养中小学生提取有效信息能力的实践研究》为选题，申报北京市朝阳区教育科学规划"十三五"立项课题。2016年6月，围绕信息技术与课堂教学深度融合不够的问题，以《信息技术与课堂教学的深度融合实践研究》为选题，申报北京市教育学会课题。这些课题的申报和研究，都是在学校推进新课程改革的背景下，将教育教学过程中遇到的问题，转化为科研课题进行研究的。

第四章 美好教师
学校文化构建的主力与先锋

2. 围绕育人目标选题

学校一切工作的出发点和落脚点都必须围绕育人目标进行设计和展开。学校构建"美好教育"文化的育人目标是努力培养"崇美德、善学习、强体魄、会审美、爱劳动、知自励、创美好"全面发展的美好少年。因此，我们积极鼓励教师围绕育人目标的落实进行教育科研课题选题，通过规范的研究方法、科学的研究过程，促进育人目标的有效达成，有效解决教育科研与教育教学工作实际脱节的问题，切实发挥教育科研助力学校发展的双赢作用。

学校开展《建立良好师生关系的途径与方法实践研究》课题，参与研究《朝阳区中小学基础道德教育及责任教育研究》课题，就是引导教师注重建立良好的师生关系，加强中小学生思想道德教育，树立社会主义核心价值观，不断陶冶学生的高尚道德情操，着重研究并解决教师在落实"崇美德"这一育人目标过程中遇到的问题，通过课题研究解决问题，促进育人目标的有效落实。

学校申报北京市"十三五"教育科学规划课题《培养中小学生提取有效信息能力的实践研究》和自主创新项目《技术支持下的小组合作学习研究》，申报的朝阳区"十三五"教育科学规划课题《技术支持下"趣学乐考"实践研究》等课题，都是将科学研究与教育教学实践活动相结合，提升学生的学习能力，促进学生学会学习；我校参与区级课题《中小学生学习能力培养的实践研究》《中小学生学习习惯培养策略的实践研究》《理化生学科学生实验能力提升研究》等课题，重在培养学生良好的学习习惯，提高学生的学习能力，提高学生的综合素质。这些课题研究，旨在重点解决教师在落实"善学习"这一育人目标过程中遇到的问题。

学校开展《构建学校校园足球文化的实践研究》《主体参与型教学在小学高年级体操教学中应用研究》课题研究，则是重点解决教师在落实"强体魄"育人目标过程中遇到的问题。

学校开展《学校校本选修课程设置与学校特色教育资源开发研究》课题研究，参与团中央课题《中学生快乐游戏与健康成长》，参与朝阳区综合改革试验项目课题《校本课程的开发与管理实践研究》，参与北京教育学院《国际理解课程的实践研究》等课题，则是重点解决教师在落实"会审美"育人目标过程中遇到的问题。

学校开发了《行走人生课程》,分学段进行"行走家乡""行走中国""行走世界"的综合实践活动,是综合培养学生独立的生活能力、与人合作的交往能力、综合运用多学科知识解决实际问题的能力;更是全面培养学生成为"崇美德、善学习、强体魄、会审美、爱劳动、知自励、创美好"全面发展的美好少年的综合体现。

3. 围绕重大改革选题

针对当前"双减"政策落地难的问题,学校坚持以问题为导向,以科研课题研究为抓手,以实践为策略的问题解决思路。我们认为"双减"落地不仅需要解决"为什么干"的问题,更需要解决"怎么干"的问题。"双减"对每一所学校、每一个人都是一个新课题。一是学校自主申报北京市"十四五"教育规划"双减"专项课题《基于"双师课堂"理念的课后服务创新研究》,借助"双师课堂"理念,构建由"专业教师"+"助讲老师"共同实施的课后服务教学模式,整合形成基于"双师课堂"课后服务课程,解决了"双减"政策下课后服务增加带来的师资不足、教师负担过重等问题。二是率先开展科技赋能作业创新设计研究,探索形成了科技赋能数字化作业创新设计模式。教师利用个性化作业系统为学生定制作业题目,学生完成作业后,拍照上传提交,系统自动完成批阅,学生出现错误的地方,随时观看对应的视频讲解。教师也可以随时查看学生的作业情况,查看班级作业数据,精准掌握学生学习情况,切实达到了控时长、减重复的作业改进目的,促进了"双减"政策的有效落地。

(三)坚持召开教育科研年会

为全面总结教育科研工作成果,积累形成办学经验,帮助教师更新教育理念,提升教育科研意识,提高教育科研能力,促进教师专业成长,学校坚持每年10月份组织召开一年一度的教育科研年会,通过制作视频短片、会议手册、光荣册、颁奖、经验分享、科研沙龙等方式,总结教育科研工作成果。教科研干部代表学校做教育科研工作报告,总结梳理教育科研工作经验、有效做法和取得成效,分析指出教育科研工作存在问题和下一步工作方向。同时,引领全体干部和教师围绕学校办学、教育教学管理中某一领域问题开展集中研讨,探索问题解决路径和策略。组织召开一年一度教育科研年会,已经成为学校"美好教育"文化的一道亮丽的风景,成为"美好教育"文化交流和研讨的平台,成为全体教师学习美好、践行美好、传播美好、共享美好的重要舞台。

第四章 美好教师
学校文化构建的主力与先锋

科研引领、文化聚力，打造"美好教育"品牌
——陈分望京实验学校隆重召开2020年教育科研年会

北京市陈经纶中学分校望京实验学校微信平台　管永新

为进一步落实"美好教育"文化理念，全面总结"美好教育"文化理念下学校教育教学及教育科研工作成果，积累形成办学经验，凝练形成学校品牌特色；进一步推动"美好教育"理念下"美好管理""美好课程""美好课堂""美好教师""美好少年""美好协同"等育人策略研究和成果的形成；进一步打造美好教师团队，帮助教师更新教育理念，增强教育科研意识，提高教育科研能力，促进教师专业成长，2020年10月31日，学校隆重召开主题为"科研引领、文化聚力，打造'美好教育'品牌"教育科研年会。

第一篇章：美好回顾篇

第一环节，大会播放了由学校科研、课程及教师发展中心，中小学教育发展中心和"青师班"教师共同制作的"美好科研时光"短片，通过短短6分钟的短片，全面回顾了一年来学校教育、教学和教育科研工作的发展历程，展示了科研引领下，教育教学和教育科研工作成果。

第二环节，教科研干部代表学校进行了主题为"科研引领、文化聚力，打造'美好教育'品牌"学校教育科研工作报告。从科研引领，促进教育理念更新、推动教学方式变革、推动学习方式创新、推进美好课堂研究、促进教师团队成长、促进美好品牌形成、促进学校声誉提升等七个方面，回顾和总结了学校教育科研工作成果。同时，也对标"美好教育"理念和价值体系，认真梳理和查摆了制约教育科研和教师科研能力提升的问题，并针对问题对今后教育科研工作进行了美好展望。

第三环节，大会通过制作教育科研光荣册和颁发荣誉证书的方式，对教师教育科研获奖进行表彰。为荣获市级一、二等奖和区级一等奖获代表颁发荣誉证书。

第二篇章：美好分享篇

为了更好地总结"美好教育"文化理念下"美好管理""美好课程""美好课堂""美好教师""美好少年""美好协同"工作经验，树立"美好教育"实践工

作典型，推广工作经验，大会邀请了赵军、崔玉梅、贾旭冉、刘旭、梁静、张莹、闫彤七位干部、教师和八年级一班胡芮溪同学等，从美好课程建设、美好课堂研究、美好协同策略、美好教师成长经验、美好管理服务经验和美好少年成长历程等方面进行了经验分享。通过老师们"美好教育"文化实践经验的分享，全体教师进一步清晰了"美好教育"文化理念的本质和内涵，进一步掌握了"美好教育"理念下育人的策略和方法，为进一步提升"美好教育"品质，打造"美好教育"品牌积淀了经验、奠定了基础。

第三篇章：美好未来篇

在美好沙龙环节，老师们围绕"美好课堂"的"三个原则"和"六个助推"策略，对如何运用问题、质疑、评价、工具、技术和情感，助推美好课堂落实，实现课堂由知识教学向素养教学转变进行研讨。研讨之后，各组围绕主题进行了海报的制作，并分别进行了现场展示和分享。

最后，刘美玲校长以"我们向着美好教育前行"为题，做了教育科研年会总结报告。她对学校教育科研工作报告和教师们"美好管理""美好课程""美好课堂""美好教师""美好少年""美好协同"六大方面的美好分享进行了点评，充分肯定了老师们对学校文化理念的深入学习、理解和传承，充分肯定了学校的美好少年培育成果。同时，也对各教研组的"美好课堂"沙龙和成果分享予以高度肯定，对老师们的教育智慧和无限的潜力给予了表扬。她指出：过去3年是学校发展不平凡的3年，是"美好教育"文化理念优化创新的3年，是集团化办学转型升级的3年，是教师专业成长、学校内涵发展的3年，是学校"美好教育"文化品牌逐渐形成、教育影响力逐年提升的3年，教师们取得了丰硕的教育教科成果，在科研引领下学校营造了浓郁的"美好教育"文化氛围，组建美好管理团队，开发美好课程，打造美好课堂，成就美好教师，构建美好协同家校合作关系，培养了一批又一批的美好少年，促进了学校办学品质的提升。同时，她也指出学校教育科研工作中存在的问题，诸如高效课堂难落地、教师专业难发展、技术与教育教学融合难、以"学生为中心"的教育理念实施难，全员育人、全面育人和精准育人不到位的一些问题。

第四章 美好教师
学校文化构建的主力与先锋

面向未来，她要求全体干部、教师要做到：首先，既要低头走路、更要仰望星空。要不断加强理论学习，从建构主义理论、学习理论、最近发展区等教育理论出发，不断提升自己的理论认识水平。其次，要理论联系实践，把新课改理念与教育实践有机结合，推动信息技术与课堂教学深度融合，构建符合"美好教育"文化理念的美好课堂，进一步提高学校办学和育人质量。最后，她号召全体干部教师要以教育科研年会为契机，以现有的成绩为动力，以问题为导向，围绕学校文化理念和办学目标，结合学校重点工作，积极探索、深入实践，向着"美好教育"文化理想和目标不断前行，实现学校更加美好的未来！

三、同伴互助，合作走向美好

（一）集体备课

集体备课是以学科备课组为单位，开展集体研读课程标准、教材，分析学情，制定学科教学计划，分解备课任务，审定备课提纲，反馈教学实践信息等系列活动。

教育事业是集体的事业，教育劳动也是一项集体劳动，它需要老师之间团结协作相互配合。随着2022年版新课程标准颁布，义务教育进入了重点培育学生核心素养的时代，教师工作已经不再是个人英雄主义和单打独斗的职业，教师集体备课、共建共享教学资源、共同商讨教学策略，是优化学科建设和提升育人质量的重要路径。为此，学校在反复探索与实践的基础上，提出"四备一反思"教师集体备课规范要求，通过教师之间分工与合作、共建与共享的方式解决教师集体备课难题，规范集体备课行为，提高集体备课质量。见下表：

"四备一反思"集体备课流程

环节	参与人	内容	具体要求
一备	集体备课	单元规划任务分工	备课组长负责组织组内教师进行集体备课，共同研讨单元备课内容和课时安排，并对单元的备课任务进行分工
二备	个人备课	教学设计学案编制	主备教师通过研读教材、分析教学内容、分析学情，进行精心备课，备课内容包括：教学设计和学案编制
三备	集体备课	集体研讨修改定稿	主备教师通过说课方式，展示所备单元教学设计和学案编制情况；全组教师围绕主备教师说课情况进行集体研讨，提出修改意见；主备人结合全组教师意见，修改完善形成备课定稿
四备	个人备课	个性复备实施检验	教师结合任教班级的学情实际，进行适当个性化的修改和调整，复备之后，进行教学实施
反思	个人+集体备课	课后反思调整设计	任课教师结合课堂效果，及时进行反思，并通过组内交流达成共识。把教学反思和修改建议记录下来，为下一轮备课和完善设计提供依据

（二）师徒结对

师徒结对是指教学经验丰富、教学成绩突出的优秀教师，指导青年教师或教学能力需要提升的教师，发挥优秀教师的示范、引领、辐射和传帮带作用，帮助青年教师尽快适应教师角色。通俗地说师徒结对，也就是师父带徒弟，即中老年教师收青年教师做徒弟，青年教师向中老年教师学习教育教学技能或经验，教师之间为了提高专业水平而进行互帮互助的合作学习形式。师徒结对活动是促进同伴互助，促进教师专业成长的有效策略。"师父"要关心"徒弟"的成长，要通过传帮带，指导他们钻研教材，研究学情,备好课和上好课。"徒弟"应虚心向"师父"学习，多听"师父"的课，吸收"师父"宝贵的教育教学经验，不断充实和提高自己教育教学能力和育人水平。

第四章 美好教师
学校文化构建的主力与先锋

北京市陈经纶中学分校望京实验学校
教师师徒结对协议书

为了落实"美好教育"文化理念，打造美好教师团队，促进教师专业成长，帮助青年教师更新教育理念，提升师德修养，规范育人行为，提高教育教学和教育科研能力，引导其快速融入、并自觉学习和践行"美好教育"文化，快速成长达到"美好教师"标准和要求。经教师个人自愿申请，中小学教育发展中心同意并统筹安排，征求双方意见。

聘请＿＿＿＿＿老师担任青年教师＿＿＿＿＿的指导教师。双方自愿结成师徒对子，并达成如下协议：

一、指导教师职责和义务

（一）指导教师要引领青年教师进一步明确学校教育教学工作的基本流程、基本规范、基本要求和基本职责，规范青年教师的教育教学行为，提升其育人能力和水平。

（二）指导教师要引导青年教师将教育理论运用于教学实践，提升青年教师备课、上课、作业、辅导和教学反思等能力。

（三）指导教师要定期听取被指导教师汇报课，依据美好课堂教学评价量表进行评课、指导，每学期听课不少于10节。

（四）指导教师要对被指导教师参与校级及以上的研究课的"备课""说课""磨课""听课""评课"等活动给予业务指导。

（五）指导教师要对被指导教师严格要求，督促检查被指导教师教学工作，在指导协议时限内，指导被指导教师开展校级以上研究课两节以上。

二、被指导教师职责和义务

（一）虚心好学，主动接受指导，在指导教师的帮助下，周密制订专业成长和教学计划，并认真执行。

（二）被指导教师积极主动向指导教师求教，认真钻研教材，熟悉本学科教材、教法，积极参与指导教师组织的学科教研或研讨活动，每学期向指导教师学习听课不少于10节。

（三）被指导教师的课堂教学要向指导教师全面开放，在指导教师的指导下，积极开展教学反思，改进教学方式、方法，探索课堂教学新模式，每学期至少上1节校级以上研究课。

（四）被指导教师要积极参与学校或学科组组织的各种教学研讨、交流和展示活动，并在活动过程中接受指导教师指导。

三、本协议书有效期为一年，协议自签订之日起生效。本协议书一式三份，指导教师、被指导教师和中小学教育发展中心各存一份。

指导教师（签名）：　　　　　　被指导教师：（签名）

　　　　　　　　　　　　　　　　　　年　　月　　日

（三）听课评课

所谓听课、评课，是指教师之间相互听课和相互评课。课堂是教师的工作间，是教师课堂教学的主要场地，体现教师的知识、能力，甚至人生态度等。教师间相互学习，主要是学习课堂教学的知识、技术、经验、智慧和艺术；教师间相互帮助，主要是针对课堂教学中存在的问题进行帮助。因此，在教师互助中要特别重视听课和评课。

1. 教师自评。"自评"是一种反思性课堂教学评价，是教师将自己的教学活动和课堂情境作为认知对象，对自身教学行为和教学过程进行有意识的分析与再认知的过程。"自评"是影响教师专业成长的核心因素，是促进教师反思能力发展的最佳途径。在"自评"中，评价主体是教师本人，目的是促进自身的专业发展，评价内容是自己过程性、即时性的教学表现和教学效果。教师的"自评"可以作为一种经常性的评价，并在教学过程中进行调控。自评内容包括对教材的分析、教法、学法、教学程序的设计与实施情况，以及教学中的亮点与不足之处。自评时，要注重把"美好教育"文化的教育教学理念与实际教学相结合，抓住教学中的得与失，有重点、有层次地进行评述，语言要精练准确，切忌贪多求全或只评优点、不说缺点，让人感到不谦虚。教师自评一般要求应为"2+3"标准，即评说2条优点、亮点或收获，3条不足、困惑或思考。

第四章 美好教师
学校文化构建的主力与先锋

2. 教师互评。互评是教师之间的一种相互交流、学习的有效活动。授课结束后，将听课教师分成若干小组，推选一名组长组织教师之间开展相互评价，互相评价之后，再进行集中反馈，这样有利于促进听课教师全员参与评课。通过这种多角度评课交流，为授课教师提供更多改进教学、全面发展的方法与策略。互评的过程，是评课教师之间相互学习吸纳、借鉴反思、提升发展的过程，能够打开执教者和评价者相互学习的通道，开启彼此教学智慧的大门。教师互评时，要注意在认真听课的基础上，从不同角度和侧面进行评课，既要看学生对知识的理解，又要看核心素养的落实；既要看教师课堂常规表现，又要看课堂教学改革与创新；既要看教学预设，又要看课堂生成；既要看教师的主体引导，又要看学生的自主探究等。另外，教师互评时，还要善于发现执教者的闪光点，并及时总结交流，对于一些一时间难以统一、争论不休的问题可待专家定论。对于执教者的不足之处，应该坦诚指出，并给予帮助指导。

四、自我提升，修炼美好自己

（一）读书学习：教师美好成长的加油站

对于教师来说，除了校本培训、教育科研和专家引领等学习方式外，最好的学习方式莫过于读书了。读一本好书，如同遇见一位教育界的大师，会让自己有一种与之对话的体验，可以在书本中领会他们的教育思想和精髓。一本好书不仅能带给教师专业成长的知识，还能带来一种美好的精神体验，让自己更坚定育人的目标。俗话说："要给学生一杯水，教师要有一桶水。"这一桶水从哪里来？其中非常重要的一条途径就是读书。首先，美好教师要树立终身学习的观念；其次，要养成坚持读书的良好习惯；最后，美好教师还应具有交流分享的格局。为了更好地帮助教师养成读书学习的良好习惯，学校主要有以下五方面的经验和做法。

1. 价值引领

学校通过各种途径与方式，引领教师热爱读书，让教师认识到读书的重大意义，让读书的理念和价值根植于每一名教师的心中。这就需要学校从上到下，都要贯彻热爱读书的理念，养成读书的习惯。尤其是学校管理者，更要成为读书的先行者和引路人，带领全体教师走向书香成长之路，把读书当作全体师生的生活方式与成长信念。

2. 机制保障

学校成立以校长为组长，全体干部及教研组长为组员的读书领导小组，制定读书制度和机制。通过制定全校师生读书成长方案，各年级、各教研组的读书成长方案，以及教师个人的读书成长计划，把读书活动制度化、规范化、系统化，这是教师开展读书学习最有力的机制保障。

3. 营造氛围

每学期，学校为教师和学生购买图书，充实图书馆和班级图书角，让师生有书可读。同时，在校园内、走廊、班级和办公室等地，大量张贴关于鼓励读书的标语、图画及作品展示，特别是张贴一些关于师生读书的作品，营造一个良好的读书氛围。

4. 读书活动

学校定期举办读书节和各类读书活动，如教师读书会、读书分享会、荐书会、图书漂流会、读书演讲大赛、讲书会等，提供各类教师读书展示和分享平台。通过开展读书活动，激发教师读书兴趣，养成读书习惯，培养美好教师，激励教师专业成长。

5. 评价激励

每学期，学校都要对教师的读书情况进行总结、评价和反馈，统计教师的读书情况，参与读书活动的情况，评价教师读书的效果，评选十大书香教师，举行隆重的读书表彰大会，通过多种方式进行评价和反馈，以此调动和激发教师的读书热情，让读书学习成为教师专业成长的"加油站"。

（二）教学反思：教师美好发展的助推器

叶澜教授说："一个教师写一辈子教案，不一定能成为名师；如果一个教师写三年教学反思，就有可能成为名师。"许多教育家和名师都用自己的实际行动证明了这一点。教学反思是教师以自己的课堂教学实践作为思考对象，进行全面、深入、冷静的思考和总结，是对自己的课堂教学实践以及由此产生的结果进行审视和分析的过程，是教师专业发展和自我成长的核心要素，是一位优秀教师成长过程中不可缺少的重要环节。教师开展教学反思应从以下5个方面入手。

第四章 美好教师
学校文化构建的主力与先锋

1. 反思成功之举

首先，要反思自己的教学过程是否达到教学目标，特别是核心素养目标是否达成；其次，反思自己教学中是否有引起师生教与学共振效应的做法，是否有课堂教学随机生成的教学亮点和成功之处；再次，反思对学科教学思想方法的渗透与应用的过程或对教育学、心理学中一些基本原理使用的感触；最后，反思自己在教学方法上的改革与创新等。

2. 反思不足之处

"美好教育"文化理念下，我们倡导不回避问题，主张把问题当成进步的起点，对产生问题进行回顾、梳理，并对其进行深刻的反思、探究和剖析，使之成为今后应吸取的教训。

3. 反思偶发灵感

课堂教学中，随着教学内容的展开，师生的思维发展及情感交流的融洽，往往会因为一些偶发性事件而产生某些瞬间灵感，这些"偶发的灵感"和"智慧的火花"常常是不由自主、瞬间产生、转瞬即逝，若教师不及时进行反思捕捉，便会因为时过境迁而烟消云散，令人遗憾不已。

4. 反思学生见解

在课堂教学过程中，学生是学习的主人和主体，他们总会有一些"创新的火花"闪现，教师应当充分肯定学生在课堂上提出的一些独到的见解，这样不仅能使学生的好方法、好思路和好点子得以推广，而且对学生们也是一种赞赏和激励。同时，这些难能可贵的方法、思路、见解和点子，也是对课堂教学的有益补充和完善，可拓宽教师教学设计的思路，提高教师教学能力和水平。

5. 反思再教设计

一节课下来，教师需要静下心来反思，本节课教学，我摸索出哪些教学规律？我在教法上取得哪些创新？在落实知识点上有什么发现？学生核心素养是否得到发展？组织教学方面有什么妙招？解题的诸多误区有哪些突破？教学启迪是否得当？巩固训练是否到位？并对之进行必要的归类与取舍，考虑今后再教这节课时

应该如何做，并写出"再教设计"，这样就可以扬长避短、精益求精，把自己的教学水平提高到一个新的境界和高度。

（三）教育写作：教师走向美好的动力源

新时代教育已经不再是把知识从一个脑袋装进另一个脑袋，而是要培养真正的人。批判总是与思想紧密相连，有批判才会有思想，有思想方能有进步。教师参与教育科研就会逐步形成对他人思想的批判意识，拥有自己的教育思考，逐步成长为有思想、有主张的美好教师。

教育科研是教育工作者在教育理论指导下的一种教育认知活动，教育理论指导教育实践，教育实践同样能够丰富教育理论。教育理论与教育实践是和谐统一的，离开教育理论的教育实践是盲目的，离开教育实践的教育理论是空泛的。教师参与教育科研，可以提升其自身理论水平，教师有了教育理论就会提升对教育认识的高度、深度和广度。长期开展教育科研的教师，最可贵的品格就是具有反思精神。他们共同的特征就是善于对自己的教育教学实践进行反思，在反思中自我回顾、总结、分析和研究，寻求更好的教育教学路径和策略。

教育科研是一个不断积累的过程，教育科研需要有心人。教师要时时处处用研究的眼光和思考的大脑，来看待教育教学和课堂教学所发生的一切，把一切有价值的资料记录好、收集好、分类好，以备随时之需，以便自己随时提取、调用，长期的积累就会逐渐形成自己的教育教学资料和成果库。

教育写作是教育科研的一种表达方式，精准的教育写作能把教师的研究提升到一定的理性高度，把那些零碎的、杂乱的素材或感悟进行有效整理。教育写作可以给人以启迪、启发和启示，更有利于教师教育科研成果的梳理、运用和推广。因此，教育写作必然会促进教师教育教学能力的提升和专业的成长。

第三节：美好教师的评价与激励

要想推动学校美好教师团队可持续和长期发展，科学、合理、有效的评价和激励策略是不可或缺的。学校管理者只有树立以教师为本的理念，树立正确评价

第四章 美好教师
学校文化构建的主力与先锋

观念，合理运用评价功能，充分发挥评价的激励和促进作用，才能推动教师从普通走向美好，推动各学科备课组、教研组和年级组成为美好教育管理和研究团队。

一、以评价促美好

"评价"是评定价值的简称，从本质上说，评价是一种价值判断活动。教师评价是对教师育人工作实际及其潜在的育人价值作出判断的评价活动。教师本人或学校管理者在正确的教育理念与价值的指导下，根据教师发展目标和教师所应当承担的任务，依照规定的程序，运用科学的方法和手段，借助现代信息技术广泛收集信息，对被评价教师的教育观念、工作职责和工作绩效进行价值判断，使被评价教师通过评价活动，不断认识自我、发展自我、完善自我，不断实现个人专业发展目标的过程。教师评价的根本目的是促进教师专业发展，实现教师专业成长。因此，在"美好教育"文化理念的引领下，学校始终树立"以教师发展为本"的评价理念，认真倾听教师的声音，激发教师的内在需求，提高教师的专业素养，为教师指明进一步努力的方向，为教师教育教学能力提升和专业发展提供制度支持。

（一）教研组年度考核评价

教研组年度考核评价表

项目	教学常规 14分					教学研究 24分					教学效果 9分	突出贡献 3分	总分 50分
^	计划制定	教案检查	作业检查	文档参会	总结提升	教研活动	听课评课	教师发展	学生素养提升	教育科研	目标达成	勇挑重担特色发展	合计
分值													
自评													
审核													

美好教育
——学校文化的构建与实施

附：评价要素

1. 教学常规

（1）计划制定：学期初，按要求制定本学科工作计划，并上报教育发展中心审批。

（2）教案检查：每学期，教研组对教师教案进行3次检查，检查内容包括：项目是否齐全，教学目标是否清晰、是否具有实践操作性，有无课后反思等。

（3）作业检查：通过作业检查，对教师分层教学的针对性和实效性进行考核。检查内容包括：作业量是否适中，作业批改是否及时等。

对（2）、（3）项教师的考核要实事求是，评价拉开梯度，凡与事实差距较大的扣除相应分数。

（4）文档检查、参会记录：督促检查本组教师认真填写教师工作手册，按时完成各项资料归档，及时上交教育发展中心。对教师参加教研组相关工作会记录进行检查。（未按时上交1次/1分，未做记录1次/1分）

（5）总结提升：每学期结束时，教师要对1个学期的工作进行总结，梳理工作亮点与不足，反思原因并制定后续改进措施。

2. 教学研究

（1）教研活动：按时组织每两周一次的学科教研活动，保证教研活动的时间和质量，制定活动主题，确定活动主发言人，填写好教研活动记录；引领组内教师积极进行学科专业学习、组织学科活动，并及时推送学校微信公众平台。

积极进行学科资源建设，将组内教师优秀教案、课件、检测题、学科实践活动方案等进行收集整理，实现教学资源共享。

（2）听课评课：组织开展学科研究课和示范课活动，组内教师之间互相听评课，每人听评课数量不少于组内教师的2/3，帮助发现问题，及时进行修正与改进。对薄弱教师、薄弱班级要进行跟踪分析，查找原因，帮助提高。

（3）教师发展：积极为组内教师尤其是青年教师搭建成长平台，促进教师专业发展。对青年教师的培养有设计、有实施、有效果。

（4）学生素养提升：抓好学科组建设，倡导各备课组运用好学科10%课时，积极开展学科综合实践活动,组织学科大课、竞赛和学法指导等课内外实践活动。

（5）教育科研：督促动员本组教师积极投身学校美好课堂改革实践，参与课题研究，积极撰写论文或案例等。

3. 教学效果

所在教研组、备课组教学质量达到学校目标要求赋 10 分。未达到学校目标，在年级平行班中处于中上水平赋 5 分，未达到者不赋分。

4. 突出贡献

（1）学期内积极承担急难险重工作。

（2）在学科特色、课程建设、课堂改革等方面作出突出成绩。

（二）教师年度教学质量考核评价

陈分望京实验学校教师年度教学质量考核评价表

	教学常规 21 分				教学研究 16 分				教学效果 10 分	突出贡献 3 分	总分 50 分
	课堂常规	教案检查	作业辅导	归档参会	教学反馈	教研活动	研究课	学生素养提升	教育科研	目标达成	勇挑重担特色发展	合计
分值	5分	5分	4分	4分	3分	6分	4分	3分	3分	10分	3分	50分
自评价												
备课组评价												
教研组评价												
审核												

美好教育
——学校文化的构建与实施

附：评价要素

1. 教学常规

（1）课堂常规：严格按课表上课，无迟到、早退、拖堂、乱堂、缺课现象。（扣分：1次/1分，累计5分）

（2）教案检查：教案项目齐全，教学目标清晰，操作性强，有课后反思。（教案不完整扣除相应分数，无教案上课1次/2分，并在师德考核中扣除相应分数）

（3）作业及辅导：重视因材施教，实施分层教学，作业布置具有针对性和实效性。作业量适中，作业批改认真、个别辅导及时。

（4）资料填写、参会：认真填写教师工作手册，按时完成各项资料归档并及时上交。按时参加学校、教研组、年级组召开的相关工作会。（未按时上交1次/2分，内容不翔实、不认真酌情扣分，会议缺勤1次/1分。）

（5）教学反馈：主动与学生、家长沟通，重视阶段性教学信息反馈，具备良好的合作意识。无学生、家长投诉，评教、评学各项指标满意率不低于85%。

2. 教学研究

（1）教研活动：积极参加教研组、备课组集体备课，在市、区、校级教研活动中无缺勤，缺勤1次/0.5分；积极承担专题教研主讲，承担者需提供主讲主题、发言稿。承担学科试卷试题命制工作，没有承担各扣除1分；积极参与学科资源建设、学科综合实践活动组织设计，参与教师需提供相关的内容和成果，未参与各扣除1分。

（2）研究课、示范课：认真参加每学期各级各类研究课和示范课活动，组内研究课和示范课听评课未达到2/3扣2分；未做研究示范课扣1分。承担区级以上研究课赋2分。

（3）学生素养提升：积极承担校本课程开发或承担校本课、学生社团工作，并取得良好效果；指导学生参加各级各类学科竞赛并取得良好成绩。

（4）教育科研：积极投身学校美好课堂改革实践，参与各级各类课题研究；积极撰写论文或案例荣获区级奖励赋1分、市级2分、国家级3分。

3. 教学效果

任教学科教学质量达到学校目标要求赋10分，任教班级教学质量未达到学

第四章 美好教师
学校文化构建的主力与先锋

校目标，在年级平行班中处于中上水平赋 5 分，未达到者不赋分。

4. 突出贡献

（1）学期内，积极承担急难险重工作。（2）在学科特色、课程建设、课堂改革等工作中作出突出成绩。

二、以激励促成长

每个人都需要激励，教师同样需要激励，需要得到尊重。人性化的教学评价可以使教师看到自己的成长和进步，树立起自信心，愿意改进教学，从而推动教师不断向着"美好"发展。

由于教师工作的复杂性，在评价方式选择上，既要体现对教师的理解、尊重，承认教师的劳动成果，使教师能体验到成功，抬起头来走路，还要坚持质性与量化评价相结合原则，设立多种激励机制，鼓励教师个性化发展，带动教师素质的全面提升。

（一）以提供学习机会作为激励

学校坚持把教师发展放在优先发展位置，每年，为教师购置各级各类学科专业报纸杂志，为教研组购买各种教育教学类书籍及音像资料，为每位教师配备台式电脑和移动电脑、移动硬盘、知网卡、录音笔等办公设备。如为物理教研组购买全国优质课大赛光盘，为语文组购买《通过作文教学开展创新人才早期培养的理论与实践研究》全部培训光盘，购买创先泰克教育云课程，教师足不出户就能学习全国课改先进学校优秀教师经验。学校先后投入 100 多万元用于智慧教室建设，为教师开展信息技术与教育教学深度融合，积极应对"互联网＋教育"研究并提供必要的物质保证。学校还聘请专家指导教师开展教育科研课题研究，坚持每年有计划地提供机会，让教师走出去到国内外知名学校考察和培训学习，通过接触先进的教育思想，深刻地感悟教育实践，为学校干部和教师的终身发展积蓄力量；通过培训和学习，干部和教师的教育理念得到很大的转变，为学校"美好教育"理论和实践研究提供有效保障。

（二）以搭建发展平台作为激励

马斯洛的需求层次结构理论是心理学的激励理论，包括人类需求的五级模

美好教育
——学校文化的构建与实施

型，通常被描绘成金字塔内的等级。从层次结构的底部向上，分别为：生理需要、安全需要、社交需要、尊重需要和自我实现需要。该理论认为：人都潜藏着这五种不同层次的需要，每个人在不同时期表现出来的各种需求的迫切程度是不同的。人的需要总是从低级向高级发展的，人最迫切的需要才是激励人行为的主要动力源。在教师队伍中，一部分优秀教师有着丰富的教育教学经验和丰硕的教育成绩。对于这些教师的激励，就需要为他们搭建更高的发展平台和空间，满足他们对尊重和自我实现的需要，让他们尽情展示教书育人的才华，激励他们从优秀走上美好，感受到教育工作带来的愉悦，享受教书育人带来的幸福。

　　一是学校先后20余次承担区级及以上教育教学研讨和现场会活动，接待全国各地学校干部和教师近1000人次来校观摩和交流学习。2016年12月、2021年12月，学校两次成功举办了北京市基础教育课程建设现场会，30余位教师做研究课、报告和课程沙龙等展示，这些展示平台都成为教师专业成长的重要阶梯。

　　二是近年来，学校组织近100位老师做市、区级研究课。2018年5月，我校4位老师应邀参加了第三届全国基础教育信息化应用展示交流活动，并分别作了说课展示和大会互动交流。10余位教师应邀参与教育部信息管理中心全国课题课例展示活动；100余位老师代表学校为国培项目培训或其他来校交流学习的领导和老师做研究课展示，得到了参会领导、老师们一致好评。

　　三是在学校"美好教育"文化理念引领下，美好教师迅速成长。学校为青年教师搭建了"青师班"学习平台，制定了青年教师培养计划，开展了一系列丰富多彩的学习和培训活动，推动了青年教师快速成长，青年教师逐渐成为学习、践行和传播"美好教育"文化理念的先锋队和主力军。

　　四是学校组织教师申报各级各类课题研究，在这些课题的申报、研究和成果应用过程中，逐步唤醒教师自主发展的自觉和动力。近3年，教师教育教学获奖达496人次，且与前几年相比，无论数量和质量均得到明显提升。

第四章 美好教师
学校文化构建的主力与先锋

"双减"引领创新 课程创生"美好"
——陈分望京实验学校承办北京市课程整体育人交流研讨会

北京市陈经纶中学分校望京实验学校微信平台　管永新

为贯彻落实"双减"工作要求，全面探索课程整体育人理念下学校课程一体化建设的有效路径与策略，总结积淀"培养什么人""怎样培养人""为谁培养人"的学校经验，扎实研究"双减"背景下中小学课程整体育人的学校实践，2021年12月28日，由北京市教育科学研究院基础教育课程教材发展研究中心、北京市教育学会课程发展专业委员会主办，北京市朝阳区教育委员会、北京市朝阳区教育科学研究院协办的北京市课程整体育人交流研讨会，在北京市陈经纶中学分校望京实验学校隆重召开。

出席本次会议的领导专家有北京市教育科学研究院基础教育课程教材发展研究中心主任杨德军、朝阳区教育工委副书记王世元、朝阳区教委副主任孙迅、首都师范大学教授张倩、原朝阳区教委基教一科科长曾广华、原朝阳区教育科学研究院院长杨碧君、对外经济贸易大学附属中学校长刘国雄、原北京市陈经纶中学分校集团校长王松及我校校长刘美玲，以及来自各区课程中心负责人及项目学校领导、教师共计40余人。本次会议由课程整体育人项目负责人江峰主持。会议面向全市进行了线上直播。

会议共分为高效课堂展示、活力课程展演、研讨交流展播三大板块。

高效课堂板块共计11节研究课，涵盖1—9年级7个学科，充分展示了学校美好课堂建设在"双减"背景下，通过"六个助推"策略培养学生良好思维品质和关键能力的崭新样态。

活力课程板块，通过沉浸式音乐舞蹈剧《牧民新歌》、英语穿越剧《Plants Feed Me》、体育健身剧《Ready Goal》、红色教育剧《朱德的扁担》和探究思辨剧《童眼看"双减"》等丰富多彩的课程形式，生动展现了美好课程建设在促进学生全员发展、全面发展、特长发展、个性发展、内涵发展方面的创新实践。

研讨交流板块，首先，曾广华科长代表朝阳区教委致欢迎辞。他热情赞扬了北京市陈经纶中学分校望京实验学校师生们的精彩展示，还就朝阳区教委推进"双减"工作落地情况做了简要汇报，强调指出提高"双减"实效性和家长满意度是

美好教育
——学校文化的构建与实施

系统工程,还需全区各级联动、共同应对。

接着,刘美玲校长作学校课程建设主旨报告。她从课程建设背景、办学理念、课程结构设置、课程实施、课程评价、制度建设、保障机制等7个维度,汇报了学校"美好课程"建设的理念体系,并对美好课程的实践体系进行了全面展望。

随后,在"课程沙龙汇"和"互动交流坊"环节,由来自我校和外区的干部、教师、家长代表就"双减"背景下学校如何通过课程建设、管理创新、课后服务、家校协同等途径满足学生全面化、个性化发展的主题展开了热烈讨论。思维碰撞、启发借鉴,大家深感受益匪浅。

张倩教授进行点评。她高度评价我校落实"双减"的积极探索,肯定了我校通过课程体系建设实现整体育人的教育成效。

杨德军主任作总结发言。他充分肯定我校通过丰富课程形式、挖掘课程内涵、延展课程空间、提升课程质量等有效途径,加强"美好课程"体系建设的实践探索,赞扬我校通过本次大会展示出课程建设的层次性,课程结构的立体性,科技赋能的时代性和学习成果的外显性。同时,建议我校进一步探索课程一体化建设的有效路径与策略,切实实现减量不减质的终极目标。

(三)以教师幸福工程作为激励

在"美好教育"文化理念框架下,学校坚持以学生为中心,始终把学生放在教育改革的最中央,坚持以教师发展为本,把教师放在优先发展位置。随着新时代教育"深综改"的逐步深入,新课程、新课标教育理念不断迭代升级,以及受"双减"等教育政策影响,教师的工作压力、工作时长和工作强度均显著增强,如何帮助教师缓解工作压力,丰富广大教师课余生活,提升个人修养和精神境界,提升教育工作者职业幸福感尤为重要。学校坚持把这些标准作为培养美好教师的重要指标,制定并实施了教师幸福工程计划。

1. 关心教职工身心健康,坚持每年组织一次教职工健康体检,进一步改善教职工办公环境,改善教职工食堂,设立教师书屋、茶吧和工间咖啡屋等。

2. 进一步丰富教职工课余生活,积极开展丰富多彩的文体活动,丰富广大教师课余生活,通过每年开展教职工趣味运动会、团队拓展、新年联欢会、建立教职工社团等活动,营造和谐乐教的工作氛围,提升教职工教育的获得感和幸福感。

第四章 美好教师
学校文化构建的主力与先锋

3.进一步关注教职工心理健康，定期聘请专家开展心理健康讲座、养生健康讲座、交际礼仪讲座等活动。

三、以文化铸师风

学校文化是一种全体师生员工普遍认同的价值观念，具有无形的凝聚力和向心力。良好的学校文化有助于引导师生员工树立正确的人生观、价值观，规范师生员工的言行。为了最大限度地发挥"美好教育"文化的激励功能，充分调动师生员工的积极性和创造性，引领全体教职员工积极主动参与到"美好教育"文化建设之中，学校需要建立强有力的制度和机制做保障。

（一）实施美好教师评选

学校作为落实"立德树人"根本任务的重要场所，肩负着为党和国家培养一代又一代拥护中国共产党领导和我国社会主义制度，立志为中国特色社会主义事业奋斗终身的有理想、有本领、有担当时代新人的艰巨使命。为了在学校教师队伍中培育敬业、担当、合作和博爱的工作精神，营造积极进取、乐于奉献、认真工作的文化氛围，发挥优秀教师的榜样、示范和引领作用，营造"美好教育"文化生态，学校建立了"美好教师"评选制度，制定了"美好教师"评选方案。组织全校教职员工参与评选，每年教师节隆重举行"美好教师"表彰大会，表彰和宣传"美好教师"的先进事迹。

2022年美好教师表彰决定

2022年是学校发展不平凡的一年，在上级党政部门的正确领导下，我校全体教职工围绕"实施'美好教育'，办人民满意学校"工作主线，坚定为党育人、为国育才的教育初心，本着一张蓝图绘到底、不达美好不罢休的信心和决心，以饱满的热情和高度的责任感投入到学校的各项工作之中，爱岗敬业、积极创新，推动学校各项工作不断走向美好。学校美好管理体系初步形成，美好课程建设取得新突破，美好课堂研究喜获新成果，家校美好协同深入推进，适宜美好少年成长的教育文化逐步形成。学校"美好教育"成果日益呈现，办学影响力逐年提升，得到了上级、社会和家长的高度认可。期间，学校涌现出一批又一批崇尚美好、追求美好、践行美好的优秀教职员工。

美好教育
—— 学校文化的构建与实施

为进一步唤醒广大教职员工对美好的追求，激发践行"美好教育"的工作热忱，再创佳绩；经研究决定，对上一年度教育科研工作业绩突出的教师进行表彰，并颁发获奖荣誉证书。

（二）"美好教育"思想研讨

年级组长、班主任是学校育人的中坚力量，培养一支理想信念坚定、育人本领高超的年级组长和班主任队伍，是构建与实施"美好教育"文化的主力军。为了激励年级组长、班主任队伍的工作热情，表彰他们在"美好教育"文化建设和教育教学工作中的突出贡献，学校每年召开1次"美好育人"思想研讨会，每次推选2—3名优秀年级组长或班主任，由学校为他们举办育人思想研讨会。首先，由被推荐人宣讲自己带班育人理念，分享其带班育人故事和案例。然后，组织专家、领导、同事、家长代表、学生代表从不同角度进行交流。同时，通过邀请媒体、校内网站、微信公众号、视频号等进行宣传和报道，提升年级组长、班主任队伍教育影响力。最后，教科研室指导帮助被推荐人完成"五个一"材料梳理，即形成一套育人理念、形成一个报告、撰写一个教育案例或故事、形成一份宣传报道或发表一篇文章、出一期宣传栏。

（三）塑造美好望实精神

自党的十八大凝练提出社会主义核心价值观以来，全党、全社会都在弘扬和践行社会主义核心价值观。在新时代背景下，学校的价值观建设也要以社会主义核心价值观为引领。首先，教师要成为社会主义核心价值观的信仰者和传播者；其次，在教育教学管理等一切活动中，要落实社会主义核心价值观的要求，帮助师生员工成为社会主义核心价值观的践行者和传播者。为了更好地落实"美好教育"文化理念，落实育人目标，以社会主义核心价值观为引领，引领干部和教师从下至上、从上至下，反复总结提炼梳理，提出学校核心价值观——"望实精神"，共包括12个词、24个字，包含学校、教师和学生三个层面，成为全体师生共同遵守的行为准则和价值信念。

学校层面：务实、和谐、守正、创新；

教师层面：敬业、担当、合作、博爱；

学生层面：崇德、善学、乐观、进取。

第五章 美好课堂

学校文化构建的阵地与舞台

　　教育是智慧的碰撞，更是情感的投射。"美好课堂"是构建"美好教育"的重要环节。"美好课堂"是优质灵动的课堂，课堂上有情感的相互激发，有思想的相互传递，孕育一种温馨和谐的文化氛围，营造出一种生机勃发的校园精神。"美好课堂"是高效、和谐、真实的课堂，让学生在多感官的互动中完成自我建构，发展综合学力；在民主平等的氛围中，探讨文化知识，获得美好体验；紧密联系现实生活，引导学生关注社会生活，提升能力素质，探求真知、追寻真理、学做真人。

第五章

美好课堂：学校文化构建的阵地与舞台

构建"美好教育"文化，培育"美好少年"的主渠道在课堂，构建美好课堂育人文化有利于学校育人目标的达成。打造美好课堂就是通过教师特有的感染力，审美化地改造课堂；通过挖掘知识之美，将知识转化为适应未来发展的必备品格、关键能力和正确的价值观；通过营造课堂人文之美，焕发师生的生命活力；通过师生和谐互动，带给学生美好的学习体验，使学生获得学习的乐趣，感受知识的奥妙，体验学习过程的美好，收获成功感受和愉悦心情。

第一节：美好课堂的基本理念

一、"素养导向"是美好课堂的核心理念

2022年版义务教育新课标对教学提出了新要求、新挑战，倡导以核心素养为导向教学，鼓励教师打破传统单纯知识点传输与技能训练式教学，关注学生运用知识做事、持续做事、正确做事的能力，更加强调知识之间的联系，从过去注重知识转向注重理解与应用，倡导以大观念、大项目、大任务、大概念为统领，组织教学内容，充分培养学生利用已有知识解决问题、生成新知识的能力，促进学生核心素养的发展和提升，实现课堂教学从关注学科到关注育人、从传递知识到培育核心素养的转型。

（一）核心素养是美好课堂的出发点

课堂教学的首要问题是解决为什么而教的问题，2022年版义务教育新课程标准为我们指明了方向，为核心素养而教成了当前课堂教学改革的新标准和新要求。核心素养已经成为当前课堂教学的方向、教学的目的，是教师确立课堂教学

目标、进行教学设计、开展课堂教学的"依据"和"理由"。构建美好课堂就是要构建以核心素养为导向的教学样态,就是要确立核心素养在教学中的核心地位,使教学的一切要素、资源、环节、流程、活动都围绕核心素养去组织和展开。首先,教师要在充分学习理解新课程标准的前提下,把学科课程标准所要求的核心素养进行细化,在学科课程目标、单元教学目标和课时目标中逐步分解和落实。其次,教师要根据核心素养的要求选择和组织学科知识,并根据核心素养形成的规律,设计和开展教学活动。总之,教师要把核心素养贯穿于教育教学全过程,并最终指向学生的核心素养的发展,使学生通过学科学习之后,逐步形成关键能力、必备品格和正确的价值观念。具体地说,包括三个方面:第一,关键能力,即能正确做事;第二,必备品格,习惯做正确的事;第三,价值观念,坚持把事做正确。

(二) 核心素养是美好课堂的落脚点

课堂教学的终极目标是学生核心素养的形成和发展,美好课堂强调教师的课堂教学不能仅仅满足于基础知识和基本技能的掌握,也不能仅满足于过程和方法的落实,还不能满足于情感、态度、价值观的渗透,教师要通过课堂教学去落实核心素养的生成与发展。课堂是否落实核心素养要求,已经成为检验教师课堂教学效果的根本标准。构建美好课堂就是要转变教师的课堂教学观念,从知识导向走向核心素养导向的教学,积极探索把知识转化为核心素养的机制和原理,并根据核心素养形成的规律去构建课堂教学方式,开展课堂教学活动,使整个课堂教学的过程成为学生核心素养形成和发展的过程。

那么,核心素养导向的教学与知识本位的教学究竟有什么本质区别呢?我们知道,知识是教学的载体,无论知识导向教学还是素养导向教学都离不开知识这一载体。二者不同之处在于,知识导向的教学是以知识作为教学的起点,也作为教学的终点,正所谓"基于知识、通过知识、为了知识"。知识既是出发点,又是着力点,还是落脚点。课堂就好比是一个工厂,知识导向的教学输入的原材料是知识,生产出来的产品也是知识,是一个没有深加工的生产过程,自然也就是没有增值的生产过程。核心素养导向的教学虽然也是从知识入手,但其与知识导向教学相比,本质的区别是,核心素养导向教学的起点虽然也是知识,但它却不

第五章 美好课堂
学校文化构建的阵地与舞台

以知识为终点,而是以核心素养作为教学的目的和归宿。也就是说,核心素养导向的教学本质上是把知识加工成核心素养的过程,是把书本上的知识变成学生身上的"关键能力""必备品格"和"正确价值观"的过程,是一个转化和深加工的过程,是一个增值的过程。

(三)核心素养是美好课堂的着力点

传统课堂教学中,教师受知识为中心理念的影响,教师课堂教学的着眼点往往是知识,出发点是考点,落脚点是考题,紧紧围绕中高考指挥棒,强调单位时间内掌握定理、公式或结论的数量,强调教授更多解题的方法,追求教学任务的完整和完成。为了提升"效率",教师就会直接告诉学生结论,让学生识记解题思路,再进行反复训练,让学生形成条件反射。这种教学方式与核心素养导向的课堂教学是相悖的,培养的是只会做题的人,培养不出具备核心素养的人。美好课堂是以核心素养为目标的教学,需要教师在核心素养的形成上发力,根据核心素养形成的规律去实施课堂教学,把课堂教学的宝贵时间和精力投放在学生核心素养的培育上。

二、"合作对话"是美好课堂的核心特征

2018年9月,"美好教育"实践邂逅了"合作对话"教育教学范式,一场"美好"的相遇,"扰启""美好教育"文化理念的优化创新之路,开启了"合作对话"教学范式理论与实践研究之旅。4年来,在"合作对话"教学范式"一个价值观、二个方法论、十二个教学策略、四大能力培养、三个真正落地"等教育理念的引领下,在"合作对话"项目专家们手把手的指导下,通过一次次"合作对话"单元整体教学研讨、一次次靶子课教学实践、一次次专家进校指导、一次次"合作对话"教育教学范式理念、方法、策略的学习,以及专家"剥洋葱式"的课堂指导,"合作对话"教学范式逐步融入美好课堂实践之中,学校的美好课堂样态、教师的育人行为和学生的学习方式逐渐发生转变,美好的课堂教育生态逐步形成。

"合作对话"教学范式,是指教师与学生、学生与学生、学生与学习资料、学生与仪器、学生与环境、学生与自身等在合作的基础上,形成"成长共同体",采取"对话"的方式,就某个(类)问题进行探讨或内省,以此建立或完善共同体成员的认知体系和价值体系的过程。

美好教育
——学校文化的构建与实施

（一）"合作对话"前提：建立师生成长共同体

传统教育文化理念下，教师是课堂教学的主角，是知识的拥有者和讲授者。课堂上，教师是权威的师者或滔滔不绝的演讲家。《理想教育文化构建："合作对话"教育教学范式的理论与实践》一书倡导在"合作对话"教育教学活动中，建构"师生成长共同体"。在"合作对话"课堂中，教师的角色已经由传统课堂中知识的讲授者转变为学生学习的设计者、组织实施者，兼具主持人、导游、记者等多重身份。

如以靶子课《同底数幂的乘法》一课教学为例，传统教学中教师受知识为中心理念影响，更加强调单位时间内掌握数学定理、公式或结论的数量，强调教授更多解题的方法，追求教学任务的完整和完成。为了提升课堂"效率"，教师就会直接告诉学生结论，让学生识记解题思路，再进行反复训练，让学生形成条件反射。"合作对话"教学范式课堂中，师生构建成长共同体，围绕对话主题"同底数幂乘法法则"展开对话，对话过程中，教师为学生提供学习内容、学习方法，提供学习点拨，学生则是在同底数幂相乘练习和训练过程中，逐渐观察发现计算规律，提出同底数幂的乘法法则。这样的课堂教学，学生不仅习得知识，还体验了数学法则发现的过程，并在这个体验过程中习得观察、归纳、抽象、证明等数学基本思想方法，达到学生思维发展和核心素养提升的目的。

（二）"合作对话"保障："师生＋时空"构建

传统课堂的时空主要以课堂和教室为主，时空选择以有利于教师知识传授为标准。学生座位以"秧苗式"分布为主，教师在教学空间中位置相对固定，学生学习的空间绝对固定。《理想教育文化构建："合作对话"教育教学范式的理论与实践》一书强调，教师运用"合作对话"教学范式课堂教学的时空，以是否有利于"合作对话"目标达成为标准，构建以教师为流动坐标原点的课堂教学时空，教室、实验室、专用教室、运动场、自然界以及社会等空间，均可作为师生"合作对话"的时空。学生座位形式也可根据师生对话效果需要，选择"马蹄型""梯型""小组合作型""实践体验型""实验探究型""两人辩论型""资料对话型"等多种形式。

第五章 美好课堂
学校文化构建的阵地与舞台

如在进行《多次相遇和追击相遇问题》教学时，教师发现学生在画解题示意图过程中，由于缺乏空间想象和数学抽象能力，总是不能画出正确的解题示意图。有些同学的解题示意图越画越乱，显然是学生图形思维出现了障碍。于是，课题组老师讨论后，将学生带到了操场，让学生两两一组进行实践探究，学生在运动跑道上"跑跑""停停""走走""画画"，边走边标记，折返反复。一会与问题对话，一会与同伴对话，时而自我否定，时而又欢呼雀跃。过程中，老师反复质疑，学生很快对这类问题有了理解和认识，可见构建有利于师生对话和成长的"师生+时空"，是实施"合作对话"课堂教学的必要保障。

（三）"合作对话"策略：工具库与方法论运用

构建"合作对话"教学范式，需要教师在"对话"过程中，恰当运用《理想教育文化构建："合作对话"教育教学范式的理论与实践》一书倡导的工具库与方法论。

"合作对话"的基本工具：尊重、民主、责任、科学。

"合作对话"的认知工具：实践、问题、方法、工具、技术、表述。

"合作对话"的非认知工具：灵动能力、生命修为、情志追求、合作要件、意志品性、批判思维。

"合作对话"的方法论：教育者的教育教学方法论包括"扰启、内省、质疑、实践"；受教育者的生长方法论包括"独立、追求、养控、审美"。

以教育者的教育教学方法论"扰启、内省、质疑、实践"为例，如借助"扰启"的"撩拨"启动对话，唤醒学生"合作对话"的意愿，激发学生"合作对话"的兴趣。通过"扰启"的"干扰"或"扰乱"，促进学生对"合作对话"主题的深入理解和思考，避免"合作对话"的肤浅，促进"合作对话"的深刻，透过现象理解和认识事实本质。通过师生、生生之间相互质疑，或引发学生深度思考，或将学生思维引向纵深，或帮助学生明确思维方向，促进学生思维的发展与提升，形成学习观点。如"实践"策略，实践是认识的来源和基础，对认识有决定作用，是认识的目的和归宿，通过实践学习有利于增强学生认知体验，提升学习效率。

再如"内省"是"合作对话"教学范式追求的方向和目标，也是"合作对话"的策略和方法。适当的扰启、深度的质疑、充分的实践有利于促进学生深度的内省。深度的内省能有效促进学生知识建构、思维发展和核心素养的发展与提升。

如在关于"1"的教学中,大多老师认为"1"不需要教,因为没有人不知道"1",显然,从知识教学角度分析,数字"1"确实很简单不需要教。然而,"合作对话"教学范式追求从"知识导向"向"核心素养导向"转变,"1"的教学同样蕴含"数学抽象"这一学科核心素养。因此,在"合作对话"教学中,教师就可以提出问题,问学生认识"1"吗。通过这一问题,"撩拨"和"扰起"学生"合作对话"的意愿,"干扰"或"扰乱"学生的原有认知,激发学生认知冲突,这就会促进学生深入的思考和认识。再通过"实践",让同学去把身边认识的"1"找出来,学生在"找"的过程中,教师再通过"质疑"帮助学生明确思维方向,让他们认识到1个苹果、1支铅笔、1块橡皮……都不是"1"。这时,教师再适时引导学生认识一下在数学学习中有一种重要的思想和方法叫"数学抽象",比如2、3、4……都是抽象出来的。通过这一系列的"扰起""实践""质疑",促进了学生学习的"内省",让事实、证据确凿,逻辑合理。最终,学生不仅弄清问题,形成了新的认知,掌握新的研究方法,形成了新的技能,也在这一过程中,发展了学生数学学科核心素养。

三、"深度学习"是美好课堂的核心诉求

(一)美好课堂:从"浅层学习"走向"深度学习"

教育家布卢姆认为:"教育的两个最重要的目的是促进学习的保持和学习的迁移。在一定程度上,可以将这两者简单区分为浅层学习和深度学习,其中学习的保持一般表现为记忆、回忆过程,而学习的迁移与理解、应用、分析、评价、创造过程的联系更为密切。"

传统课堂浅层学习主要表现为:学习目标指向固定知识的记忆、理解与简单运用;忽略知识之间的逻辑关联;过度注重技能的训练、学生被动参与学习过程。浅层学习体现学生对知识与技能的低阶认知。我们构建美好课堂,就是要针对课堂中存在的这些问题与不足,通过变革教与学关系,引领课堂从浅层学习走向深度学习,即使是低水平的认知过程,如科学概念的记忆与再认识,也需要将其融入一个更为真实的、复杂的任务背景中,而不仅是回忆抽象的概念本身。就像直接回忆"圆柱体的体积公式是什么"和在"解决保温杯包装问题"的过程中,回忆圆柱体的体积公式是两种截然不同的学习过程。

第五章 美好课堂
学校文化构建的阵地与舞台

（二）美好课堂：从"单一内容"走向"整体设计"

深度学习是一个整体性的学习状态，需要学习者调动视、听、说等多重感官机能，全身心地投入，既包含一直以来所强调的信息加工过程，也包含情绪、意志等非认知因素的调动。深度学习反对碎片化、割裂式的知识获取方式，强调多种知识和信息间的连接，包括多学科知识融合及新旧知识联系。脑科学的研究表明，大脑具有空间记忆系统，能够在同一时间内处理并组织多件事情，这种记忆系统唤起的是完整的影像。

因此，整合的经验有助于高级心理机能的发展。教师可以根据教学目标，依托学习主题，对学科内和跨学科的课程内容进行整体性设计。对课程内容进行整合，一方面，有助于学生在学科概念和生活概念以及跨学科的概念之间建立意义关联；另一方面，整合后的课程内容更加贴近学生生活实际，适合开展研究性学习，有助于学生在实践探究过程中，进行概念的应用、迁移与反思，实现对知识和内容的深度学习。

（三）美好课堂：从"知识碎片化"走向"内容结构化"

2022年版义务教育新课程标准指出：基于核心素养培养要求，注重与学生经验、社会和生活的关联，加强课程内容的内在联系，突出课程内容结构化，探索主题、项目、任务等内容组织方式。强调课堂教学"从零散走向整合，从浅表走向深度，从去生活化知识学习走向运用知识解决真实问题"的发展方向。长期以来，受中高考指挥棒的影响，课上支离破碎的讲解，"小台阶、快节奏、抓重点、看总分"的应试教育策略，导致学生的学习方式变为典型的"盲人摸象"，这与"为党育人、为国育才"的教育要求存在较大差距，更无法满足学生核心素养发展需求。意义关联是内容结构化的最佳手段，是学习者重新建构学习内容，赋予其与自身已有经验与认知相融合的特殊意义。建构主义理论认为，个体的知识是由人的认知建构起来的，对事物的理解取决于个体已有的知识经验背景。个体需要将新概念与已知概念和原理联系起来，整合到原有的认知结构中，从而引起对新的知识信息的理解、长期保持及迁移应用。深度学习重视知识的理解、迁移运用和问题解决，学习情境必须和学习者的感官形式（表达、倾听、交换）连结在一起，才能引发个体学习的深层兴趣。

第二节：美好课堂的基本特征

一、美好课堂的人文之美

美好课堂的人文之美，应该是心灵和情感的美。人文之美的课堂必然要有美好的教学氛围。首先，教师要营造相互尊重、民主、和谐与宽松的课堂氛围，引导学生主动、高效地进行学习，教师在课堂上关注学生的学习情感，鼓励学生积极参与学习，积极深入思考，敢于质疑，积极举手回答问题并畅所欲言。其次，要构建民主、和谐的师生关系，师生之间打破传统师生关系的壁垒，构建成为师生成长共同体。教师则俯下身来，从学生学习需求出发，有意识地与学生构建成为师生成长共同体。教师角色从传统课堂中的知识讲授者转变为学生学习的组织者、参与者、指导者和促进者。在这种平等、民主的师生关系下，学生积极主动地参与师生、生生之间平等的互动和交流，更有利于学生自主、自由地表达观点，有利于学生养成积极、主动的质疑和充分深度的内省，有利于学生主动建构知识体系和核心素养的发展与提升。最后，美好课堂还要有情感和谐之美，教师要满腔热情地引领学生向着"美好"奔跑，帮助学生树立自信心、上进心，让学生从内心深处体会到美好课堂的人文和谐之美，让每一名学生都能在课堂中体会到成就感和幸福感。

二、美好课堂的艺术之美

美好课堂还要有艺术之美。首先，教师要重视课堂的语言之美，语言艺术化的处理是美好课堂不可或缺的一个重要方面，教师语言表达要有"风趣幽默"的诙谐美、"引经据典"的典雅美、"诗情画意"的意境美、"言简意赅"的精练美，同时，教师面部表情、肢体语言等也要体现出"美"，要使学生在课上获得审美体验。其次，要挖掘教材之美，如美的人物、美的故事、美的图案，呈现给学生的素材、课件要都要体现出"美好"之意。最后，教师还需要美化教学流程，在教学方案设计、实施、反馈等环节要体现简约美、艺术美。

三、美好课堂的科学之美

第五章 美好课堂
学校文化构建的阵地与舞台

美好课堂要体现出科学之美。首先，教学内容要有准确之美，需要教师科学处理教材内容，结构要鲜明而有条理，内容要严谨科学，用词要科学准确，避免让学生产生歧义。其次，要有层次之美，教师在教学设计、课堂教学、教学评价等环节处理时，也要体现出科学性和层次性，注重学生整体提高的同时，还要科学地考虑不同层次学生的实际学习需要。再次，要有课堂提问和学生评价之"美"，课堂教学中，科学设置教学问题，并根据不同层次学生学情实际情况，有针对性地进行提问，对不同学生进行评价时也要区别对待，鼓励并有区别地评价不同学生的学习情况。最后，作业设计也要体现科学之美，作业是教师教学和学生学习的重要组成部分，其不仅是知识和技能巩固的手段，也是培养和发展学生核心素养的重要载体，兼具诊断核心素养和发展核心素养的"双重"功能。因此，教师要科学地设置作业，既要考虑到知识和技能的巩固，还要考虑到核心素养的培养，也要考虑不同学生的学习实际情况，区别好基础型、拓展型和发展型作业的布置，做好分层作业、弹性作业、个性化作业、实践性作业、短周期作业和长周期作业的设计和布置。

四、美好课堂的趣味之美

著名心理学家皮亚杰认为："一切有成效的工作必须以某种兴趣为先决条件。"从教育心理学角度来说，学习兴趣是推动人们求知的一种内在力量。如果学生对某一学习活动有兴趣，就会持续地专心致志地钻研它，从而提高学习效果。

因此，美好课堂还应该是一个"有趣"的课堂。首先，要让学生在美好的情境中感受趣味之美，就需把教学内容直观化、感性化，让学生走到具体的情境中来，体会获得知识的趣味之美。其次，教师要善于观察和评价学生的课堂学习状态，根据学生学习的具体情况，适时引导学生探究、质疑，引导学生发现知识之间内在的联系和规律，让学生感受到知识本身的趣味之美，让课堂学习变得美好而有趣。最后，有趣的课堂中，学科实践活动不可或缺。在课堂教学活动中，强调学科实践，倡导"做中学、用中学、创中学"。2022年版新课程标准特别强调发挥学科实践和综合社会实践的育人作用，加强学科课程与生产劳动、社会实践相结合，引导学生积极参与学科探究活动，引导学生在"做中学、用中学、创中学"，做到知行合一、学思结合，调动学生深层次的学习兴趣，体会美好课堂的趣味之美。

第三节：美好课堂的操作策略

一、单元整体教学策略

在美好课堂的构建和实践中，我们逐渐发现，传统以课时为单位的学科教学，往往只就某一课时或一个知识点进行讲解，没有将局部与整体、学科与课程进行联系，这样就无法使学生对知识形成全面、深刻、持久的理解和认识，学生也无法通过这种碎片化学习方式，形成自身成长所需要的关键能力、必备品格和正确的价值观。为此，我们把单元整体教学作为打造和实现美好课堂教学的重要策略，提出基于核心素养导向的单元整体教学要求，以单元为研究视角，把核心素养合理地分配到各个课时的教学和学习之中。以学科大观念、大概念、大任务和大项目为统领，从课程观视角、大处着眼，整体入手，围绕学生期望"学会什么"出发，设计"学生如何学会"的过程。

（一）单元整体教学设计遵循的基本原则

学校经过美好课堂的多轮探索与实践，逐步提炼出单元整体教学设计应遵循的五项基本原则，即目标统领原则、系统设计原则、任务驱动原则、教学评一致性原则、创造性原则。

1. 目标统领原则

以目标为统领是任何课程教学设计都需要遵循的基本原则，教师在进行单元整体教学设计时，要有明确的、能够统领单元学习内容和活动的总体性学习目标，且始终以目标为视角，来审视每一项单元学习内容和活动的价值，对学习内容进行符合目标逻辑的整合与组织，对学习活动进行有层次的规划与安排。

2. 系统设计原则

系统设计原则要求教师带着明确的目标意识，对单元学习活动进行系统性、整体性设计，做到板块与板块之间、活动与活动之间有清晰的关联性和层次性，确保课程内容形成一个具有内在联系的整体，让学生能够循序渐进地建构整体性的学习体验，最终转化形成学生的核心素养。

3. 任务驱动原则

学习不是模仿，不是教师讲解、演示和学生识记、照做，是个体与情景持续互动、不断解决问题的过程。因此，教师在进行单元整体教学设计时，一定要创设真实的学习情境，设计基于问题解决的真实任务，用任务来驱动学生积极主动地用好学习资源，进行协同思考，实现深度理解，进而抵达概念性认识。从核心任务的设计和子任务的分解，到具体学习过程的设计，凸显以学为中心，让学生成为问题解决的行动者。

4. 教学评一致性原则

教学评一致性原则要求教师在进行单元整体教学设计时，要始终围绕表现性任务来设计学习活动，并向学生提供或展示与学习目标相对应的成功标准，让学生能够有意识地在学习过程中进行自我管理和监控。同时，教师能够及时地从学生的表现中得到学习反馈，并给予学生真正需要的支持和帮助。教学评一致性原则还有助于学生学会反思性和批判性学习，提升学习体验的积极性和成就感。教学评一致性原则一方面要求教师要始终心系目标和评估证据，随时监测和诊断学习任务组织、学习活动是否有利于学习目标的落实，是否有利于学习证据、学习成果的产出；另一方面，学生要心系成功标准，在教师的提示、引导下，能不断结合成功标准，进行自我评价，并根据评价结果反思学习行为，调整学习策略，提升学习质量和品质。

5. 创造性原则

创造性原则要求教师在进行单元整体教学设计时，要以落实核心素养为目标，不依赖和拘泥教材单元编排的内容资源，要积极发挥教师和学生的创造性，从更多维度去丰富和选择学习资源，突破教室空间，打破学科壁垒，创新学习方式。

（二）单元整体教学设计的操作流程

单元整体教学是一种具体的课程落实形式，它要求教师以发展学生核心素养为导向，以落实教材单元的编写意图为基础，对单元学习目标、内容和活动进行系统规划、整体设计，确保学生在整体性的学习体验中有层次地内化相关知识，习得具体技能，实现知识或技能深度理解，实现核心素养目标有效达成。学校经过美好课堂的多轮探索与实践，结合理论学习和文献综述，梳理总结了单元整体教学设计的七步流程，即单元规划、确定主题与划分课时、制定单元目标、设计单元评价、学习过程分课时设计、作业与检查、设计学后反思。见下图：

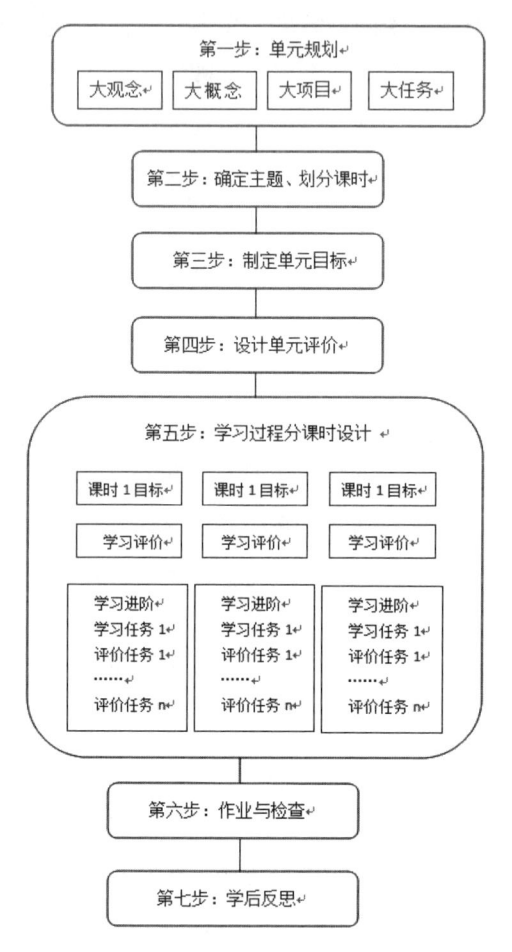

单元整体教学设计流程图

第一步，单元规划。研读教材和课程标准，以大观念、大概念、大任务、大项目为统领，进行学科单元整体规划。单元规划一般有如下四种思路，一是依据教材自然章节形成单元；二是参考课程标准主题构造单元；三是围绕特定学科问题解决，以大任务、大项目、大观念和大概念为统领，构建单元；四是基于专项能力构建单元。

第五章 美好课堂
学校文化构建的阵地与舞台

第二步，确定主题、划分课时。根据单元整体规划，进行单元划分，确定单元数量，进一步确定单元主题，明确单元名称、细化单元课时。

教师在确定单元主题时，首先要考虑课程标准、学科核心知识结构和学生经验。一般可以是社会性议题、热点问题，也可以是日常生活生产需要解决的问题，还可以是学科问题，特别是学生身边需要解决的问题，学生更有兴趣参与解决。

其次，确定单元主题思路和流程一般包括：一是明确核心知识，构建知识结构框架。教师不仅要关注教科书中某节具体知识内容，更要关注整章的知识内容，挖掘出不同教学内容章节之间的关系，建立单元知识间的联系，重视联系实际。二是挖掘单元知识背后所承载的核心素养。教师要充分发挥知识的育人功能，教学目标不能仅仅是让学生获得核心知识，更要让学生获得核心素养的发展。三是寻找承载核心知识的实际问题或任务。情景化的教学更有利于培养学生的核心素养，体现知识的育人价值。教师要能找到与知识紧密联系，特别是学生感兴趣的热点问题以及学生身边需要完成的实际任务。四是调研学情、学生需求，确定单元学习主题。教师通过对学生的访谈或调查问卷，了解学生感兴趣的核心知识相关的实际问题和任务，充分考虑学生问题解决能力，进而确定单元主题，划分单元课时。

第三步，制定单元目标。依据核心素养目标、教材内容、学生情况，通过对单元主要知识和能力进行提炼概括形成单元目标。确定单元教学目标时，要将单元主题承载的学科核心素养具体化，要把知识、方法、能力、观念、态度等进行整合。具体操作流程为：首先，依据学科课程标准和教材中教学内容，挖掘知识背后承载的核心素养，结合单元主题，初步列出单元学习目标。其次，结合学情分析，综合考虑学生发展空间，多方论证，确定单元学习主题。

第四步，设计单元评价。依据单元目标，设计真实情境下的综合性单元评价任务。单元评价的内容既包括核心知识，又包括学科思想方法、问题解决能力，还包括必备品格和正确的价值观念等。教师通过评价设计，不仅要诊断学生的核心素养水平，还要通过活动中的过程性评价，促进学生核心素养的进阶，并依据学生的表现调整教学进程及其活动。

第五步，分课时设计学习过程。将单元目标细化为课时目标，分课时设计评价任务，体现学习进阶与"教—学—评"一致的学习过程。

第六步，整体设计单元作业与检测。围绕单元目标、重难点内容，设计单元整体作业，减轻学生作业负担。

第七步，学后反思。设计学后反思，搭建支持性的反思支架，以实现教出来的是"知识与技能"，留下来的是"核心素养"。

（三）单元整体教学设计教学案例

1. 语文单元整体教学设计案例

三年级语文第一单元《可爱的生灵》包括《古诗三首》《燕子》《荷花》《昆虫备忘录》四篇文章，在进行单元整体设计时，本单元以"走进春夏"作为主题，教师以培养语文学科核心素养，即文化自信、语言运用、思维能力、审美创造为目标，系统设计单元目标，并以此为依据进行单元课时目标和内容设计，针对不同课时内容，设计不同学习策略和个性化作业，并以单元习作《我的植物朋友》作为单元结尾，总结本单元所学。见下图：

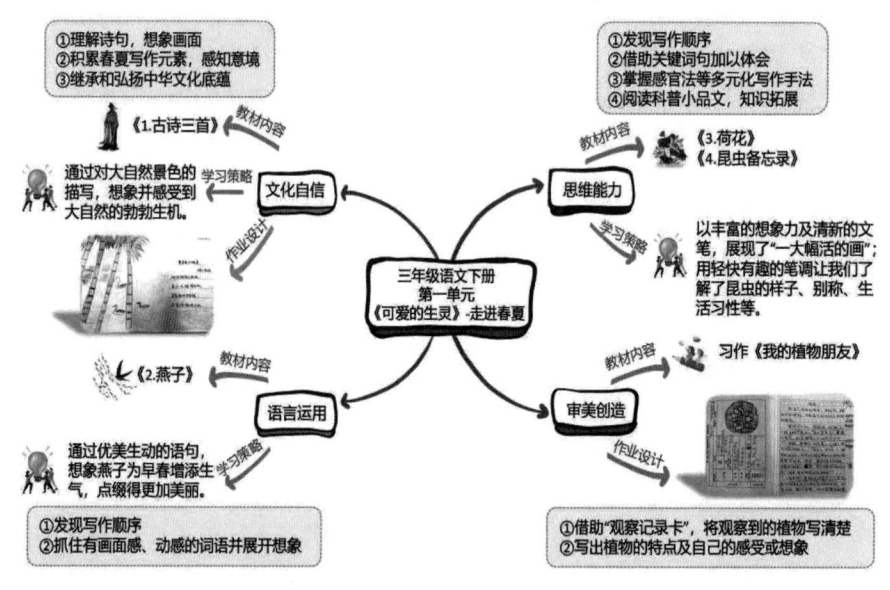

"走进春夏"单元整体教学设计图

2. 音乐单元整体教学设计案例

"音乐中的美好清晨"以学生发展核心素养为依据，并结合"美好教育"文化理念，以"美好的清晨"为主题，设计欣赏、表现、编创3个课时的教学。本

第五章 美好课堂
学校文化构建的阵地与舞台

单元设计选择《义务教育教科书音乐五年级（上册）》第4课中的《晨景》和《清晨》作为教学内容。第1课时，欣赏管弦乐《晨景》，感受音乐所表现的大自然中太阳升起时的动态震撼景象；第2课时，在欣赏大自然清晨的基础上进行设计，主要用歌声表现富有动感的清晨；第3课时，在感受、聆听、表现的基础上，综合美术、舞蹈、诗歌等，进行"美好的清晨"为主题的音乐创作。在此单元的学习中，引导学生感受不同的创作手法、表现形式、音乐情绪等，逐步提升学生的感受力、表现力，建立从感受、模仿到表现、创造的音乐学习路径，培养学生的音乐创造能力。在不同音乐作品的欣赏与表现中，达到美美与共、和而不同的学习体验，进而提升学生核心素养。见下图：

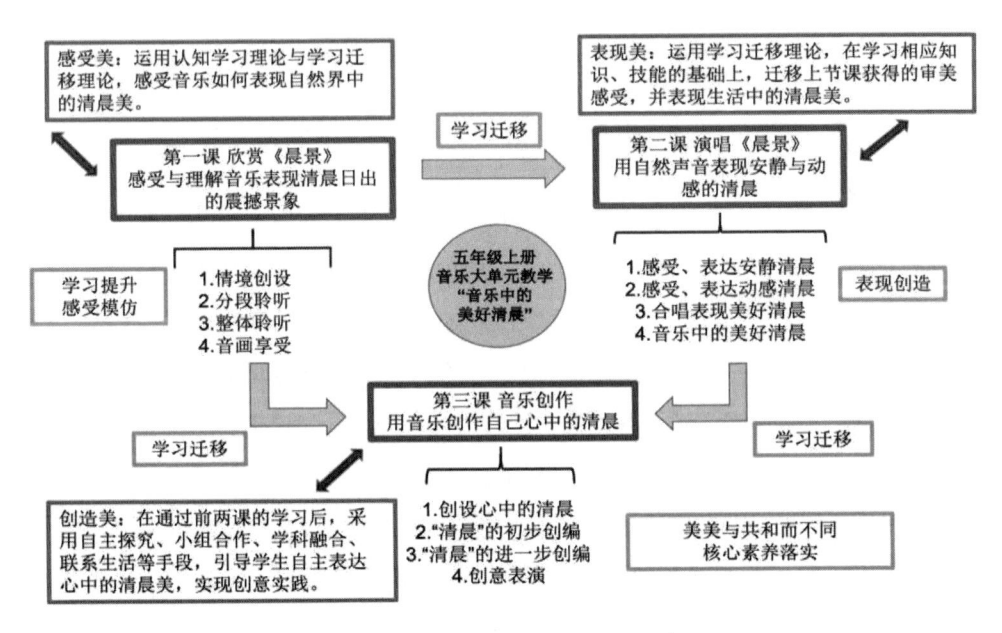

"音乐中的美好清晨"单元整体教学设计图

二、"合作对话"教学策略

"合作对话"教学范式是"美好教育"文化追求的教学范式，教师在"美好教育"文化理念和"合作对话"思想引领下，围绕学科教学主题、教学目标和教学内容，确定对话主题和次主题，通过对话唤醒、对话活动、知识建构、实践拓展、巩固深化等对话环节，围绕"对话"主题开展"合作对话"活动。通过"合作对话"弄清问题，形成新的认知；掌握新的研究方法，形成新的技能；澄清一个观念，拓宽思维视野；经历一个研究过程，完成一项任务，或悟出一个道理等，实现学生知识建构、思维发展和核心素养的提升。下面，以八年级数学《乘法公式》教学为例，谈一谈"合作对话"课堂的设计与实施。

一是建立"合作对话"思想。传统课堂对《乘法公式》这一教学内容的处理，一般是识记公式、配套例题讲解和适量的巩固练习。在"合作对话"教学范式理念下，教师和学生有意识地构建成长共同体，通过"对话"方式，完成乘法公式的探究任务，共同经历一个完整的数学探究的过程，进而完成对"乘法公式"这一知识的学习，与此同时，形成一种新的认知，学习一种新的研究方法，形成一种新的技能。

二是明确"合作对话"目的。建立了"合作对话"思想后，教师首先要明确"合作对话"的目标，或者是深化知识的理解，或者是提高运用知识解决问题的能力，或者是构建新的知识结构，或者是通过某个问题解决或某个过程来完善人格培养等。如《乘法公式》教学"合作对话"的目的，就是引领学生通过体验"平方差公式"发现的过程，类比研究"完全平方公式"的学习，增强学生"数感和符号"意识，发展学生数学抽象、数学推理等学科核心素养，达到深化知识理解、构建新的知识结构、发展思维品质和提升核心素养的目的。

三是确定"合作对话"主题。明确了"合作对话"目的后，教师要根据学科课程标准要求，在充分进行学习内容分析、学情分析的基础上，确定学生的学习目标，再将学习目标转化为师生成长共同体"合作对话"的主题。如确定了《乘法公式》的学习目标后，将其转化形成师生"合作对话"主题为"乘法公式"的探究。要想达到"乘法公式"探究这一主题的目的，教师首先引导学生从"多项式乘多项式"入手，对具有共同特征的"多项式乘多项式"进行分类观察、总结和提升，为探索"乘法公式"提供准备。

第五章 美好课堂
学校文化构建的阵地与舞台

四是筹备"合作对话"活动。确定了对话主题与次主题后,教师要围绕主题选取对话内容,再把对话内容分解成不同的任务。如围绕"合作对话"次主题,教师为学生提供自主学习的"工具"——《学案》,给出20个不同类型的"多项式乘多项式"习题,旨在引领学生在数学运算实践过程中观察、发现运算特征和规律,达到提升"乘法公式"探究兴趣的目的。

五是组织"合作对话"学习。筹备好"合作对话"活动就可以启动学习,学生从拿到《学案》那一刻开始,"合作对话"学习活动就已经开始,"对话"的深浅决定了发现的深浅,反复"实践""质疑""内省"和再"实践",能够促进"对话"的深度,提升认识和理解的层次。教师适时地"质疑""指导""评价"也能推动"对话"的深入,提升"合作对话"学习的效果,促进"合作对话"目标和成果的有效达成。

六是建构"合作对话"能力。师生围绕"合作对话"主题开展一系列"合作对话"活动。"合作对话"中,学生逐步发现不同类型"多项式乘法"的共性特征,进而抽象出"平方差公式""和的平方""差的平方"等乘法公式。可见,在这样的课堂中,学生学习的不仅是知识的识记与积累,而且是通过自身实践体验了数学家发现乘法公式的完整过程,并在学习过程中习得了观察、归纳、抽象、证明等数学基本思想方法,在学生心中种下核心素养的种子,达到积淀核心素养的目的。

七是开展"合作对话"评估。评估需要贯穿在"合作对话"学习的始终,评估的目的是师生"成长共同体"一起进行反思、修订、完善、改进,以期达到调整策略,改进方法,达成目标和成果。在学生自主对 $(a+b)(a-b)$ 多项式乘法公式探究的过程中,教师要全程对学生探究过程进行评估,找到学生"对话"中思维的起始点、发展点和目标点;要通过评估使学生思维从已有认知的起始点,逐步发展到对话主题目标的达成。

通过对"合作对话"教学范式的实践探索,我们发现教师的教学方式和学生的学习方式均发生较大转变,不仅重组了教学内容、重构了课堂时空和重建了教学流程,也有意识地建立了师生"成长共同体",实现了整体变革课堂教学文化的目的，达成了由"知识导向课堂"向"素养导向课堂"的转变，由"育分"课堂向"育人"课堂的转变，达成了核心素养落地的"美好课堂"目标。

三、融合创新应用策略

习近平总书记高度重视信息化和数字化建设，特别强调数字化、网络化、智能化对中国特色社会主义现代化建设的重要意义。教育部部长怀进鹏提出："大力推进教育信息化和教育资源数字化建设，以教育信息化推动教育高质量发展，以教育信息化引领教育现代化。"在基于培养核心素养的美好课堂研究与实践过程中，学校始终把教育信息化作为深化课程改革、推动学校特色发展、促进教师专业成长和学生学习能力提升的重要途径，探索走出了一条信息技术与教育教学深度融合发展之路。

（一）建立信息化教学常态化机制

学校在深入研究、实践的基础上，探索提出了信息化教学"139"工作机制。（见下图）"1"是一个目标，即建立信息化教学常态化机制。"3"是三条途径，即"科研引领""课堂实践""制度保障"三条路径。"9"是九大策略。通过"139"工作机制的构建和运行，学校信息化教学逐渐成为常态，并逐渐形成教育教学成果。

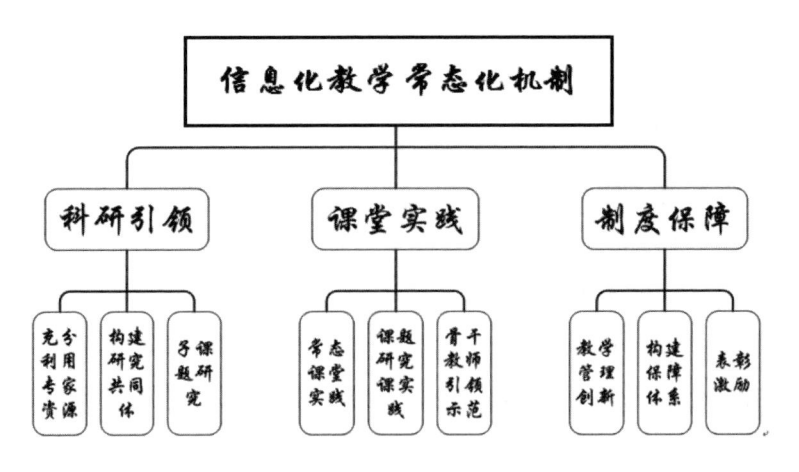

学校信息化教学"139"工作机制

第五章 美好课堂
学校文化构建的阵地与舞台

途径一：科研引领

策略一：充分利用专家资源

教育信息化需要一个开放的研究环境，更需要教育理论工作者、信息技术人员、一线教师的成功经验。学校聘请相关专家20余人，成立教育信息化教学专家指导团，对学校开展教育信息化教学研究进行技术及学科指导，负责考评和评估项目研究目标落实情况。

策略二：构建研究共同体

我们认为：任何一项研究要想深入，仅仅依靠校内的一支研究团队是远远不够的。寻找更多的合作伙伴、建立教育信息化教学研究共同体，研究才可能深入。我们和朝阳区入围北京市教育信息化"信息技术与课堂应用融合创新'双百'行动项目"的五所学校组成研究共同体，定期研讨、相互借鉴、共研共享，共同探讨信息技术与课堂应用融合创新策略。

策略三：子课题研究

在教育信息化教学研究和实践过程中，我们逐步将研究内容分解形成小课题，形成校本课题研究指南，提供给老师作为校本课题研究，通过校本课题招募的方式，鼓励老师们或形成研究团队或独立研究。

途径二：课堂实践

策略四：常态课堂实践

课堂是教育信息化教学研究和实践的主要渠道，通过项目组成员备课、上课、研讨，检验信息化教学模式的有效性。

策略五：课题研究课实践

教育信息化教学研究成果需要通过课堂实践进行检验，并在实践过程中逐步进行完善。课题组每月开展一次课题研究课活动，共同研究解决课题研究过程中遇到的问题，梳理形成研究经验和成果。

策略六：骨干教师示范引领

在教育信息化教学研究过程中，不仅需要解决教师干不干的问题，还要解决怎么干的问题。骨干教师是学校教育科研的中坚力量，骨干教师要成为研究的领头人，通过骨干教师带头研究对其他教师起到引领和示范作用。

途径三：制度保障

策略七：教学管理创新

教育信息化教学研究需要有效的教学管理作为保障，教育信息化教学与传统教学有所不同，这就需要学校构建与教育信息化教学研究相适应的教学管理体系，通过教学管理的创新，为教育信息化教学研究保驾护航。

策略八：构建保障体系

一是成立了以校长为组长，教育科研副校长为副组长，中小学教学干部为成员的教育信息化教学研究领导小组，具体负责制定研究方案和研究过程的监督、指导和评价。

二是成立以教育科研副校长为组长，中小学教学副校长为副组长，中小学各学科教研组长为成员的研究核心组，负责制定各学科教研组研究计划，明确目标与工作任务，细化工作流程，按部就班开展教育信息化教学研究工作。

三是专门成立教育信息化教学专家指导团，参与、指导、帮助和促进教师开展信息化教学研究，为信息化教学研究提供技术支持和保障。

策略九：表彰激励

学校坚持每学期组织召开教育信息化教学研究专题研讨会，申请资金开展优秀"微视频"和教育信息化教学研究相关案例、论文评选和表彰。

（二）技术助推教与学方式变革

信息技术对于教与学方式的变革具有革命性影响，随着教育信息化的快速发展，教师教学方式和学生学习方式不断发生转变，移动学习、在线学习、网络学习等新型学习方式逐渐成为学生感兴趣的学习方式。学校非常重视信息技术支持

第五章 美好课堂
学校文化构建的阵地与舞台

下教与学方式变革实践研究,积极以《信息技术支持下的"学科大课"模式研究》为研究选题,逐步构建形成信息技术支持下的"学科大课"在线题库、信息技术支持下的"学科大课"流程、积累了大量信息技术支持下的"学科大课"实践案例,并通过一系列学科大课实践活动深入检验了成果的有效性,切实推动了教师教学方式变革,促进了教师的乐教;推动了学生学习方式变革,促进了学生乐学。见下图:

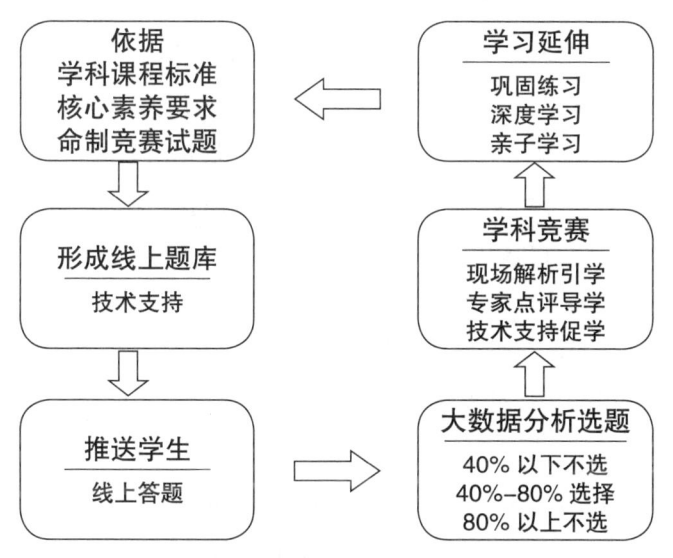

信息技术支持下的"学科大课"模式

1. 依据课标,命制竞赛试题

教师依据学科课程标准和学生核心素养培养要求,结合我校学生实际,将学生应知应会的学科核心知识命制形成竞赛试题。

2. 技术支持,形成线上题库

线下题库形成后,学科教师借助互联网公司的专业力量,将线下试题转化为线上题库,并形成适合网络学习的链接网址和二维码,方便学生在线学习。

3. 推送学生,线上自主学习

线上题库形成后,老师根据教学进度,适时将相关学习链接和二维码推送给学生,学生利用网络进行线上学习,每次系统会随机抽取30—40道题目,学生

可根据自己兴趣、掌握程度、学习习惯多次抽取试题进行学习。

4. 大数据分析，选取竞赛试题

通过学生线上学习，系统会及时记录学生学习数据，通过大数据分析系统会自动筛选出学生正确率在40%—80%的试题，学科教师再从中选取30—35道试题，制作成线下竞赛试题。

5. 线下竞赛，学科大课学习

根据学生线上学习进度，学科组定期组织开展线下学科竞赛活动，借助信息技术手段，通过入围赛、初赛、决赛等方式，促进学生进一步学习。竞赛活动中，学生正确率80%以上的试题，系统显示正确答案后，学生自我进行修正掌握；正确率40%—80%试题，主持人现场解析或PPT展示解析；正确率40%以下或与学生生活和学习息息相关的试题，则由学科专家进行现场点评，学生通过专家点评，进一步进行学习和理解。

6. 学习延伸，亲子巩固学习

竞赛结束后，教师再把学习题库和竞赛试题的链接和二维码推送给学生，学生根据自己掌握程度进行巩固练习和延伸学习，低年级的同学还可以和家长一起进行亲子学习。

每一轮活动完成后，学科教师再根据大数据分析，结合学生学习的实际情况，适当对题库试题和竞赛环节进行调整，不断丰富和完善题库内容，提升题库知识覆盖和试题质量，为今后学生学习提供方便。

该模式提出以来，学校先后组织开展技术支持下学科大课活动40场，在线寒暑假作业完成57课次，参与人数6311人次，线上学习总次数160441次。以古诗文大赛学习为例，比赛共分线上和线下两个阶段。线下阶段，学生在线学习10159人次。根据学生线上学习数据，教师精心筛选了线下大赛试题。线下比赛分为"入围赛""挑战赛""复活赛""决赛"四个部分。通过这种线上学习、线下竞赛的学习活动，充分激发了学生学习古诗词的兴趣，提升了学习效果。特别是在疫情期间，学校积极将线上与线下融合的"学科大课"模式创新为居家"云竞赛"模式，开展云竞赛30余场，9800余人次学生参加，学生学习统计达6万余人次。这些研究和实践，都切实达到了转变学生学习方式的目的，推动了学生

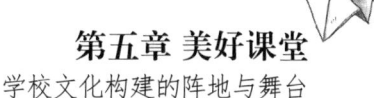

第五章 美好课堂
学校文化构建的阵地与舞台

学习方式的创新。

技术支持下"学科大课"模式的实施，转变了以教师"主导"和"主讲"的教学方式。教师在命制试题过程中，为了能精准把握学科课程标准要求和学科核心素养要求，需要不断学习课程标准和学科核心素养要求。为确保试题的准确性、科学性，需要教师反复进行试题推敲和研磨。这些研究过程，既提升了教师学科课程标准和学科核心素养学习的深度，也提升了教师命制试题的能力，而这些能力都是教师专业能力的重要组成部分，教师专业能力的提升促进了教师的"善教"和"乐教"。如我校一位地理学科青年教师，刚刚入职三年，通过开展地理"学科大课"实践活动的磨炼，学科专业能力提升非常迅速。在2020年第一届地理学科新中考中，教学成绩非常突出，同时该教师还先后承担市级、区级和校级研究课展示活动，得到了学科教研员、全区地理教师和到我校交流学习的外省市教师的一致好评，先后荣获朝阳区教师基本功大赛一等奖、朝阳区优秀青年教师等荣誉。

作为一个典型的个案，我们对该教师进行了个案研究和分析，和她同组的教师认为：该教师通过"学科大课"命题、研题、磨题活动，切实提升了教师的业务能力，目前这种模式又被该教师迁移到自己的常态化课堂教学之中，教师的教学方式不断转变，教师的教学越来越自信。该教师自己也明确表示：信息化教学实践研究的收获，让自己越来越享受教学的幸福，自己更加乐教了。

教与学方式变革的最大受益者是学生，通过这种学习方式的创新，学生学习的内驱力得到充分激发。课上课下、线上线下、自主合作、积极主动参与学习，学习主动性明显提升，信息化教学研究促进了学生学业水平的不断提升。调查问卷显示，学生学习兴趣、合作能力、组织能力、时间管理能力、自我管理能力、表达能力等均得到明显提升。84%学生认为参与"学科大课"方式提升了学习兴趣，91%学生认为提升了学习效率。100%教师认为提高了学生的自主学习能力，100%教师认为提高了学生的表达和交流能力。学生的参与率达到了100%，100%学生喜欢这种学习方式。

以六年级陈博轩同学为例：在学校的"学科大课"实践活动中，15天的时间内，他共参与在线学习70余次。他认为：这种学习不同于以往的学习方式，

美好教育
——学校文化的构建与实施

他可以在任意时间、任何地点进行学习，一次学不会还可以再学一遍，直到完全学会为止，他对这种学习方式非常感兴趣，从没把它当成学习负担，感觉以前自己在课堂上不可能学会的知识，用这种方法，只要多学习几遍，也能学会了，所以学习兴趣更加浓厚了，比以前更加乐学了。通过技术支持下"学科大课"学习模式的研究与实践，学生的学习方式逐渐发生转变，课上，教师不再一味地讲解，学生被动地接受知识，而是通过组织、参与、指导和促进学生自主、合作和探究学习。这种学习模式下，学生动口、动手、动脑、实践、表达、展示的机会更多了；课下，学生通过做手抄报、自编自导自演话剧或舞台剧、诗歌朗诵、社会调查等方式，完成家庭作业，给学生提供更加宽泛和自由的学习空间。这些学习方式的转变，促进了学生自主学习、独立思考和合作探究等学习能力的提升。

四、"六个助推"思维课堂策略

在开展美好课堂实践研究过程中，我们始终坚持教学规律的探索与研究，坚持教与学方式的变革实践，提出了"三六九"美好课堂策略。

三个原则：以先进的教育理念为引领，以信息技术与课堂深度融合为特点，以学生学习实际获得为原则。六个助推：问题、质疑、评价、工具、技术和情感为要素。

九字方针：大容量、快节奏和高效率。美好课堂"六个助推"策略见下图：

美好课堂"六个助推"策略模型图

第五章 美好课堂
学校文化构建的阵地与舞台

一是"问题助推"。教师针对教学内容和学情分析,结合教学目标,设计有深度、有层次、有针对性的问题,学生思考问题后产生思考,启动思维。如情景式问题,诱发学生思维积极性;探究性问题激发学生思维的创造性;发散式问题激发思维的灵活性;递进式问题促进思维深刻性。

二是"质疑助推"。明代学者陈献章说过:"学起于思,思源于疑;学贵有疑,小疑则小进,大疑则大进;疑者,觉悟之机也,一番觉悟,一番长进。"疑问是思维的火种,有疑问才有思维,经过思维才能解疑。发展思维的过程总是从问题开始,又在解决问题过程中得到发展。学生思考问题后产生思维,适度和恰当的质疑有利于提升学生思维的深刻性。课堂上,通过开展师生之间、生生之间的相互质疑活动,有利于促进学生对问题的深刻理解,推动学生的思维朝纵深方向发展。

三是"评价助推"。有什么样的评价,就有什么样的学习过程,及时恰当的评价,能进一步指明学生思考和思维的方向,进一步推动和发展学生的思维品质,形成更为完善的认识和观点,促进学生高阶思维的形成。在美好课堂理念下,学习评价倡导"不求人人成功,但求人人进步"的原则,坚持将学习过程评价与学习结果评价相结合,更侧重于学习过程的评价。采用自我评价、相互评价和教师评价相结合的评价方式,从以教师评价为主向以自我评价为主逐步过渡,教师要帮助、引导学生分析存在的问题,并寻找改进的办法。

四是"工具助推"。教师为学生学习提供载体和资源,为学生增强认知、发展思维和形成能力提供工具辅助。

五是"技术助推"。借助信息技术,为学生增强认知、发展思维和形成能力提供辅助。如微观宏观化、静态动态化,多方面刺激感官促进认知或思维发展。

六是"情感助推"。教师投入情感有利于形成良好的师生关系,良好的师生关系让课堂和学习有温度。良好的师生关系有利于营造和谐、民主和宽松的课堂氛围,能让学生产生安全感,激发学生学习的积极性,有利于"温暖"所有教学要素,"润滑"所有教学环节,达到事半功倍的教育目的。

第四节：美好课堂的评价标准

课堂教学评价指的是把课堂教学的整个过程作为研究对象，根据教育思想、教学目标，通过听课、评课、反思、交流等评价手段，对教师和学生在课堂中的教与学的过程和效果进行价值判断。积极有效的教学评价能促进学生健康成长，促进教师专业发展，是提高教师素质、推进教育改革、提高教育教学质量的重要策略。因此，开展有效的课堂教学评价，是美好课堂研究的重要内容，是推动课堂教学走向"美好"的重要举措。

一、课堂教学评价的功能

（一）诊断作用

课堂教学评价的根本目的是推动课堂改进和质量的提升。通过开展科学、有效的课堂教学评价，可以直接、客观地了解学校课堂教学现状与问题，包括教师的学科能力、教学方法、教学态度、教学技能，以及教师的这些教学行为对学生知识的积累、技能的掌握、能力的提高、思维发展和核心素养发展的影响等各个方面的情况，能够帮助学校更加科学和精准地诊断教师课堂教学中存在的问题，分析问题产生的原因，帮助教师找到有针对性解决课堂教学问题的策略，促进教师及时调整和改进自己的教学工作，进一步提高课堂教学质量。

（二）导向作用

课堂教学评价总是依据一定的教育教学理论和评价标准进行，在评价教师的教学行为时，符合美好课堂标准的教学行为会得到肯定，不符合美好课堂标准的教学行为会被质疑或否定，使教师进一步明确美好课堂教学的标准和要求。根据这些标准和要求，来判定师生的活动是否偏离了正确的教学轨道，是否偏离了教学目标，是否完成课程标准规定的教学任务，从而使教师能及时调节矫正自己的教学行为，端正教育思想，积极探索课堂教学规律，改进课堂教学，提高课堂教学质量。

（三）激励作用

每个人都需要激励，教师同样需要激励，需要得到尊重。通过积极的课堂评价，能够调动教师教育教学工作的积极性，激起教师积极教学的内部动因，充分发挥个人教学潜能，使教师课堂教学效果向着所期望的目标迈进。课堂教学评价是对教师教育教学思想和观点、教学方法和艺术，教学态度和能力，以及教师专业思想、教师专业能力和专业知识等内容，进行客观、全面、公正的价值判断。明确的肯定和赞扬，可以唤起教师对美好课堂的执着追求，树立起课堂教学改革的自信心，更好地完成教学任务。积极的建议可以激起教师内在教研和教改的动机，使教师正视自己的教学差距，从而激励其不断向着"美好"发展。

（四）交流作用

在组织开展课堂教学评价活动中，参与者之间对评价标准的统一认识，评课教师向授课教师反馈评价结果等，都是不断进行交流的过程。评课教师本着"优点说透，缺点不漏，方法给足"的评价原则，从不同方面和角度进行评价，大家集思广益，共同探讨，取长补短，共同提高，能够达到评价一人、锻炼一批人，达到参与评价的每一个人都有收获的目的。

（五）反思作用

课堂教学评价会帮助授课教师发现一些自己不易发现的问题，通过分析、交流，授课教师会对各种评课意见和建议进行反思，找到自己需要努力和提高的方面，从而逐步提高自己的教学水平。

二、美好课堂教学评价的原则

课堂教学是教师和学生的双边互动过程，是由教师、学生、教学内容、教学手段、教学环境等诸多要素构成的复杂过程。评价是一个复杂的过程，必须遵循一定的原则，采取科学的方法，才能更好地达成课堂教学评价目标。所以，在开展美好课堂评价时，应遵循如下原则：

（一）目的性原则

课堂教学评价是一种有目的的教学研究活动。无论哪种类型的课堂教学评价，其最终目的都是要促进教学目标的达成，提高教师的教学水平和教学效果，提高课堂教学质量。因此，应该根据评价目的制定评价标准，使评价标准体现评价目的。在开展课堂教学评价时，要严格按照评价标准操作，评价的结果要及时反馈，使课堂教学评价充分服务于评价对象。

（二）客观性原则

课堂教学评价是对课堂教学中教师的教和学生的学所作出的客观价值判断，只有客观的价值判断，才有利于课堂教学问题的改进，促进教学质量的提升。这就要求课堂教学评价的标准要科学、合理。在评价过程中，要尽可能以真实可靠的数据、资料等课堂信息为依据，采取具有一定理论和实践依据的、合乎逻辑的方法进行分析，尽可能防止主观因素或错误的价值观对评价结果的干扰和影响。

（三）全面性原则

课堂教学过程是一个多因素、有序列的动态系统。这些因素之间有着密切的联系，相互影响，形成一个有机的整体。课堂教学效果是多种因素综合作用的结果，过分强调其中某一因素，都不能全面地分析问题，也不会得出准确的价值判断。因此，首先，课堂教学评价要从整体出发，制定全面的标准，充分考虑影响教学的各种因素，既要考虑教师的教，也要考虑学生的学，既要考虑教学结果，也要考虑教学过程，应从整体上权衡它们的权重和地位，给出一定的权重比例。其次，在课堂教学评价过程中，要注意全面收集信息，既要分项考查，也要纵观教学全过程，考查各因素的组合和联系，进行总体的综合评估，防止评价以偏概全。

（四）实践性原则

课堂教学评价要有益于教学实践活动，其标准和办法也要经得起教学实践的检验，并在实际课堂评价中切实可行。课堂教学评价指标体系，既要符合教学目标的要求，又要切合学科教学实际和教师的实际水平，使课堂教学评价具有实效性。同时，评价指标要尽量简明扼要，评价方法和手段要力求简单易行，保证其在实际课堂教学评价中的可行性和可操作性。

三、美好课堂教学评价的思路

（一）更新评价观念，转变评价视角

在传统课堂教学中，教学评价的视角只关注教师授课的行为，忽略学生学习的行为。新课程标准明确指出学生是课堂教学过程中的主体，只有让学生在课堂

第五章 美好课堂
学校文化构建的阵地与舞台

教学过程中获得知识、技能、思维和核心素养的发展，整个教学过程才有意义。因此，在美好课堂的教学评价中，应该把课堂教学评价的视角放在学生学习行为上，更加关注学生在课堂中的参与互动、探究思考、情感交流等具体表现，更加客观地对课堂教学作出合理评价。

（二）由"评教"向"评学"转变

在传统课堂教学中，教师按照规定好的教学内容程序化地完成教学内容，教学内容往往是书本知识的简单复制粘贴，教师板书式授课、学生笔记式记忆，整个教学过程以教师的"教"为中心，而学生的"学"只是教师"教"的点缀和回应。新课程改革提出以学生为中心，倡导"教"是为了促进"学"的要求。因此，我们提倡美好课堂教学评价要由过去注重"评教"向注重"评学"转变。

（三）由知识导向向素养导向转变

2001年版课程标准提出了"双基目标"，指的是"基础知识和基本技能"。2011年版课程标准提出了"三维目标"，指的是在"基础知识和基本技能"的基础上，提出了注重"过程和方法""情感、态度与价值观"。2022年版义务教育课程标准提出核心素养导向，倡导把核心素养作为课堂教学设计的出发点和落脚点。因此，我们倡导美好课堂教学评价由过去"知识导向"向"核心素养导向"转变。通过构建核心素养导向的综合评价体系，发挥课堂教学评价的导向、诊断和改进功能，促进核心素养在课堂教学中有效落地。

（四）从关注结果向关注过程转变

传统课堂教学评价更多关注学生取得的成绩，忽视对学生学习过程的评价。新课程标准强调学生学习过程评价，注重学生在学习活动中的主体性和主动性，关注学生之间在交流、合作过程中的表现，鼓励学生自主选择适合自己的学习方式和方法，对学习活动进行自我管理等。美好课堂评价，我们倡导终结性评价与过程性评价相结合，既要关注课堂教学结果，又要关注课堂教学过程；既要关注教师的教学行为，又要关注学生的学习过程，实现课堂教学评价从关注结果向关注过程转变。

美好教育
——学校文化的构建与实施

(五) 从教教材向用教材教转变

在过去教学中,全国上下都使用统一的教材,教师认真仔细地教"教材",学生被动地学"教材",教材中的知识点学生都能够倒背如流,但是对教材中蕴含的实际意义却不知所以然。如今,教材开发不断迭代和升级,每个学科都有几种版本的教材,教师可以在深刻领悟学科课程标准的基础上,借助多种教材组织教学内容,也就是对教材内容进行个性化开发。这一举措有利于提高教师的专业技能,激发学生的创新意识,优化课堂教学。所以,在美好课堂教学评价过程中,更应该侧重于对教材内容的个性化开发进行有效的评价。

(六) 从关注预设向关注生成转变

教师为了营造宽松和谐的课堂氛围,采用启发式教学,也就是问答式的课堂教学,即教师备课过程中设置若干简单易懂的问题,一节课不停地提问学生,直到学生认同教师预先设计好的答案为止。这种灌输式的提问方式,表面看似乎调动了学生的主动参与性,实则导致了学生的思维方式处于同一水平止步不前。所以,在美好课堂教学评价过程中,应该关注学生发散性思维的形成。如在教学过程中,教师提出一个问题,学生可以自由回答。然后,教师根据学生不同的回答,不同的个性,分别作出不同的评价。这样一来,在调动学生积极性的同时,也间接地促进了学生思维的发展和提升。

总而言之,课堂教学评价是一种方法,更是一门艺术。课堂教学评价的目的在于提高和改进课堂教学质量。因此,在"美好课堂"教学评价中,我们倡导教师要不断更新课堂教学评价理念,转换课堂教学评价视角,由传统课堂注重"评教"向注重"评学"转变;由"知识导向"向"核心素养导向"转变;从关注"结果评价"向关注"过程评价"转变;从关注"教教材"向关注"用教材教"转变;从关注课堂预设向关注课堂生成转变,努力做到"学识与真诚同在,方法与智慧并存",在真正意义上发挥课堂教学评价的导向、诊断和改进功能,达到促进美好课堂建设的目的。见下表:

第五章 美好课堂

学校文化构建的阵地与舞台

"美好课堂"评价量表

评价指标	评价要素	赋分	得分
目标美（15分）	1. 基于"美好教育"文化理念，落实立德树人的根本任务，针对学科性质和特点，充分挖掘学科的育人价值	5	
	2. 坚持核心素养导向，依据课程标准，立足学生实际和发展，围绕学科核心素养制定适合的教学目标，体现对必备知识、关键能力与正确价值观念的要求	5	
	3. 目标制定以学生学为主体，目标表述规范清晰，可观察、易检测	5	
氛围美（25分）	4. 尊重学生，以学生为中心，氛围民主和谐，有利于激励学生"合作对话"学习，激发学习兴趣	5	
	5. 基于学科本质、创设真实的情境，教学内容结构化，问题与任务层次化，有利于发展学生的高阶思维和核心素养	15	
	6. 运用工具助推、技术助推策略，学习资源选择使用恰当，信息技术等教学手段融入合理，符合学习内容和学生特点，有助于学生思维发展和核心素养提升	5	
互动美（20分）	7. 根据学科内容、学生认知特征和个性差异等，在对话唤醒、对话主题设计、实施对话活动、知识建构、实践与拓展、作业布置等环节，给予学生学习习惯、方法的指导	5	
	8. 针对特定目标或内容，给予学生规范、清晰、易懂的思维或行为示范	10	
	9. 运用评价助推策略，对学生的行为给予及时恰当的评价与反馈，引领学生高阶思维发展	5	
活动美（20分）	10. 在互动式、启发式、探究式、体验式等多样态的教学方式中，学生积极主动参与师生、生生、生本合作对话学习	5	
	11. 在教师的指导下，学生主动参与知识网络建构，围绕学科思想、方法、规律进行总结	10	
	12. 学生在学习活动中，表现出强烈的问题意识、适当的思维深度和积极的学习情感	5	

（续表）

评价指标	评价要素	赋分	得分
评价美 （15分）	13.学生理解所学内容，并与相关内容建立内在联系，利用所学知识进行识别、描述、说明、解释等	5	
	14.学生运用所学内容和学科思想与方法，进行证明、阐述、分析、比较、归纳、概括、评价、设计等，有效迁移解决问题	5	
	15.学生对基于学科的态度、价值观产生共鸣和认同，并表现出进一步学习、探索的愿望	5	
特色美 （5分）	16.体现"美好教育"文化理念，符合学科教学特点，具有个人教学风格，富有创新精神	5	
总评：		总分：	
说明：A课85分以上，B课70—84分，C课60—69分，D课60分以下。			

第六章 美好少年

学校文化构建的起点与归宿

青少年时期是人生最美好的时光,"美好教育"就是营造一片森林,让青少年沐浴阳光,在敞开的自然空间里自由舒展地生长。

新时代,"美好教育"逐梦的脚步铿锵有力,在"美好教育"的幸福花园里,每个孩子都是一粒种子,每一粒种子都会开出不一样的花朵;每个孩子努力有方向,前行有榜样,人人争当美好少年!"美好教育"用爱滋润,用情浇灌,用心培育,祖国未来的花朵在这里绽放!

第六章
美好少年：学校文化构建的起点与归宿

教育是培养人的活动，其最终目的是促进人的全面发展。"人的全面发展"是马克思主义教育思想的重要内涵，更是中国特色社会主义教育事业的内在要求。对此，党和国家有明确、一贯的要求，就是培养德智体美劳全面发展的社会主义建设者和接班人。新时代以来，我国教育正在进行一场伟大变革，我们努力追求与探寻一种"美好教育"，一种符合新时代社会发展客观规律的教育。

"美好教育"是重视人的思想道德素质提升、能力培养、个性发展、身心健康和心理健康的教育。它既面向全体，着眼于学生的终身可持续发展，也着眼于学生创新精神、实践能力和社会责任感的培养，旨在促进学生健康、活泼、主动地发展。

第一节："美好教育"理念下的育人目标制定

育人目标是学校肩负的育人责任，就是指学校期望自己培养的理想学生具备哪些基本素质。育人目标是学校教育哲学的集中体现，学校通过教育教学实践使其更加明确和清晰，并朝着这个目标去努力。影响学校育人目标的主要因素，一般有国家的教育方针政策、学校的文化历史传统、学校办学的价值追求、学校特定的发展阶段及特色育人需求等。

在"美好教育"文化理念的统领下，我们在遵循国家教育方针政策，特别是在准确把握新时代教育脉搏的基础上，充分尊重学校办学历史和文化传统，结合自身多年"美好教育"文化理论与实践研究经验，逐步确立了"美好教育"的育人目标，即培育"崇美德、善学习、强体魄、会审美、爱劳动、知自励、创美好"全面发展的美好少年。

美好教育
——学校文化的构建与实施

一、育人目标的制定依据

（一）国家教育方针、政策的指引

党的二十大报告提出，"教育、科技、人才"是全面建设社会主义现代化国家的基础性、战略性支撑。全面贯彻党的教育方针，为党育人、为国育才，办人民满意的教育，落实立德树人根本任务，培养德智体美劳全面发展的社会主义建设者和接班人是当前学校教育的首要任务。"立德树人"规定了教育的根本任务；"培养德智体美劳全面发展的社会主义建设者和接班人"确定了我国教育总的要求。国家教育方针、政策是学校制定育人目标的重要指引。"美好教育"文化理念下，学校育人目标必须遵循国家教育方针、政策的要求。

（二）新时代人才强国战略的要求

教育是继往开来的事业，既体现时代性，又具有前瞻性。2021年9月27日至28日，中央人才工作会议在北京召开，会议强调要坚持党管人才，坚持面向世界科技前沿、面向经济主战场、面向国家重大需求、面向人民生命健康，深入实施新时代人才强国战略，全方位培养、引进、用好人才，加快建设世界重要人才中心和创新高地，为2035年基本实现社会主义现代化国家提供人才支撑，为2050年全面建成社会主义现代化强国打好人才基础。因此，学校育人目标制定既要立足当下国家人才需要，更要面向未来、立足未来中国特色社会主义现代化国家建设的人才储备需求。

（三）人的全面发展的客观需要

人的全面发展就是要培养学生对知识专长、社会责任、理性精神、人文情怀、人生品位等方面的自觉追求，使人的道德精神、智力、体力和审美情趣得到充分自由的发展和运用，即马克思和恩格斯在《德意志意识形态》中所强调的个人独创和自由发展。人的全面发展理论，是我们确定育人目标最基本的依据，育人目标不能逆文明、逆时代发展而动。所以，学校确定育人目标要以人的全面发展为基本出发点，深入分析影响人发展的各个要素。

人的身心是一个和谐发展的整体，人的认知、情感和意志之间及其内在各要素之间是互相支持、协调发展的。

关于人的发展，可以从三个方面考虑：一是心理学方面，表现在人格和认知上的发展；二是社会学方面，表现在对推动社会发展上的贡献；三是哲学方

第六章 美好少年
学校文化构建的起点与归宿

面,表现在能够不断否定低层次的自己,使自己进入更高层次。联合国教科文组织则将其解释为认知、做事、共同生活和生存四个要素,它要求人不仅要具备独立解决问题的能力,还要具备与他人的合作能力、处理问题的应变能力、持续性的学习能力、自我激励能力和自我提升能力等,换言之,就是学会做人、学会做事、学会沟通、学会合作、学会学习。新时代,社会不仅要求人们在工作岗位上能够努力工作,作出成绩,有所发展,还应在社会上能够很好地生活、和谐幸福。因此,我们把人的全面发展作为确定"美好教育"文化育人目标的出发点和落脚点。

(四)"美好教育"办学理念价值追求

"美好教育"是学校经历长期锤炼和积淀、深刻把握新时代教育脉搏、充分考虑当下和未来国家人才培养需求,基于新时代学校发展定位和教育使命担当所提出的教育理念。"美好教育"是以为学生的美好生活准备、美好人生奠基为使命所建设的品质优良的教育。它是由学生、教师、家长以及其他相关人群共同实施、体验和认可为"美好"的一种教育样态,是一种充满理性但是有情感温度的教育。"美好教育"能唤起学生与其他相关人群对"美好"的追求,并帮助学生和相关人群发展实现"美好"的能力;也能让所有参与者感受到教育过程中的美好,使学生能够学会认识美好、创造美好和享受美好,让教师感受到被尊重的愉快、体验到育人的幸福,让家长们享受家校合作的快乐。

生命是教育思考的原点,教育应从人生命成长的自然规律出发。新时代,国家要求教育更加关注人的生命成长、人的美好生活、人的存在价值。"美好教育"正是基于学生未来的美好生活,致力于提升学生的生命质量,充分关注学生生命成长的内在需求,基于人的生命发展规律和新时代教育发展规律而构建的学校文化新样态。

二、育人目标的形成过程

育人目标是学校教育价值观的集中反映,是学生核心素养的校本化表达,还是学校育人模式顶层设计的出发点和归宿,决定着学校的办学方向,关乎国家人才培养的质量。2014年6月,学校开启新一轮课程改革,首要的基础性工作就是研讨学校的育人目标。最初确立的育人目标是"德性立人、智力启慧、体魄健硕、劳动践行、美育铸魂"。2016年,中国学生发展核心素养的颁布,再度引发学校

美好教育
——学校文化的构建与实施

对未来人才培养标准的思考。我们到底要培养什么样的学生,才能更好地胜任未来不确定和瞬息万变的世界呢?针对这一问题,学校展开了广泛的调研和深入的思考,在全体干部、教师中开展了广泛的讨论,通过学习讨论和理论探索,逐步在前一版育人目标的基础上,通过深度理解中国学生发展核心素养,以及系统研究世界发达国家和国际组织近十年来所界定的未来人才标准,确立我们的育人目标。

最后,我们聚焦新时代国家人才培养需求和中国学生发展核心素养要求,将学校育人目标确定为"崇美德、善学习、强体魄、会审美、爱劳动、知自励、创美好"全面发展的美好少年。学校育人目标的文字表达尽管前后有所不同,但其精神主旨和价值内涵却是一脉相承,都是中国学生发展核心素养的校本化实践与表达,引领着学校"美好教育"文化实践与育人探索。

三、育人目标内涵与解析

(一)"美好少年"概念内涵

美好少年是在"美好教育"活动框架下成长起来的"崇美德、善学习、强体魄、会审美、爱劳动、知自励、创美好"全面发展的美好少年。

(二)"美好少年"品质指标

序号	一级指标	二级指标
1	崇美德	热爱祖国,拥护共产党。遵纪守法,诚实守信。尊敬师长,礼貌待人。爱护公物,勤于劳动。团结同学,爱校爱班
2	善学习	喜欢学习,追求新知。自定目标,步步前进。善控注意,高效听课。多思多问,尤重纠错。学趣广泛,积极参与
3	强体魄	热爱生命,保护身心。参加运动,认真锻炼。培养特长,持久努力。作息有序,生活有矩。卫生行为,养成习惯。不怕困难,开朗乐观
4	会审美	喜欢美,懂得美。会表达,语言美。关心人,心灵美。遵礼仪,行为美。爱文娱,享受美。有特长,提高美
5	爱劳动	懂得劳动,动手动脑。喜欢劳动,不怕脏累。家务劳动,承担责任。善学技巧,争当能手。集体劳动,善于合作
6	知自励	了解自己,知道长短。有小目标,稳步前进。反思求助,自我督促。不怕困难,坚韧努力。总结得失,继续改进
7	创美好	自争美好,力寻力创。五育成长,全面美好。爱好培养,个性美好。视野开阔,情怀美好。志立美果,践行美好。总结提炼,提升美好。多样展示,分享美好

第六章 美好少年
学校文化构建的起点与归宿

第二节：美好少年培养体系构建与实施

在"美好教育"文化理念引领下，学校围绕美好少年育人目标，以立德树人为教育使命，以贯彻《中小学德育工作指南》为出发点，结合校情、学情、师情，因势利导，逐步构建了美好文化、美好课程、美好活动、美好实践、美好管理、美好协同六大育人实施路径，旨在培育"崇美德、善学习、强体魄、会审美、爱劳动、知自励、创美好"全面发展的美好少年。

一、美好文化育人

（一）打造美好校园文化

人是环境的产物。人与人的差异，成长的环境起了非常重要的作用。校园是培养人、教育人的地方。美好的校园环境具有鲜明的鼓舞和激励导向作用。美好校园文化可以促使学生在浓郁的文化氛围中，在潜移默化的力量推动下健康成长。美好校园既是育人的物质基础，更是宝贵的教育资源，是一所学校办学思想、个性品位和学校内涵的集中体现。与此同时，学校建筑、文化景观是重要的隐性课程，是鲜活的"教科书"，校园的一草一木、一砖一瓦、一边一角都具有润物无声的育人价值和功能，优美的校园环境更是学生成长的"加油站"和"充电桩"。学校的环境建设，是"美好教育"文化实践的重要教育资源，不仅彰显学校对教育的理解，也体现学校对教育资源的运用和管理。具体表现为以下几个方面：从教育功能看，环境是潜移默化的育人资源；从卫生健康看，优美的环境让人愉悦，产生积极的学习态度；从课程视角看，环境是隐性的德育课程，不在课表内却处处教育人，时时影响人。

为此，在构建"美好教育"文化体系过程中，学校非常重视环境育人的功能和价值，从优化校园环境入手，借助环境文化这一载体，对学校功能区和教室功能区进行规划，确定相应的教育主题，进行深层次的文化建设，让每一面墙都对话，每一处景都育人，把校园的每一个角落都建设成为微型图书馆，使每一个园地都成为学生的"成长记录仪"，把学校建成一个能够唤醒师生美好追求，带给师生美好享受，师生向往的美好乐园。

（二）营造美好氛围文化

校园精神文化是校园文化的核心，也是学校实施校园文化建设所要达到的最高目标。要树立、形成良好的校园精神文化，关键在于加强校园管理，使各项规章制度内化、吸收，逐步形成行为习惯，成为一种根植于内心、无需提醒的自觉，最后上升为学校精神。在"美好教育"文化理念下，学校营造美好育人氛围具体做法如下：

一是凝练学校办学理念体系，加强校风、教风和学风建设，形成引导全校师生共同进步的精神力量。

二是设计符合教育规律、体现学校特点和办学理念的校徽、校训、校规、校歌、校旗等并进行教育展示。

三是在校园最醒目的位置悬挂国旗、国徽、国歌，张贴《社会主义核心价值观》《中小学生守则（2015年修订）》；在楼道悬挂领袖画像、科学家画像和英雄模范人物画像；在室内墙壁上悬挂名人名言，使学生受到启迪、陶冶。

四是发挥校园网、微信公众号、校园广播、校刊校报的宣传功能，定期推送校园动态、课改成果、师生风采、学生作品等。

（三）创建美好班级文化

班级文化是"班级群体文化"的简称，是一种组织文化，是一个班级所有或大部分成员共有的信念、价值观、态度的复合体。这个复合体包括精神、物质、制度和行为等多方面，它们共同构成班级文化体系。班级文化是校园文化的重要组成部分，是形成班集体凝聚力和良好班风的必备条件，对学生的教育、学习、成长和成才起着不可估量的作用。教育家苏霍姆林斯基说："用学生创造的周围环境，用丰富的集体精神生活的一切东西进行教育，这是教育过程中最微妙的领域之一。"班级文化一经形成，就会创造出一种情境条件和一定的心理气氛，对班级成员起着潜移默化的教育作用。

在"美好教育"文化的引领下，班主任在美好班级文化建设过程中，既要有新意，又要不刻意、不做作，要用班主任的先知先觉，带动学生在不知不觉中接受美好班级文化熏陶，逐渐形成学生根植于内心、无需提醒的自觉，满足他们未来发展的需要。首先，班主任创建美好班级文化要有"新"意。班级文化只有符

第六章 美好少年
学校文化构建的起点与归宿

合新时代教育发展要求,坚持素质教育方向,顺应学生个性发展,体现儿童天性,才能体现其育人的价值,才能给孩子们带来"美好"的感觉和正向的价值观引领。班主任通过赋予班级文化新内容,创设新载体,使学生的学习成长环境与新课程改革要求相承接,与学校"美好教育"文化育人环境相一致,与学生成长发展需求相吻合。其次,班主任创建美好班级文化不能零敲碎打,也不能想到什么就做什么,或者看到其他班级做得好就去模仿。

在创建班级文化过程中,班主任要有大局观念,认真研究班级、研究学生,为班级进行准确定位,提出班级发展愿景,再通过师生之间、家校之间的合作,充分研讨、整合之后,确立班级精神文化的核心,围绕班级精神文化核心去构建班级文化机制,再沿着物质文化、制度文化、行为文化三条路径,从内向外辐射,逐步构建美好班级文化。创建美好班级文化一般需要经历创建、认同、形成和普遍化四个阶段,最终构建形成美好班级文化体系,实现班级文化的育人功能,做到"随风潜入夜,润物细无声",促进学生的全面发展,促进美好少年育人目标的达成。

1. 美好班级精神文化培育人

古人云:"蓬生麻中,不扶而直;白沙在涅,与之俱黑。"建设良好的班级文化,可以让生活在其中的学生心灵得到净化、心态得到改善、情操得到陶冶、视野得到拓宽。班级精神文化属于观念形态,是班级文化的核心内容,主要是指班级成员共同认同的价值观念、价值判断和价值取向、道德标准、行为方式等,是建设班级文化的深层次要求。班级精神文化从构成要素来说,基本是由班级目标、班名、班歌、班训、班风等组成;从具体内容来说,包括班级精神、班级凝聚力、班级文化活动等。

(1)班级目标制定

班级文化的形成和巩固,系以建立班级成员共同奋斗目标为前提,正确的奋斗目标是激励和凝聚师生为之共同奋斗的纽带,是班集体前进与发展的动力。有了明确的班级目标,班级就有明确的发展方向,建设班级文化就有了出发点、立足点和归宿点。

美好教育
——学校文化的构建与实施

班级目标可分为长期目标、中期目标和短期目标三种。一般来讲，长期目标指三到五个学年或更长时间要达到的目标；中期目标通常是一个学年要达到的目标；短期目标通常是一个学期或更短时间内要达到的目标。班主任应该根据本班的实际情况制定好相应的班级目标。

班级的长期目标应着眼于学生的终身发展，应符合党的教育方针和"美好教育"文化的要求。班主任可以根据"美好教育"文化理念，围绕育人目标要求，结合本班学生的实际和特点，把这些目标转化为较具体的班级目标，使班级目标与学校文化理念和新课程的目标一致，且具有可操作性。

班级中期目标应该着力于建设优秀的班集体或形成班级特色。一个优秀的班集体往往有以下特征：有明确的共同奋斗目标，凝聚力强；有健全的组织和精干的班干部队伍；有正确的班级舆论和积极向上的班风；有和谐的人际关系和良好的合作精神。

班级短期目标应该是班级长期目标和中期目标的具体化，可以与学校或班级的阶段性任务结合起来，体现在每一次精心设计的教育教学活动之中。

（2）班名、班歌、班训

班名、班歌、班训能以听觉的形式传达班级文化，是班级精神文化的外显形式。我国班级的名称通常是依据年级和班级的序号来命名的，如一年级一班等，这样的班级名称只是一个数字代码，没有个性和特色。班主任应和学生一起给自己的班级起一个既能体现班级特色和时代精神，又通俗易懂，具有激励意义的班名，如"追风班""尚美班""智慧班""远航班""扬帆班"等。

班歌是班级精神风貌和班级特色文化的标志，它的思想内容代表着班集体的精神，会给班级每一位成员以力量、勇气、责任感、荣誉感和自豪感的体验。这种体验会激励每一位成员为身处优秀的班级而努力。班歌的创作要根据班级的具体情况而定，有条件的班级可以由班主任或学生作词作曲，旋律应该是活泼、奋进、欢快的，歌词应集中表达班级成员整体的精神风貌、理想和追求，并得到班级成员的一致认可。没有条件的可以选择学生耳熟能详的、特别喜欢唱的歌曲为蓝本，让学生来编歌词；也可以直接选用现成的、能反映班级成员心声的、积极向上的歌曲作为班歌，如《追风少年》《奔跑》《祈祷》《仰望星空》等。

班训是班级精神的集中体现，好的班训具有间接而内隐的教育功能和作用，是激励全班学生勤奋学习、积极进取的精神动力。班主任在确定班训时，要从班级的实际出发，充分发挥民主，让班干部和同学们一起参与班训的确定，必要时可以召开一次专题班会来讨论。这样确定的班训能得到全班同学的认可，成为班级全体成员共同奋斗的目标。一般来说，班训的拟定应不拘形式，以简洁、有特色为好。如"成功的团队没有失败的个人""不比智力比努力，不比起点比进步"等。

除上述的班名、班歌和班训以外，还可以制作班旗、班徽，作为班级特色的标志，这些都有助于学生对班级产生认同感和自豪感。更重要的是通过开展班名、班歌和班训的设计活动，有助于挖掘学生的创造力、合作力，增强班级的凝聚力，增进学生间的了解和信任。

（3）美好班风建设

班风是经过长期、细致的教育和严格的训练逐步形成的一种班级集体行为风气。它是班级精神文化的核心，包括班级风格和班级气派，是班级对外的社会形象。良好的班风是无声的要求，是不成规章的准则，它能使学生自觉地约束自己的思想和言行，抵制和排除不符合班级利益的各种行为。

要形成良好的班风，必须制订相应的班规、班纪。班规、班纪只是治班之表，情感陶冶才是治班之本。情感陶冶就是利用各种环境因素，特别是教育者要利用自我创设的教育情境，对学生进行感化和熏陶，做到以境育人、以情育人，潜移默化地培养学生积极健康的思想情感，从而提高学生的思想觉悟和道德水平。情感陶冶并不是仅仅对学生提出明确的要求，而是寓教育于各种情景之中，使人耳濡目染，在不知不觉中受到熏陶和影响。

一个有着良好班风的集体，表现为有正确的价值导向，学校、教师的教育意图能顺畅地下达、执行，有严明的纪律、整洁的班级环境、浓厚学习气氛，大部分成员在感情上认同和依恋集体，自觉维护集体的荣誉。

2. 美好班级环境文化陶冶人

教育家苏霍姆林斯基曾说："无论是种植花草树木，还是悬挂图片标语，或是利用墙报，我们都将从审美的高度深入规划，以便挖掘其潜移默化的育人功能，

美好教育
——学校文化的构建与实施

并最终连学校的墙壁也在说话。"班级环境文化是培养学生全面发展的重要途径，班主任构建美好且富有新意的班级环境文化，让学生沐浴在美好、快乐、民主、自由和自主的文化氛围中，唤醒他们对美好的向往和追求，促进他们健全美好人格，为他们未来美好的生活、美好的人生蓄积能力和力量。

美好的班级精神文化形成之后，班主任就要引导孩子们将这些文化的内涵转化成为班级环境文化。班名、班徽和班训上墙，组名、组徽和组训入位。班级虽仅为一方小天地，却充满了文化气息。当同学们每天走进这方小天地，就会油然升起一种庄严神圣的感觉，对知识的崇尚、渴求会一下子被激发起来，使自己愉悦地遨游在书的海洋中。窗台上，放上孩子们带来的小多肉，一颗颗莲花种子长出一片片圆圆的小荷叶。孩子们自制卡片上写着"小荷才露尖尖角，早有蜻蜓立上头"，为班级增添一份宁静，一份安谧。黑板报上，留一片"文学漫步"，一首小诗、一句名言，孩子们看到的，学到的都可以自己写上去。同学们只要一走进教室，就会被这浓浓的文化气息所感染，自然而然地想要在其间学点什么，也将带给学生思想的启迪、文学的陶冶，日积月累，受益无穷。教室两侧开辟"展示园地"，在这里，时而展示班级活动剪影，时而粘贴学生日记佳作，时而展出学生获奖作品，时而是学生的奖状，时而是根据学生近段时间表现所写的寄语。小小的一面墙就是大大的一片天，它成了班级信息交流，师生互相沟通和培养学生个性的重要媒体。

在这样的环境里，孩子们逐渐找到自己的归属感，从而形成良好的班风和学风，同学间你追我赶，积极进取，勤奋好学、关心集体的人越来越多，学生的心灵世界得到净化和充实，文化素养得以提高，班集体渐渐焕发出生命的活力。

3.美好班级制度文化塑造人

在建设班级文化的过程中，我们把那些以规章制度、公约、纪律等为内容，班级全体成员共同认可并自觉遵守的行为准则以及监督机制所表现出来的文化形态，统称为班级制度文化。班主任通过建设班级制度文化，不仅能为学生提供评定品格行为的内在尺度，还能使每个学生时时都在一定的准则规范下，自觉约束自己的言行，朝着符合班级价值目标、群体利益和学校育人目标的方向发展。

第六章 美好少年
学校文化构建的起点与归宿

班级制度文化建设，主要是以《中小学生守则》和《中小学生日常行为规范》等学生必须遵守的规章制度为依据，根据班级实际情况，再细化制定出安全、上课、作业、考试、课间、考勤、文明礼仪、早操等要求；卫生值勤、财产保护；班级岗位责任制、班干部竞争上岗制、黑板报小组制度、学生及班委会考核奖惩制度等。要让学生明白什么该做，什么不该做，什么必须做，什么可以做。班级公约不能"自上而下"由班主任强加给学生，而应该由学生讨论产生，让他们感到这是自己的事情，他们是规则的制定者、执行者和维护者。制定和实施班级规章制度，应注意如下几个问题：

（1）制定班级制度要符合教育教学规律。规章制度要符合教育教学规律，符合学生的年龄特征、班级实际状况。不同班级有不同的特点，在建设班级制度文化的过程中，必须结合班级实际来进行。如果不顾实际情况，生搬硬套，一般不会取得良好的效果。

（2）制定班级制度要依靠家庭、学校、社会的协同。班级文化建设仅仅依靠全班同学和班主任的努力是不够的，还需要社会的榜样支持、学校的活动支持、老师和家长的教育协同支持等。只有整合这些教育资源，形成教育合力，才能促进班级文化建设的生根、开花和结果。

（3）制定班级制度要从起始年级抓好开头。俗话说："好的开始等于成功的一半。"班级制度要从起始班级一开始，就要立下良好的规矩。一年级和七年级新生入校之际、班级成立之初，都是制定制度的良好时机。学生刚入校门，就要做好入校教育，要让每一位学生了解班级规范，重视行为规范的落实。

（4）制定班级制度应重视学生意见的采纳。学校教育的主体是学生，学生是班级真正的主人，所以在班级制度文化建设过程中，要充分尊重学生的意见。班级制度可以通过教师初步拟订、学生讨论丰富修改、家长参与建议、班委及班主任完善定稿，最后以全班学生投票的方式通过。这样制定出来的制度才会得到学生的认可，才会有约束力和实效性。

（5）制定班级制度要持之以恒和与时俱进。班级制度一旦形成就要严格执行，且一定要长期坚持、反复强化、持之以恒，不能朝令夕改，更不能只制定制度而不执行。另外，班级制度建设并不是一个静态的活动，它是动态发展的，是时刻变化的。当班级制度与学校、班级文化不符时，班主任就要组织学生对班级制度进行必要的补充和更新，以确保班级制度更贴近学生动态成长需要。

（6）班级制度的实施要公开、公平、公正。班级制度是针对全体学生的，不能因为某些学生成绩好或者老师偏爱某个学生，就对这个学生的问题回避或从轻处理，一定要保证规章制度的公开、公平和公正。

（7）建立多元化班级奖惩和表彰激励制度。有效的奖惩和表彰激励能提升人的学习和工作的兴趣，激发人的学习和工作的热情，满足人的内在心理需要，提升人学习和工作的成就感。班级制度的实施，必须制定详细的奖惩制度。班主任在教育学生过程中，要以"制度"为先，用统一的标准去评价每一位学生的行为。另外，班主任教育学生也要注重他们的个体差异，要有针对性，要因材施教。

在多年的班级管理实践中，我逐步发现：在学生的教育和管理过程中，运用鼓励永远比运用惩罚更有效！因此，我们始终把表彰激励作为培育"美好少年"的重要策略，坚持定期对学生进行表彰，合理设计表彰的内容和标准，经常对学习标兵及学习进步、习惯良好、积极奉献、热爱集体的优秀学生进行表彰，力争让每个孩子都有获奖的机会，同时通过颁发荣誉证书、奖杯和加盖进步印章等多种形式，为学生鼓劲加油，在班级中营造你追我赶的学习氛围。

同时，我们还坚持每学年开展一次"美好少年"的评选和表彰活动，每学年初，向全体同学公开"美好少年"评选标准，发出争做"美好少年"的倡议，并加强对学生的引导和鼓励，引导每一名同学都积极投身于"美好少年"的评选中来，让每名学生在争做"美好少年"的活动中，体会自己的进步和成长，感受成长的快乐与幸福。对于学生而言，最期待的事情，莫过于一年一度的"美好少年"颁奖典礼。每年，"美好少年"在家长的陪同下走红毯的环节，都成为学生和家长的"高光时刻"，老师精心设计的颁奖词，每每都让同学们终生难忘。

4. 美好班级活动文化凝聚人

人的能力总是在活动中得到培养和锻炼的。班级活动是落实班级文化的有效途径之一。班级活动一般可分为两类：一类是学校组织的活动，如各类仪式教育、运动会、艺术节、科技节，以及各种设计、表演、演讲、辩论赛、歌咏比赛等竞

第六章 美好少年
学校文化构建的起点与归宿

赛活动。这类活动规模大、影响深,对于形成健康向上、团结进取的班级团队精神有非常大的作用。另一类是班级内部的活动,如班会、兴趣小组等。这些活动内容广泛、形式多样,对学生的思想、观念起到潜移默化的作用。

要建设一个富有朝气的班集体,必须有丰富的班级活动文化内容。班主任应注重组织课内外文体活动,针对班级同学的实际和爱好,找出突破口。如从才艺比赛入手,培养学生的团队精神和合作意识;从协作精神入手,培养学生的集体荣誉感等等。有了集体荣誉感,学生自然就会在各个方面有进取心,也就有不断进步的可能。

主题班会是打造美好班级文化的重要舞台。班级制度的形成,班级文化的熏陶,师生心灵的共鸣,都是在主题班会这个舞台上营造的。如何能够组织学生设计、开好主题班会呢?

一是精心计划。主题班会的拟定不能随机、随意,要从班级发展长远目标着手,要根据学生年龄特点循序渐进。如初一年级侧重树立理想和培养习惯;初二年级侧重如何交友和如何与父母相处;初三年级侧重感恩和学习方法的探讨等。

二是充分准备。主题班会召开之前,要精心设计和准备,要写出详细方案。方案要包括主题、目的意义、桌凳摆放、黑板布置、课件演示、主持人及主持台词、会议过程、形式及内容等。

三是内容丰富。主题班会内容尽量结合班级实际或学生喜闻乐见的事情,也可以是针对当今社会的热点、焦点和矛盾点等展开讨论,端正思想,明确态度。

四是形式多样。主题报告、小品表演、演讲竞赛、座谈辩论、野外活动、社会调查、成果汇报、文艺表演、诗歌朗诵、技术操作、经验介绍、小组讨论等,活动形式不拘一格,丰富多样,既能引发学生兴趣,又能在思想上引起学生的共鸣与触动。

五是总结反馈。总结是为了更好的出发,在管理班级和建设班级文化的过程中,班主任及班干部要及时进行总结反馈,每次都要从学生的表现、环节设计、主题确定、内容安排、活动效果等方面进行总结反思。总结工作取得经验,反思问题与不足,以利于下次主题班会开展得更好。每次活动结束后,要有一份调查,反馈学生对本次班会的评价,还要跟踪调查,查看班会改进的最终效果。

美好教育
——学校文化的构建与实施

二、特色活动育人

学校本着"美好教育"的办学理念,致力于"美好生活准备,美好人生奠基"的办学思想,围绕育人目标,通过顶层设计、系统思考、精心策划,开展系列化主题明确、内容丰富、形式多样和吸引力强的教育活动,以正确的价值导向引导学生,以积极向上的力量激励学生,唤醒他们对"美好"执着的追求,发展和提升他们创造和实现"美好"的能力,培养他们形成良好的思想品德和行为习惯。在构建"美好教育"文化的过程中,学校逐渐形成彰显"美好教育"文化特色、具有"美好教育"文化烙印的"五仪""六节""七礼"等特色学生活动,成为培育美好少年的重要载体。

(一)实施"五仪"教育,全方位唤醒美好

仪式教育是学校为实现育人目标,经过精心设计固化下来的一种教育礼仪活动。仪式教育活动一般需要融合多种艺术形式与创造性的活动,通过视觉、听觉等多种感官刺激,使学生产生多种意识下的综合效应。仪式教育的本质是通过情境聚集情绪。夸美纽斯认为:"一切知识的学习都是从感官开始的。"情感活动和认知活动是相互作用的,学生情绪高涨、欢欣鼓舞之时,往往是知识内化和深化最好之时。仪式教育正是将这种情绪的、直观的、有意识与无意识的教育内容相结合的教育形式。因此,仪式教育对学生有着特殊的意义。从心理学角度看,学校的仪式教育具有两种基本的功能:一是营造特殊的教育氛围,激发积极向上的精神状态;二是表达内隐的教育内容和观念,借助外在美好的教育形式,使内隐的教育外显化,并产生持久的教育效果和影响力。

五大仪式教育即"升旗仪式""入队仪式""建队仪式""离队仪式""入团仪式"。

1. 升旗仪式

升旗仪式是学校对学生进行爱国主义教育和集体主义教育的重要手段。通过每周星期一的升旗活动,营造良好的校园文化氛围,增强师生的凝聚力、向心力和感召力,提高师生的民族自豪感和使命感。学校每周一升国旗、校旗仪式是一项常规的德育教育活动内容,一次成功的升旗仪式往往能达到以情载理、情理交融、震撼心灵、催人奋进的育人效果。

第六章 美好少年
学校文化构建的起点与归宿

（1）旗手选拔，榜样育美

成为升旗仪式的主持人、旗手、护旗手和国旗下演讲者既是一种荣誉，也是学校为学生成长搭建的学习、交流和展示的平台。一般由优秀学生担任，充分发挥榜样的示范作用。尤其是学校建立了班级轮流升旗制，促使每个学生都能有机会承担这一项光荣而艰巨的任务。在"美好教育"文化理念的引领下，我们注重培养学生成长为优秀人才，更注重培养学生成长为优秀人才的过程。因此，我们会适当地选拔那些在一段时间内师生公认、稳定进步的学生担任升旗手，这对后进生的转化起着非常好的作用。升旗仪式既庄严又肃穆，在这样的氛围中，他们挺胸抬头地参与升旗活动，心灵上受到的震撼是一般的表扬无法替代的。他们会感到集体的温暖，珍惜这来之不易的荣誉，其强烈的荣誉感和进取心，能进一步唤醒和激发他们对"美好"更为执着的追求，鼓起他们持续追逐"美好"的信心和向着"美好"奔跑的勇气。

（2）规范流程，以境育美

升旗仪式是一堂庄严的"必修课"，对于这堂庄严的"必修课"，我们坚持做到每次都认真地设计好它的"结构"，出旗—升旗—唱（或奏）国歌—国旗下讲话，一环紧扣一环，每一环节均有规范的流程要求。出旗时，既要有旗手，又要有护旗手；升旗时，全体师生必须严格执行礼仪规定，面向国旗，行注目礼（少先队员行队礼）；唱国歌时，声音高亢洪亮；国旗下讲话，既要有计划性，又要有针对性；既要充满激情，又要联系实际。一次庄严的升旗仪式，犹如一次阅兵式，使升旗仪式的氛围更为浓烈。通过精心设计的感人场景和规范的活动流程，对置身于活动中的师生施以影响，促使参与其中的师生以最佳的情绪状态，主动投入，主动参与，使每一次升旗仪式既庄严有序，又有教育意义。

（3）活动发言，以理育美

国旗下讲话是中小学校德育教育的重要内容，对于弘扬社会主义核心价值观，培养中小学生的国家认同感和爱国主义情感，帮助学生树立远大理想，立志成为中国特色社会主义事业的建设者和接班人具有重要的教育作用。国旗下讲话虽然只有3—5分钟左右，但要讲出效果、达到预期的育人目的，也并不是一件容易的事。首先，要把好发言材料的选择关。爱国主义思想的形成，包含着一个从"爱"发展到"主义"的过程，是将情感升华到信念的复杂精神发育过程。不同年龄阶段的学生，由于受其生理机制的约束，其精神发育也处于不同的阶段中。因此，国旗下讲话的内容一定要考虑学生的年龄特征和学校实际，如爱国主义教育、安全教育、纪念日教育、疾病预防知识、励志教育、读书方法、学习方法宣传、良好习惯的引导等。发言材料的选择还要注意系统性和针对性，对于中小学生来说，可以选取丰富形象的感性材料激发其对祖国的热爱之情，培养其朴素的爱国主义感情。如结合节日、纪念日和一些人物的诞生、逝世纪念日作为教育的内容。其次，要设置兴奋语言，增强现场感染力。所有能够引起学生兴趣和热切关注的事例、名言、佳句和精辟独到见解都属兴奋点的范畴。在撰写国旗下讲话稿时，要根据内容的需要，有计划、有目的地选取一些兴奋语言，如"天下兴亡，匹夫有责""为中华崛起而读书"等，将其巧妙地"埋设"在"国旗下讲话"之中。发言者的激情也要灵活多变，这样不仅能激发学生的自豪感，还能使学生从诸多事例中得到启迪，形成一定的忧患感，从而唤醒学生实现中华民族伟大复兴中国梦的责任感，激发出学生的民族自信心和奋斗精神。

2. 入队仪式

少先队入队仪式是一项重要仪式活动，是小学低年级学生最为期待的一次校园仪式活动，代表着他们的精神品质、文化素养、行为习惯等获得了老师和同学的认可，代表着他们将获得一个光荣的"身份"，在少年学生心中具有独特的地位，具有重要的教育价值，主要体现为个人教育价值和社会教育价值的融合，表现为培养学生集体主义精神、培养良好行为习惯、培养社会认同，是一项重要的集体主义和爱国主义教育活动。

3. 建队仪式

中国少年先锋队是中国少年儿童的群团组织，是少年儿童学习中国特色社会主义理论的学校，是建设社会主义和共产主义的预备队。初一年级学生脱离了小学的少先队组织，进入初中后第一个学期，应当建立新的少先队组织，初一年级的建队仪式一般在每年建队日前后举行。建队仪式一般包括：出队旗、唱队歌，在队旗下宣誓、呼号、少先队员代表讲话、聘任中队辅导员等环节。通过开展建队仪式教育，初一年级的少先队员们更具有归属感，再次明确自身的身份与使命，能够帮助他们更好地迈入初中的学习生活。

4. 离队建团仪式

少先队员满14周岁时，优秀的少先队员可以通过推优入团方式加入中国共产主义青年团组织。其他少先队员通过一年的团校培训，考核合格后，可以向团组织提交入团申请书，经过团组织考察和审批后，确立为入团积极分子，入团积极分子接受团组织的培养，经过团支部大会讨论表决后，确立为团员发展对象，再上报学校团组织审批。在团员的各项审批程序都已经完成后，团支部会为新团员召开团员宣誓仪式。第一批推优入团的少先队员的宣誓仪式，一般和少先队员的离队仪式一起开展。活动共分为两部分，前面是全体少先队员离队仪式，包括出队旗、唱队歌、重温入队誓言、宣读离队决议、珍藏红领巾等环节。后面则是新团员的宣誓大会，也是新的团组织建立的仪式，一般包括宣读团员名单、团员代表讲话、佩戴团徽、团员宣誓等环节。团员宣誓仪式也可以与"十四岁迈入青春门"活动一起组织。离队建团仪式是儿童向青少年身份转变的标志，意味着青少年需要承担起更重要的使命，肩负着中华民族伟大复兴的时代重任，有利于增强青年学生对国家的责任感与使命感。

5. 团员宣誓仪式

团员宣誓仪式是团员经过一系列审批流程后，加入共青团后的宣誓大会。一般用于已经建立团组织的团支部，流程包括宣读团员名单、团员代表讲话、佩戴团徽、团员宣誓、唱团歌等环节。中国共产主义青年团是中国共产党的助手和后备军，身上肩负着重要的使命与责任。共青团是一个学习、锻炼和奉献的岗位，更是展示青春才华的舞台。因此，开展团员宣誓仪式，可以帮助共青团员明确自身责任，以身作则，率先垂范，起到榜样示范作用，鼓舞和号召广大青年积极加入光荣的共青团组织。

（二）开展"六节"活动，全过程体验美好

在构建和实施"美好教育"文化过程中，我们坚持"学生发展为本，德育为先，能力为重，全面发展，特长突出"的办学方向。每年通过开展校园"六节"活动，让学生从丰富多彩的活动中受到"美好教育"文化的熏陶，不断发展提升学生实现"美好"的能力，全面提高学生的综合素质和实践能力。

一是举办校园科技节活动。以培养"科技美"为目标，以培养学生创新精神，提高学生的科技素养为核心，通过开展丰富多彩的科技教育活动，使学生进一步了解科学，热爱科学，激发学生对科学的学习兴趣，培养学生的研究精神、创新精神，提高学生的实践能力，进一步丰富学生的校园文化生活，深化学校的科技教育课程改革，为学生提供更多展示才华和提高科学素养的空间与平台。理化生、科技教研组牵头、中小学教育发展中心配合做好活动方案设计，开展科普宣传、科技体验、模型制作比赛、科幻画比赛等系列科技教育活动。

二是举办校园读书节活动。以"走进国学经典"为主题，开展"走进成语""走进古诗文"为主题的读书节活动。通过诵读成语或古诗文、书写成语或古诗文、绘画成语或古诗文、表演成语或古诗文、讲成语或古诗文故事、参与读书嘉年华活动，让学生走进经典，享受阅读，分享快乐，感受文化熏陶，从而热爱中国传统文化，热爱我们的伟大祖国。

三是举办校园英语节活动。每年，通过举行英语节活动，组织学生英文书写比赛、英语交流沙龙、圣诞联欢会、英文歌唱比赛、英语演讲比赛、英文现场小作文比赛、创意单词卡比赛、英语贺卡制作比赛、英语手抄报比赛和英文绕口令比赛等活动，营造浓厚的英语学习氛围，激发学生学习英语的兴趣，提高学生学习和应用英语的水平。

四是开展校园体育节活动。学校每年举办体育节，以"强体魄"为目标，加强体育学科课程教育教学成果展示，以秋季体育节为契机，树立"健康第一"理念，开展"人人运动，快乐健康"体育嘉年华活动，体育组牵头、中小学教育发展中心配合做好活动方案设计，力求突出娱乐性和参与性原则，提升学生对体育运动的热爱，提升学生体育类课程学习的实际获得感，促进学生身体、心理及社会适应等方面能力的和谐发展，提高学生团结合作、抵御挫折的意识和能力。

五是举办校园艺术节活动。以培养"会审美"为目标，引导学生树立正确的

第六章 美好少年
学校文化构建的起点与归宿

审美观念，通过开展校园艺术节系列活动，培养学生健康的审美情趣，提高学生感受美、鉴赏美、表现美、创造美的意识和能力。艺术教研组牵头、中小学教育发展中心配合做好活动方案设计，开展合唱、器乐、舞蹈、课本剧等展示活动。通过举办艺术节活动，评选出"歌唱之星""舞蹈之星""器乐之星""书法之星"和"绘画之星"等。

六是举办校园文化节活动。以"崇美德"为目标，引导学生培育和践行社会主义核心价值观，传承中华民族优秀传统文化，弘扬中华传统美德，教育学生形成良好的思想品德和行为习惯，引导学生增强民族文化自信和价值观自信。充分利用元旦、春节、元宵节、清明节、端午节、中秋节、重阳节等传统节日，开展传统文化经典知识、故事的普及教育。积极挖掘这些节日中的德育元素，培育学生的民族感情，激发民族自豪感。利用"三八"妇女节、母亲节、父亲节、教师节等节日，开展"感恩父母、践行孝心""感恩师长、感恩长辈"等主题道德实践活动，让学生理解父母的养育之恩、师长的教诲之恩。以五一劳动节、七一建党纪念日、八一建军节、九月三十日国家公祭日、十一国庆节为契机，引导广大师生热爱劳动，了解党和祖国的发展史，缅怀先烈，不断增强爱祖国、爱家乡、爱他人的情感。

（三）探索"七礼"育人，全链条塑造美好

校园典礼作为校园文化的重要组成部分，具有凝聚共识、振奋精神、催人奋进，促进和谐的重要作用。校园典礼不仅是一套程序化的教育活动，更是一门潜在课程，是学校育人的重要途径之一，具有多重育人价值和功能。在"美好教育"文化理念的引领下，我们以传统校园典礼创新为突破口，将落实习近平新时代中国特色社会主义思想主题和学校"美好教育"文化相结合，通过创新校园典礼内容和形式，深度挖掘校园典礼的育人功能和价值，探索实施"七礼"特色育人活动，做到以人为本、符合时代、贴近实际、贴近生活、贴近学生，提升校园典礼育人的针对性、实效性和吸引力、感染力。

1. 开学礼·美好启航

开学典礼是一项重要的校园文化活动，承载着丰富的校园文化内涵。新学期

美好教育
——学校文化的构建与实施

开学,学校都要举行隆重的开学典礼。开学典礼是对学生开展"美好教育"文化理念教育的重要契机,是学校"美好教育"文化理念和人文精神的重要传播载体之一。举行开学典礼可以让参与其中的师生产生归属感。学校通过巧妙设计开学典礼内容与环节,将"美好教育"文化理念、思想和价值追求融入活动的细节之中,使参与其中的师生感受到现场浓郁的"美好教育"文化氛围,感受周围同学的真实情感流露,让学生快速感知到对学校和集体的认同感,进而快速认同学校"美好教育"文化,从而让他们感受到自身被关注的同时,转化为一种奋进和追逐"美好"的重要力量,帮助他们树立远大理想和对美好未来的憧憬,激发他们对美好学习生活的向往和追求。

2022—2023 学年度第二学期开学典礼
学生自编自演节目《美好启新程》

【寒假】大家好,我是刚刚过去的寒假,我的名字叫快乐!

【新学期】大家好,我是刚刚到来的新学期,我的名字叫希望!

【寒假】这个寒假,有我的陪伴,大家都过得很快乐,有的游历山河,增长见识,美好续航;有的阅读书籍,在知识的海洋遨游,美好远航。

【新学期】新的一年,有我的陪伴,大家都会积极进取,收获希望;勇往直前,向着美好奔跑。

【寒假】这个寒假,我们过得很充实,收获了温情与欢笑!

【新学期】新的学期,我们蓄势待发,满载憧憬和目标!

【寒假】寒假收获多,寒假多喜乐,具体怎么过,请听响板说!

第六章 美好少年
学校文化构建的起点与归宿

【寒假】

竹板儿响，笑开颜，举家团圆过春节！

吉祥对联门两边，辞旧迎新贺新年。

三十儿团圆年夜饭，香味四溢亲人伴。

合家幸福多美满，国泰民安又一年。

【响板A】

过节好，亲友到，家务劳动少不了！

妈妈做饭我帮厨，有模有样把菜炒。

爸爸拖地我擦窗，阳光洒下亮堂堂，

全家老少齐上阵，家里换了新气象！

【响板B】

坐火车，订机票，大好山川走一趟！

雁塔晨钟声声响，骊山晚照真漂亮；

奇山异水看云南，洱海比肩玉龙山；

瞧一瞧，看一看，锦绣中华多灿烂。

【响板C】

中华经典咏流传，一个假期看不完。

诗仙李白文如人，斗酒百篇惊鬼神。

诗圣杜甫忧国民，沉郁顿挫起波澜。

唐诗宋词不一般，名篇古韵千古传。

【寒假】阖家团圆多美满，家务劳动都能干，祖国山河难忘返，学海书山日日酣。你说我的寒假，好不好？

【新学期】寒假很精彩。但是，2022年已过，快乐的寒假结束了，新学期已经到了。新学期，我们也会迎来新的起点，新的变化，让我们向着美好，扬帆起航！请听新学期祝福——《一路向美好》！

美好教育
——学校文化的构建与实施

【说唱 A】

祝福各位,快乐加倍;

各科一学就会,题目都答对;

祖国的花,人见人夸;

爱同学爱老师,身体顶呱呱。

【说唱 B】

老师见到,崭新面貌;

学生们都乖巧,个个都好教;

育人蜡烛,从不孤独;

桃李都满天下,美好遍地洒。

【说唱 C】

满心欢喜,开启新学期;

全面发展、五育并举,努力创佳绩!

美好协同,为成长助力;

崇德善学、乐观进取,做更好的自己!

【合】

带着志气,我们不放弃;

带着自信,我们向前进;

快乐学习,我们脚步齐;

开心奔跑,我们一路向美好!

【新学期】新学期已经到来,相信大家已经准备好,在新的一年不断进步,成为更美好的自己!

【寒假】青春永向党,美好启新程!让我们乘"美好教育"文化的东风。

【所有人】争做陈分望实的美好少年!

第六章 美好少年
学校文化构建的起点与归宿

2. 入学礼·美好引航

每年9月份，入学礼是针对一年级和七年级新生开展的入学教育，根据幼小衔接、小初衔接要求，旨在帮助新生树立"学生"的习惯意识、责任意识。对于新生而言，这是一个崭新的人生仪式，在学生成长过程中，是对其获得新角色和新责任的一种严肃的赋予和确认。入学礼对一年级和七年级新生建立新集体情感，凝聚新集体荣誉感、责任感等，起着推动和加速的作用，有利于培养学生新角色定位意识，象征他们作为本校学生身份的开始，象征着他们追逐美好梦想的开始。

2022年致新生的一封信

亲爱的同学：

你好！当你看到这封信时，你已成为北京市陈经纶中学分校望京实验学校的一名新成员了。学校的领导、老师及同学们，向你表示热烈的祝贺和诚挚的欢迎！在这里，你将开启人生的另一个美好新征程！美丽的校园等待你们青春绽放，美好教师期待与你们携手同行，美好课堂期待你们用思维点亮，美好课程将助力你们快乐成长！"美好教育"一定会唤醒你们对"美好"的追求，发掘你们身上"美好"的潜力，培育你们"美好"的品格，提升你们实现"美好"的本领，引领你们向着"美好"幸福远航！

"美好教育"，因遇见而美好！

在陈分望京实验学校，

美好随处可见。

在陈分望京实验学校，

遇见美好自己。

"美好教育"，有你有我，有未来！

幸福人生，有爱有梦，有成长！

为美好生活准备，

为美好人生奠基，

我们期待着你们的到来！

3. 成长礼·美好续航

> 十岁，洒满童真的阳光；
>
> 十岁，洋溢烂漫的欢笑；
>
> 十岁的时光，是人生乐章的前奏；
>
> 十岁的年华，是人生旅程的起航。

人生十年，初入少年。十岁，是孩子们从小学低年级向高年级迈进的一个时间节点；同时，也是孩子成长的一大转折点，是人生的里程碑。十岁，意味着长大，意味着拥有一份理想和责任。每年，学校为升入四年级的同学举办成长礼，成长礼是孩子成长的界碑，是学生人生中一个重要的阶段。举办集体庆祝十岁生日的活动，可以使学生体验成长的快乐、体验到自己对未来的责任。一场成长礼，是孩子们明事理、有担当的开始。

4. 青春礼·美好护航

> 十四岁，
>
> 是青春的第一步，
>
> 是从少年迈向青年的转折点。
>
> 十四岁，
>
> 是一个梦想的年龄，
>
> 青春应当拥有梦想。
>
> 十四岁，
>
> 是一个学习的年龄，
>
> 青春，不仅意味着梦想，更意味着学习。
>
> 十四岁，
>
> 是一个负责的年龄。
>
> 当你们举起右手，
>
> 向党、向祖国、向人民
>
> 发出"强国有我"的誓言，

第六章 美好少年
学校文化构建的起点与归宿

意味着你们从此不再只是

一个需要处处被关爱的孩子，

而是一个相对独立的青年，

你们既享有宪法和法律所赋予的各项权利，

也必须承担宪法和法律所要求的各项义务。

青春，

是一个无限美好的季节，

是最有魅力、最潇洒、最多梦的花季；

青春，

也是一个拔节成长的时期，

冲动而热诚、复杂而单纯，

需要指明方向、加以引导。

十四岁，

如旭日东升，

朝气蓬勃，

希望无限。

青春礼是为"告别童年、走向青春"的14岁同学们举行的仪式，是一曲青春礼赞，是一次走向未来、踌躇满志的出发，是一首生机勃勃的春天交响曲，是一次踏入青春大门的隆重起点，将孩子的青春梦想融入其中，使孩子充分认识到踏入青春之门，走好人生之路是多么光荣而富有责任感。学校针对初二年级学生的年龄特点，开展青春礼教育，引导学生正确规划人生道路。青春礼活动的举行，能培养孩子们"不学礼无以立"的修养意识，让孩子们真正感受到步入青春期是人生中的一件大事，是勇敢自信走向未来的新起点，以此激励同学们珍惜读书机会、勤奋学习、尊师孝亲。

5.状元礼·美好导航

在中国古代，读书人一生要行四大礼，分别为开笔礼、进阶礼、感恩礼和状元礼。"状元"是科举考试中的最高荣誉，状元礼仪式极为隆重，饱含着希望学子懂得求知明理，珍惜学习机会，发奋图强，争取状元及第的美好祝愿。我校针

美好教育
——学校文化的构建与实施

对初三学生面对中考的升学压力，为学生疏导身心，提供针对性目标引领。每年9月，为新初三学生举办隆重的励志"状元礼"。励志"状元礼"是我校"美好教育"文化理念下落实"为美好生活准备，为美好人生奠基"教育思想的有力载体，不仅是我校典礼教育的一个重要组成部分，更期冀以这样的方式唤醒学生对"美好"的追求，唤起学生成长的进取意识，增强学生迎战中考的信心，激励初三学子用顽强的意志、自强的精神、务实的态度、科学的方法，既要仰望星空定准目标，更要脚踏实地付诸行动。

6.追梦礼·美好助航

初三年级是追梦之年。追梦礼是感恩，是奋斗，更是责任与超越。梦想不仅是诗和远方，还有路和脚下。迎接中考的日子里，让我们走出自己的踏实和笃定！成功的路上，从来不会一帆风顺；成功的取得，必然经历风雨的磨炼。让我们笃定信念，勇往直前，踏上成功之坦途。十年寒窗，只为无悔少年梦；三年铸剑，只为断金成英豪。助力每一名陈分望实学子发扬积极向上、拼搏进取的精神，用更火热的青春，更饱满的精神，营造一个美好的中考备考氛围，共同追逐美好梦想，携手走向美好未来。

2022年"追梦礼"致辞

亲爱的孩子们、老师们、家长们：

大家好！

美好时光总是短暂，你们就要满载希望的梦想，向着美好的未来扬帆远航。美好相约，我们相遇在美丽的校园。回首间，三年的时光，你们与新冠病毒赛跑，线上线下学习随时切换。三年的时光，你们不向困难屈服，疫路迎接挑战。崇德、善学，你们拼搏奋战中考；乐观、进取，你们立志成为祖国栋梁。孩子们，今天我要为你们点赞！

学校务实、自主、和谐的管理文化，助你们快乐成长；九年四段美好课程体系，为你们奠基未来希望；"三六九美好课堂"为你们插上思维的翅膀；敬业、担当、合作、博爱的美好教师助力你们成就梦想；携手并肩的美好家长与你们协同并进。"教育科研""科艺体育""融合创新""科技赋能"四大品牌陪伴你们成长。"美好教育"文化已经浸润进你们的血液，望实精神已经融入你们的脊梁。

第六章 美好少年
学校文化构建的起点与归宿

加油吧，美好少年！中考在即，希望你们诚实守信挥汗考场，期待你们志存高远，书写未来美好篇章。

加油吧！美好少年！愿你们向着美好，幸福远航！

7. 毕业礼·美好远航

毕业典礼是学校德育的重要组成部分，是活动育人的重要体现。毕业典礼通过丰富多彩、励志向上的互动活动，激发毕业班学生对学校生活的怀念，增强学生的集体荣誉感、自豪感和使命感，增强学生对母校的情感，为毕业生留下青春成长足迹，也为孩子们实现未来人生梦想助力。

在"美好教育"文化理念的引领下，学校尤为重视毕业典礼的育人价值，每年7月份，都要为六年级和九年级同学举办隆重的毕业典礼。毕业典礼由师生共同策划，教师、学生、家长共同参与，通过才艺展演、故事讲述、班牌交接、谢师礼、毕业宣誓等内容和形式，让学生充分展示自己，同时也让学生在典礼仪式中学会感恩、学会告别，这与学校"美好教育"文化"为学生美好生活准备，为美好人生奠基"的教育思想是一脉相承的。

学生毕业纪念册寄语

亲爱的孩子们：

美好时光总是短暂，你们就要满载陈分望京实验学校人对你们的期待，离开母校向着未来扬帆远航。回首间，我们相遇在美丽的校园，美好课程播撒未来希望，美好课堂为你们插上思维的翅膀，美好教师与你们快乐相伴，美好的日子里，我们因遇见而美好！

我亲爱的孩子们，陈分望京实验学校的育人目标是培养"崇美德、善学习、强体魄、会审美、爱劳动、知自励、创美好"全面发展的美好少年！为此，我真诚地希望，你们在今后的人生中继续秉承"崇德、善学、乐观、进取"的望实精神，牢记母校的嘱托，扬起美好的风帆，满载希望的梦想，向着幸福扬帆远航！

孩子们，请铭记那些在陈分望京实验学校的美好瞬间，在未来成长的道路上，遇见更加美好的自己。

三、规范管理育人

在"美好教育"文化理念引领下，我们特别提倡管理育人，将学校管理作为促进学生成长一种重要路径与策略。通过构建系统、科学和有效的"六维四步"学生管理体系，促进学生自主管理、自我反思、自主学习、自主成长。

"六维四步"管理育人体系中"六维"是指与学生进步和成长相关的个人、班级、班主任（教师）、学校、家长和社区六个层面，其中个人层面是主体，其他五个层面是辅助；"四步"是指按照每日、每周、每月、每期四步，规范、规定学生行为内容。见下表：

"六维四步"管理育人体系

维度	层面	内容	说明
1	学生层面	每日一省	学生每天晨诵经典，将中华优秀传统文化教育落实到日常，提升学生文化自信
		每周一悟	每周一晨会，学生填写《成长手册》，记录点滴收获，反省一周得失，感受个人进步与成长
		每月一晒	学生每月总结个人进步，晒一晒自己存在问题，分析制定改进计划
		每期一创	每学期末，学生积极参与班级美好少年评选，争做"美好少年"
2	班级层面	每日一评	每天，利用晨会或放学前时间，组织学生开展自评、互评和教师点评，帮助同学发现问题，改进问题，继续进步
		每周一会	每周，召开一次班会，聚焦班级一周出现的问题，精心设计主题班会，提升班级凝聚力，引领学生进步与成长
		每月一星	每月，评选班级"学习之星""进步之星"等激励学生进步与成长
		每期一荐	在班级层面初选的前提下，向年级、学校推荐"美好少年"候选人
3	班主任层面	每日一观	每天，班主任观察学生言行、举止和思想状态，及时发现问题，及时指导改正；及时发现闪光点，及时鼓励
		每周一研	每周，班主任围绕班级存在问题，积极开展研究，寻找解决问题办法
		每月一访	每月，班主任根据工作安排、学生表现，开展2—3名学生家访，落实"美好协同"要求，寻求家长支持
		每期一鉴	每学期，班主任为班级每一名学生做学期鉴定，指出优点、问题，提出希望

第六章 美好少年
学校文化构建的起点与归宿

（续表）

维度	层面	内容	说明
4	学校层面	每日一巡	每天，干部轮流巡视，落实"精""细""实"管理，发现问题，解决问题
		每周一量	每周，学校德育处、学生会联合进行学生管理和检查，进行一次量化评比
		每月一展	每月，开展一次进步学生评选，并通过展板、广播、显示屏幕等方式进行展示
		每期一选	每学期，开展一次"美好少年"评选，引领学生争做望实"美好少年"
5	家长层面	每日一聊	建议家长每天抽出时间和孩子聊一聊班级趣闻、学习及同学交往等情况
		每周一陪	建议家长每周末合理安排半天时间，陪陪孩子，做一些亲子项目或活动，增进亲子关系
		每月一读	建议家长每月能和孩子一起共读一篇或几篇文章，一起讨论交流
		每期一游	建议家长每学期利用寒暑假，带领孩子游历祖国大好河山，名胜古迹等，增长学识、见识
6	社区层面	每日一举	每天，学生利用上学、放学路上，积极参与社区卫生、环境、垃圾分类等活动
		每周一岗	学生积极利用周末走进社区，积极参与社区各类志愿服务活动
		每月一讲	每月，开展一次美好"大讲堂"活动，邀请属地民警、消防、医院等人员，进校为学生开展讲座
		每期一献	每学期，学生开展一次送温暖、献爱心活动，提升学生社会责任感

"六维四步"管理育人体系是围绕学校"美好少年"育人目标，基于学生自主规划、自主管理和自主成长而设计的一种管理育人模式，通过建立学生自主成长规划，促进学生不断反思、修正行为，不断取得进步，逐步达成"美好少年"育人目标。每学期，学校根据"六维四步"学生管理体系要求，编制《学生个人进步规划管理手册》，并把它作为学生个体自主改进问题，争取进步的工具。

四、实践育人

综合实践活动课程是国家基础教育必修课程，随着课程改革的不断深入，综合实践活动课程日趋规范化、系统化和科学化，成为学校落实立德树人根本任务，增强学生实践能力、创新精神、社会责任感和促进学生全面发展、个性发展以及核心素养发展的重要途径。

学校在开展中小学生综合实践活动过程中发现：当前中小学生综合实践活动中还存在一些问题。一是教师、学生对综合实践活动课程的学科价值认识比较片面，综合实践活动课程育人功能发挥不够；二是在综合实践实施过程中，存在小组合作分组不合理、分工不明确或职责不清晰等问题，学生参与综合实践活动课程的层次和深度不够；三是学生缺少综合实践学习方法，课上热热闹闹，课后学生实际获得相对不充分；四是教师综合实践活动过程设计缺乏课程评价研究，学生参与综合实践活动的积极性不高。

基于以上问题，在"美好教育"文化理念的引领下，结合学校开展中小学综合实践活动的实践经验及对综合实践活动课程理论研究的基础上，学校逐步探索出了如下提升中小学生综合实践活动实效性的策略。

（一）更新理念，提升综合实践活动课程育人价值

《综合实践课程指导纲要》指出：中小学阶段开设综合实践活动课的目的是通过密切学生与生活的联系、学校与社会的联系，帮助学生获得亲身参与实践的积极体验和丰富经验，提高学生对自然、社会和自我内在联系的整体认识，发展学生的创新精神、实践能力、社会责任感以及良好的个性品格。然而，在实践中，由于师生对综合实践活动课程价值认识片面，在思想和行动两个层面，对综合实践活动课程不重视，部分教师和学生简单把综合实践活动看成是活动课，达不到综合实践课程所预期的育人价值。提升综合实践活动课程实效，首先要扭转教师和学生对综合实践活动课程地位和育人价值的错误认知和心理，必须对学生进行综合实践活动课程育人价值的正确引导和教育。如在小学六年级《丰富多彩的民间艺术》这一综合实践活动主题设计中，教师通过组织学生开展课程育人价值大讨论，让学生清晰这一主题内容的育人价值。

1. 知识方面：通过学习，了解民间工艺、美术、音乐、舞蹈和戏曲等多种艺术形式，感受我国民间艺术的丰富多彩、种类繁多。

2. 能力方面：通过综合实践活动，培养学生认真观察、独立思考、自主学习、合作学习和探究学习的能力，以及组织、协作、适应环境等社会交往能力。

3. 方法方面：通过开展综合实践活动，提升学生掌握查阅资料、实地考察和

第六章 美好少年
学校文化构建的起点与归宿

访问等研究性学习方式的能力，掌握"观察法""文献研究法""访谈法"等研究性学习方法。

4. 情感态度与价值观方面：培养学生保护和传承民间艺术的意识；激发学生的爱国情怀和民族自豪感；体验和感受民间艺人精湛的技艺，唤起学生对弘扬中华传统文化、做民间艺术传承人的责任感。

（二）合理分组，提升学生综合实践活动参与深度

综合实践活动课程强调学生亲身参与实践的积极体验，并在体验和感悟中提升学生的认知、感知和实践能力。因此，综合实践活动课程要打破传统课堂教学方式束缚，采用更为灵活开放的学习方式。小组合作学习是综合实践活动常用的学习方式，不仅有利于综合实践活动开展，也能培育学生组织、协作、适应环境等社会交往能力。

1. 合理分组。首先，要对学生的基础知识、学习能力、智力状况、性别、心理素质、兴趣爱好等各个方面进行综合评定，再按照"组间同质、组内异质"的原则进行分组，每个小组6人左右。为了更好地完成综合实践活动任务，组内一般有一名组织能力强的，两名动手能力强的，两名记录能力强的，一名能力相对薄弱的学生。其次，还需要考虑每组成员的性格差异和人际关系，形成性格、能力和特长互补关系，既能保证小组内各个成员之间的交流和学习，也便于各个小组间形成良性竞争。

2. 明确职责。首先，要推选出一名有号召力、责任心、协调能力强的学生担任组长。在组长带领下，小组成员能始终如一地围绕某一个问题开展讨论、探究和研究性学习。同时，组长又是教师的得力助手，是联系教师与本组以外其他学生的纽带。组长还要负责选取研究任务，监督纪律，一般是组织能力最强的同学。其次，组内还要设置一名发言与展示代表，一般是能言善辩或者语言表达能力尚需要提高者担任；一名小组讨论情况记录员，一般是善于记录且写字速度较快的同学担任；一名监督员，主要负责提示小组成员，讨论时不要偏离所研究的内容或脱离相应文本，一般选择比较踏实稳重的学生。当然，组内分工也不是一成不变的，教师还要定期对每一个同学所担任的角色，进行适当的调整或轮换。

3. 加强培训。通过培训，使学生明确以下几点：一是要认真思考，大胆发言，能把自己的探索、发现，清楚地用语言表达出来；二是要养成认真倾听别人意见

201

的习惯,从别人的发言中得到启发,收获更多的知识、方法;三是学会质疑、反驳,能听出自己与别人观点的相同点、不同点,能以比较恰当的方式表达个人观点;四是学会更正、补充,能在别人观点的基础上进行完善,形成更加优质的观点;五是组内每一名成员,不仅要对自己的学习负责,还要承担起帮助组内其他成员进步的义务,同时增强学生的责任感和学习的积极性,锻炼自己在不同方面的学习能力。

(三)方法指导,提升学生综合实践活动实际获得

维果茨基的"最近发展区理论"认为,儿童认知有两种发展水平,一是儿童的现有水平;一种是可能达到的发展水平。二者之间的距离,就是"最近发展区"。"最近发展区理论"认为:教学不能只适应儿童的现有水平,而应适应"最近发展区",最终跨越"最近发展区"达到一个新的发展水平。

学校在组织教师指导学生开展综合实践活动过程中,发现大多数同学使用的研究方法仍然停留在"查阅资料"上,且往往还只是简单文字堆砌,呈现方式简单,重点不突出,展示不清晰。因此,我们倡导教师在组织学生开展综合实践活动过程中,学生在"查阅资料"的基础上,运用列表格方式提取有效信息,并清晰呈现出来。运用"访谈法""问卷法"等研究方法,可以帮助学生收集信息、梳理信息、筛取信息和提取有效信息,促进学生综合实践活动能力的提升,使其在原有研究能力的基础上,提升到一个新的发展水平。如指导学生开展《丰富多彩的民间艺术》综合实践活动时,通过设计表格和设计访问提纲等方式,帮助学生提升综合实践活动实际获得。见下表:

家乡民间艺术特点统计表

艺术类别		艺术名称	主要特点
表演艺术	戏剧		
	歌曲		
	舞蹈		
	……		
艺术造型	印染		
	……		

第六章 美好少年
学校文化构建的起点与归宿

家乡民间艺术访问提纲

对象		地点		时间	
访问目的	通过访问身边老人，了解家乡民间艺术种类、发展史，以及民间艺术家					
访问提纲	1. 您知道我们家乡的民间艺术有哪些					
	2. 您知道它们的发展史吗					
	3. 您最喜欢的民间艺术家是哪位？为什么					
	……					

（四）科学评价，提升综合实践活动课程育人实效

综合实践活动强调学生积极主动的参与，科学的评价能有效提升学生的参与兴趣和积极性。在组织学生开展综合实践活动过程中，我们发现设计分层的评价和奖励机制，评价不同学生在综合实践活动中取得的相对进步，可以使每一名学生都能体会到进步的快乐，促进各个层次的学生都能有所发展，切实提升综合实践活动的实效性。见下表：

过程性评价设计（60分）

评价项目	评价细则	满分	得分
时间观念	能够做到守时，没有无故缺勤和迟到现象	15	
学习效果	态度认真，准备充分，按时完成活动内容	15	
纪律意识	自觉服从老师管理，听从指挥，维护大局	15	
文明形象	文明礼貌，团结互助，保持良好学生形象	15	

终结性评价设计（40分）

评价项目	评价细则	满分	得分
原创性	课题报告原创	10	
创新性	研究选题、内容、方法具有创新性	10	
丰富性	成果呈现形式丰富，有报告、PPT、手抄报等	10	
示范性	分享交流有自信、有见解、有互动、有示范作用	10	

美好教育
——学校文化的构建与实施

通过开展综合实践活动评价的设计，学生参与综合实践活动的积极性得到有效激发，既提升了学生参与过程的质量，也提升了学生综合实践活动学习的深度，还提升了综合实践活动课程育人的实效性。

总之，通过提升学生综合实践活动课程有效性策略的研究，能够促进学生在综合实践活动中，将知与行、学与用统一起来，把学生身与心的健康统一起来，从而促进学生德智体美劳全面发展和可持续发展，达到增强学生实践能力、创新精神和社会责任感的教育目的。见下表：

学生综合实践活动学习单

学生姓名		班级	
活动主题			
指导教师		活动时间	
活动场地			
活动简介			
我的收获与感受（150字内）			

说明："学习单"是指导教师确认学生参与活动的重要依据；学生需在活动结束后，填写完成，并随其他活动成果一并提交。

第六章 美好少年
学校文化构建的起点与归宿

第三节：美好少年评价体系构建与实施

在"美好教育"文化理念的引领下，美好少年评价体系不仅是学校对育人目标所做的规定，还是引导学生审视自身成长、感受自己进步与成长的指南。中小学阶段是青少年"扣好人生第一粒扣子"的重要时期，是青少年价值观形成的起始阶段。科学有效的学生评价标准不仅是学校育人目标评价体系的重要组成部分，更是学校学生管理的核心手段。

为此，我们以提高学生评价的实际效果为宗旨，着力构建有效的学生评价体系，实现评价主体多元化、评价模式开放化、评价指标动态化，使学生评价体系成为多主体、多维度、多途径、多方法相结合的最佳结果，打破传统教师"一言堂"的学生评价形式，发挥学生评价的"灯塔"作用，让学生评价成为促进学生健康成长的"助推器"，成为师生双方有效互动的"加油站"，引导学生学以致用、知行合一。

一、构建原则

（一）从关注结果评价到关注过程评价

在"美好教育"文化实践框架下，我们进一步迭代升级了评价理念，重新构建了学校质量管理评价制度，从过去更加关注学生是否成为合格"美好少年"，到引导学生学成、养成、成为"美好少年"，不仅关注静态指标，而且关注动态成长进程；不仅关注单一指标，而且关注综合维度。小学部建立"学生成长记录表"，依据学生年龄特点，设立不同版本，引导学生从多维度评估自己的发展情况，分析自己存在的问题，寻找符合自身条件的"独特"发展路径，实现"个性化"发展。

中学部主要依托北京市中小学生综合素质评价平台，对学生进行综合性评价。在七年级第一学期，采用"量表平台齐步走"模式。以《北京市初中学生综合素质评价方案》为指导，构建"学生成长记录表（七年级版）"，帮助学生适应综合素质评价平台的使用方法和填写内容，引导学生以"综合素质评价标准"为指导，全面规划三年学习生活，发掘自我优势，实现个性化、有特长的发展。

（二）从注重知识评价到关注综合评价

传统的教育评价注重以学生掌握知识多少进行评价，忽视对学生在学习过程中所表现出的思维能力、学习方法、情感态度和价值观的评价。这种重知识轻能力、重结果轻过程的评价，往往会导致学生死记硬背而言行不一。这样的评价方式，非常不利于学生创新精神、实践能力、社会责任感和个性品质的培养。在"美好教育"文化理念的引领下，美好少年评价体系更加关注综合评价，在坚定理想信念、厚植爱国主义情怀、加强品德修养、增长知识见识、培养奋斗精神、增强综合素质上下功夫，更加重视培养有理想、有本领、有担当的时代新人，培养德智体美劳全面发展的社会主义建设者和接班人。

（三）从单一维度评价到多元主体评价

2022年版新课程标准明确指出，学生是学习的主体，也是评价的主体。作为学习活动的主体，每位学生都有强烈的探索欲望、展示欲望和评价欲望。他们希望被他人评价的同时，也能客观地评价他人。所以，除了教师的评价外，还要引导学生自我评价、互相评价。这样既可以丰富评价方式，又可以调动学生的积极性，提高学生分析问题和解决问题的能力。因为评价的最终目的不是作出评价，而是让学生认同评价，并根据评价结果作出改进，使学生通过评价获得进步与发展。

1. 自我评价。自我评价是一种重要的评价形式，它属于人的自我概念的重要内容之一，具有促进自我发展、自我完善和自我实现的功能。尽管中小学生在生理、心理上还不完全成熟，但他们已经开始从行为动机、道德和个性品质上来评价自己和他人。学生通过对自己的评价与反馈，学会在评价中自我反思，正视自己的进步和不足，达到促进发展的目的。有效的自我评价，可以帮助学生真正了解自我、认识自我和实现自我，实际上是对自己的学习进行再次思考，是学生将知识内化的重要过程，有利于培养学生良好的道德情感和道德行为，促进学生的可持续发展和终身发展。

第六章 美好少年
学校文化构建的起点与归宿

2. 学生互评。成长中的中小学生自我意识迅速增强，他们十分重视同伴的评价。因此，教师要给予学生相互评价的机会，增强评价主体间的互动。通过在生生之间开展充分的交互式评价，同学之间相互取长补短，并在评价别人时自我反省，才能有效避免单方面的主观性判断，从而使自己的思维空间得到拓展。通过开展学生之间的相互评价，不仅能锻炼学生判断是非的能力和语言表达能力，促进学生的自我发展和完善，也能增进彼此之间的了解与理解，形成积极、友好、平等和民主的评价关系。

3. 教师评价。在教育教学过程中，教师运用正确的评价理念，实施正确的评价，能激活学生的主体意识，唤醒学生的自我教育意识，能促进学生健康而全面的发展。教师评价应是全面具体的，切不能以成绩分优劣，忽视促进学生发展的功能；也不能忽视对学生学习过程的考察，过度关注学生学习结果；教师评价不仅要关注学生的学业成绩，更要关注学生多方面潜能和取得的进步。

4. 家长评价。家长是孩子的榜样，家长的评价对孩子的意义非凡。家长合理的评价有助于孩子更全面地认识自己，形成坚强的性格，培养耐挫力，产生良好的激励效果。家长对孩子正确的评价，可以强化孩子获得成功的情绪体验，满足其成就欲，并能使孩子自我感觉良好，激发其尝试的兴趣和探索的热情。

二、评价指标

为了更加深入地落实"立德树人"根本任务，学校通过细化评价标准、明确评价主体、创新评价方式，将学生自我评价、教师评价、同伴评价、家长评价、社会评价相结合，构建了"美好少年"综合评价体系。见下表：

"美好少年"评选标准

序号	一级指标	二级指标	自评 10%	互评 30%	教师评价 40%	家长评价 10%	社会评价 10%
1	崇德章	热爱祖国，拥护共产党 遵纪守法，诚实守信 尊敬师长，礼貌待人 爱护公物，勤于劳动 团结同学，爱校爱班					
2	善学章	喜欢学习，追求新知 自定目标，步步前进 善控注意，高效听课 多思多问，尤重纠错 学趣广泛，积极参与					
3	强体章	热爱生命，保护身心 参加运动，认真锻炼 培养特长，持久努力 作息有序，生活有矩 卫生行为，养成习惯 不怕困难，开朗乐观					
4	审美章	喜欢美，懂得美 会表达，语言美 关心人，心灵美 遵礼仪，行为美 爱文娱，享受美 有特长，提高美					
5	爱劳章	懂得劳动，动手动脑 喜欢劳动，不怕脏累 家务劳动，承担责任 善学技巧，争当能手 集体劳动，善于合作					
6	自励章	了解自己，知道长短 有小目标，稳步前进 反思求助，自我督促 不怕困难，坚韧努力 总结得失，继续改进					
7	创美章	自争美好，力寻力创 五育成长，全面美好 爱好培养，个性美好 视野开阔，情怀美好 志立必果，践行美好 总结提炼，提升美好 多样展示，分享美好					

第六章 美好少年
学校文化构建的起点与归宿

评价分为基础章和优秀章，基础章包括：崇德章、善学章、强体章、尚美章、爱劳章、自励章、创美章等7个奖章，每学年以班级为单位评选一次，学生在某方面符合标准则获得该奖章，各类奖章评选名额不设限制。

获得7项基础章的学生，才能荣获"美好少年"奖章的评选资格，年级择优推荐参加校级"美好少年"奖章评选，评选比例不超过年级人数的30%。

三、评价方法

"美好少年"评价方法包括自评、互评、教师评价、家长评价和社会评价五种方式，评价的主体分别是学生、同伴、教师、家长和社会。具体方法见下表：

评价方法

评价类型	评价主体	权重	评价方法
自评	学生	10%	通过书面自我鉴定的方式，让学生全面、公正和客观地评价自己
互评	同伴	30%	学生之间通过互评、投票等形式，针对同伴一个学期综合表现进行阶段性评价
教师评价	教师	40%	班主任、任课教师从不同的侧面，进行客观、多角度的评价。课堂上对学生回答问题、参与讨论、活动积极性等进行评价。课后，针对学生完成实践性作业情况，如手抄报、研究性学习、小论文、时事评述等进行评价
家长评价	家长	10%	通过电话、家访、家长会、家长问卷、家长座谈等方式，邀请学生家长对其日常行为、学习习惯、学习态度、思想状态等方面进行客观评价
社会评价	社会	10%	通过对学生居住社区、邻居或亲友进行走访、交流和调查等方式对学生社会交往、思想认识、责任意识和合作交流等方面进行评价

此外，根据学生个性发展需求，基于"美好教育"文化理念和学生年龄、身心特点，学校设置了"美好少年"奖章荣誉墙，对评选为美好少年的同学进行表彰，获奖同学可以写下自己的感言，总结收获，反思不足，充分展示美好少年的亮丽风采。

四、"美好少年"评价体系的特点

创建"美好少年"评价体系，坚持以评促学的原则，关注学生真实发生的进

美好教育
——学校文化的构建与实施

步,捕捉、欣赏、尊重学生有创意的、独特的表现,综合运用多种评价方式,促进学生知行合一,具有以下四个显著特点。

第一,开放性。"美好少年"评价体系的开放性主要体现为以下五个方面:

1. 评价对象开放,面向全体,全体学生参与,而不仅是个别优秀学生参与;

2. 评价过程开放,关注学生思想行为的动态变化过程,评价学生的动态过程;

3. 评价时空开放,时间上不只针对课内表现,还延伸到课外、假期,空间上不只是在校园、教室,还扩展到家庭、社区、图书馆、博物馆、工厂、网络平台、大自然等;

4. 评价结果开放,评价结果以多种方式、形式呈现,表彰信、展板、微信公众号宣传等;

5. 师生关系开放,评价在师生、生生及家长互相尊重、互相平等、公开民主的氛围中进行,每一位教师、学生都可以参与评价的组织、指导以及反馈等全过程。

第二,自主性。"美好少年"评价体系把学生放在主体地位,优先考虑学生的个性发展,将学生自我评价和与他人互评相结合,彰显"以人为本"的育人理念。同时,充分尊重学生兴趣爱好,鼓励学生根据兴趣爱好、个性特长,自行设计评价的活动形式,组织开展评价活动,为学生的个性发展提供开放的舞台和自由的空间。在实施"美好少年"评价时,将目标的设定、内容的安排、方式的确定、成果的呈现等选择权,都交给学生,其间出现的问题在学生自行化解的基础上,由教师指导协助解决。

第三,导向性。"美好少年"评价体系不只是对学生的曾经和当下进行评价,还要更多地考虑学生的未来,使他们能够胜不骄、败不馁,知不足而奋进,要通过评价帮助学生找到努力和前进的方向,使个人在品德修养、生活习惯、学习能力、规则意识等方面更加健康地发展。评价不仅对过去起到检测作用,更对未来起到引导作用,对学生存在的错误或失误多一份"静待花开"的耐心,对学生的闪光点给予一些"未来可期"的赞赏,使学生产生积极进取的上进心,使学生在不断的成功体验中,感受到进步与成长的愉悦。

第四,多元性。"美好少年"评价体系必须摒弃传统纸笔测试的评价模式,以定性评价为主,充分发挥质性评价的作用,既有终结性评价,又有过程性评价,既有学生自我评价,又有他人评价,家长、学生、教师和社会共同参与评价。

第七章 美好协同

学校文化构建的同盟与伙伴

  陪伴是最深情的告白，是最美好的成长礼物；相遇是美好的开始，携手是温暖的共育。"美好教育"是一场双向奔赴，老师满怀责任，家长满怀信任。学校与家庭同频共振，凝心聚力，才能共育美好少年！美好协同文化的核心是育人，美好协同的关键是合作，美好协同的保障是机制。美好协同是连接学校、家庭和社会的桥梁，是实现美好少年育人目标的必由路径。

  美好协同需要学校与家庭用好"加法"与"减法"，更要靠"乘法"与"除法"。"加法"能在理念上增加思想认同，夯实家校协同育人基础；"减法"能在情感上减少沟通距离，筑牢家校协同育人纽带；"乘法"能在机制上完善家校合作，搭建家校协同育人平台；"除法"能在行动上优化育人行动，彰显家校协同育人成效。"美好教育"做好了家校合作这道"加减乘除"四则育人运算，让家校协同育人助力学生全面健康地成长和发展。

第七章

美好协同：学校文化构建的同盟与伙伴

2018年9月，习近平总书记在全国教育大会上明确指出："办好教育事业，家庭、学校、政府、社会都有责任。"党的二十大报告进一步要求，健全学校、家庭、社会育人机制。教育部等十三部门联合印发了《关于健全学校家庭社会协同育人机制的意见》。随着党中央、国务院一系列重要决策部署的出台，家庭、学校、社会协同育人的理念已经成为当今社会共识。各学校也逐渐意识到在协同育人过程中，发挥教育主导作用，明晰各方职责定位，凝聚多方教育力量，开展家庭、学校、社会协同教育活动，有利于落实学校的育人目标，实现学生德智体美劳全面发展。

在构建"美好教育"文化的过程中，我们尤为重视家庭、学校、社会协同育人体系建设，以开展形式多样的育人活动为载体，努力挖掘家庭、学校、社会协同育人文化内涵，积极探索家庭、学校、社会协同育人路径和策略。

第一节：美好协同文化理念的内涵与价值

一、美好协同育人文化概念解析

育人是核心，协同是关键，机制是保障。美好协同是在学校"美好教育"文化理念引领下，由学校主导、家庭参与和社会支持的一种家校社协同育人机制。主要是学校、家庭和社会共同围绕美好少年育人目标，合理有效融合多方力量，构建共建、共治、共享的"美好教育"共同体，互相信任、互相配合、相互支持、相互协作，最大限度发挥各自优势，充分发挥家校社协同育人合力，创设最有利于学生成长的教育环境，从而促进学生全面健康发展。

美好教育
——学校文化的构建与实施

美好协同育人文化，通过党建引领，完善机构，促进协同育人走向制度化；走进家庭真家访，促进协同育人走向民主化；接待家长解困惑，促进协同育人走向真情化；家教课程促提升，促进协同育人走向目标化；召开家长会促发展，促进协同育人走向交融化；家教课题促引领，促进协同育人走向科研化。美好协同是连接学校、家庭和社会的桥梁，是"美好教育"文化的重要组成部分，是培育美好少年养成的重要路径。

二、美好协同育人文化内涵解读

教育家苏霍姆林斯基说："若只有学校而没有家庭，或只有家庭而没有学校，都不能单独很好地完成塑造人的细致、复杂的任务。"可见，在教育好孩子这条道路上，从来不是学校或者家庭某一方的事情。家长和学校应该是志同道合、互相扶持的合作伙伴。在美好协同文化的引领下，"家校"是合作主体，"协同"是工作路径，"育人"是工作任务。只有学校眼里有家长，家长心里有学校，家校之间相互帮衬、同心同德、同向同行、彼此信任、彼此合作，才能彼此成就。

家庭教育：家庭是孩子最初获得教育的地方，对孩子一生的成长和发展有着最根本的影响，也是全程陪伴、参与孩子健康成长的一种教育环境。家庭教育一般包括父母对孩子的言传身教，家庭各成员对孩子的关爱，家风、家训、家教的教化和教育等。

学校教育：学校教育者依据一定的社会要求，依据受教育者的身心发展规律，有计划、有组织、有系统地承担学生在学校内的学习和生活，对学生的身心发展有着直接的影响。教师通过对学生进行知识传授，让学生掌握相关知识和学习技能，培养学生综合素质全面发展。

社会教育：面向全人类的教育，除去学校和家庭教育以外的教育，都属于社会教育。

家庭、学校、社会协同育人的内涵可以概括为：协调家庭教育、学校教育和社会教育，为共同的育人目标，通过加强交流、密切合作，形成教育合力，实现最佳育人效果的教育活动。

三、美好协同育人文化"三方"定位

美好协同文化是指学校、家庭和社会围绕共同的、完全一致的育人目标，明

第七章 美好协同
学校文化构建的同盟与伙伴

确各方教育的共同责任，相互配合、整合资源、平等合作，发挥各自的资源优势，创设最有利于学生成长的教育生态环境，实现育人目标过程和结果的统一。我们应努力建设一个由政府推动、学校主导、社会支持、家庭尽责，多元主体协作的共建、共治、共享的教育场，最终实现家庭、学校、社会同心、同向、同行、同步、同构，共同完成为党育人、为国育才的艰巨使命，落实立德树人根本任务。

学校为主导：在家庭、学校、社会协同育人过程中，中小学校教育作为主导力量，应该担负起重要的教育职责。中小学校应当贯彻落实学生在校教育的课程体系，积极拓展和创新教育模式，深化研究教学内容，积极发挥学校教育主阵地地位和主导作用。

家庭为主体：家庭教育是孩子启蒙的地方，在中小学教育体系中，家庭教育是不可缺少的主体教育。纵观一个人一生的成长过程，在不同的人生阶段，家庭教育对人的影响不相同，但家庭教育对人的一生影响却是最为深远的。

社会为平台：学校是衔接和推进学生步入社会的教育基地，它的主要作用也是培养和引导学生成为满足未来社会需求的人才。社会教育资源丰富，只有社会各界积极主动地参与学校、家庭的教育，充分发挥社会教育平台的重要职能，才能有效地提升中国特色社会主义建设者和接班人的核心素养，才能使他们顺畅地融入未来社会当中。

四、构建美好协同育人文化意义

（一）有利于构建学校"美好教育"生态

没有家庭教育的学校教育，没有学校教育的家庭教育，都不可能完成"培养人"这一艰巨任务。在教育和培养人的过程中，家庭、学校、社会发挥着各自不可替代的作用。家庭、学校、社会协同育人是落实立德树人根本任务的重要前提。构建和谐、美好和充满正能量的家庭、学校、社会协同育人环境，对人的发展特别是青少年的成长至关重要，是青少年立德的重要基础和土壤。推动家庭、学校、社会三者之间良好互动和协作，是构建良好育人生态的重要环节。只有三者之间的良好互动，才能形成助力青少年健康成长的合力，达到"蓬生麻中，不扶自直"的育人效果。2021年7月，国家"双减"政策出台，这是基础教育领域推进教育高质量发展、促进学生健康成长的重要举措。学校在推进"双减"工作过程中，

美好教育
——学校文化的构建与实施

仍然面临着巨大的压力和阻力,健全学校、家庭、社会协同育人机制,形成三者之间相互支持、相互促进、良性互动的美好协同育人局面,能切实形成落实"双减"政策的社会基础和环境,为促进教育高质量发展创造良好的家庭氛围、学校生态和社会环境。

(二)有利于提升学校综合育人实力

学校在贯彻党的教育方针、落实育人目标过程中,从来都不是"单打独斗"的,家庭也不是学生成长的局外人,社会更不应该是教育的旁观者,学校教育的合力应该来自家庭、学校、社会等多方面。传统形式上的家校合作,诸如家访、家长会、家长学校等,在沟通信息、交流方法、实施协同育人方面取得了良好效果。随着现代科技的迅猛发展,家校通、QQ群、微信群、移动电话与短信系统等交流工具加强了家庭与学校的联系,特别是智能手机的广泛使用和5G时代的到来,更大范围创新了"家校协同"的内容与方法,促进了家庭、学校、社会教育合力的有效形成。

(三)有利于提升家长家庭教育水平

"美好协同"需要学校协同家庭教育一起落实学生的教育任务,促进学校育人目标的达成。具体表现为学生入学后,教师通过多种沟通方式,与家长互通信息、交流教育经验等。随着科技发展,家校互联、互通信息的方式越来越广泛,协同育人的路径和策略也越来越丰富。发挥"家校协同"育人合力对于家长来说,将有助于其更好地学习家庭教育理论,提升家庭教育的科学性、专业性和实效性。

(四)有利于形成学校协同育人特色

美好协同文化的核心是育人、美好协同的关键是协同、美好协同的保障是机制。一是构建美好协同文化能够促进家庭、学校、社会认识的统一,明确家庭、学校、社会协同育人的重要性,进而确立共同的教育认知和共同的价值观。二是构建美好协同文化有利于厘清学校教育、家庭教育、社会教育之间的边界,进一步清晰三方职责与定位,从而更好地统筹各方资源、要素和运作方式,有利于更好地产生协同效应。三是构建美好协同文化有利于健全家庭、学校、社会协同育人机制,统筹家长委员会、家长学校、家长会、家长开放日、家访等各种沟通渠道,通过开展丰富的家庭、学校、社会协同活动,及时了解、沟通和反馈学生思

第七章 美好协同
学校文化构建的同盟与伙伴

想状况和行为表现，认真听取家长对学校的意见和建议，促进家长了解"美好教育"文化理念、教育教学改进措施等，帮助家长提高家庭教育水平，为学生健康成长创造优良的教育环境，形成家庭、学校、社会协同育人的良好局面。

从个体层面看，构建美好协同文化能助力学生身心发展、学业进步，实现自我价值；从国家和社会层面看，构建美好协同文化能更好地落实立德树人根本任务，培养德智体美劳全面发展的时代新人；从学校层面看，构建美好协同文化能够更好地探索学校、家庭、社会协同育人路径，提高教师协同育人能力，形成学校协同育人文化品牌和特色。

第二节：构建美好协同文化的目标与内容

一、构建美好协同文化的目标

育人目标决定了学校育人的价值追求和方向。家庭、学校和社会建立共同的育人目标，是家庭、学校、社会协同育人的基础和前提。近年，各地学校都在积极探索和推进家庭、学校、社会协同育人实践路径，且都取得了显著成效。2021年7月，中共中央办公厅、国务院办公厅印发《关于进一步减轻义务教育阶段学生作业负担和校外培训负担的意见》，坚持以习近平新时代中国特色社会主义思想为指导，落实立德树人根本任务，提出"坚持育人为本"这一首要工作原则，强调"遵循学生成长规律和教育规律，深入落实'双减'政策，大力发展素质教育"，为学校、家庭、社会协同育人明确了目标和方向，提供了共同的遵循，推动了互信互助的协同育人共同体的建设。只有学校、家庭、社会三方聚焦促进学生全面健康成长这一核心愿景，形成相互支持、相互促进的良性互动，才能实现"双减"政策落地，创造良好的家庭氛围、学校生态和社会环境，才能真正推动教育的高质量发展。

美好协同文化是在"美好教育"文化实践体系的引领下，逐渐完善和发展起来的家校合作关系及其实践的综合。美好协同育人目标明确，即将学校教育、家庭教育和社会教育紧密结合，以学校为龙头、家庭为基础、社会教育为补充，凝聚三方教育的合力，以为学生的美好生活准备、美好人生奠基为共同育人使命，

美好教育
——学校文化的构建与实施

以培养"崇美德、善学习、强体魄、会审美、爱劳动、知自励、创美好"全面发展的美好少年为共同的育人目标。它是由学生、教师、家长以及其他相关人群共同实施、体验和认可为"美好"的一种学校、家庭、社会协同育人样态。

二、构建美好协同文化的内容

（一）基于"美好教育"文化的情感协同

著名教育家朱永新说："好关系就是好教育。"对学生的关爱是教育情感的出发点和核心，没有爱也就没有教育。教育情感方面的沟通与合作，主要体现为学校教师和家长在对学生关爱的标准上能够达成共识，对于什么是关爱、什么是溺爱、什么是伤害、什么是漠不关心等需要作出正确的理解。教师对学生的关爱就是师爱，师爱是师德的核心，是教师的大美。师爱不仅在于关心学生的学习，更在于关心学生的身心健康。因此，教师要以实际行动关爱学生，既让学生感受到，也要让家长感受到。如每次上课前，教师要留心观察每个学生的情况，对于表现异常的学生一定要亲自查看和询问情况，了解原因并作出相应处理。如果是身体问题，就应该带领学生及时就医；如果是心理问题，就应该了解其问题程度和问题成因，及时疏导或寻求外界帮助。

一般来说，学生对教师存有畏惧心理，遇到问题通常不会主动告诉教师。因此，教师的主动关怀不仅仅是职业需要，更是对学生的心理安慰。相反，漠不关心和伤害是师生关系的大敌。抵制对学生的伤害，应是所有教师的共识，是深入教师灵魂的规则和制度，不能有丝毫的逾越。虽然一般情况下，家长是爱护自己孩子的，但也有出于亲情或教育观念的原因而溺爱孩子，或是满足孩子的不合理要求，纵容孩子的不道德甚至违法的行为。

对于这种情况，学校要及时和家长沟通，让家长了解"严管才是真爱，纵容就是真害"的道理，从而不再溺爱，以利于孩子的健康成长。也有家长对孩子粗暴管理，严重伤害孩子的身心健康。针对这种情况，学校也应及时制止，并向家长指出这一行为的危害性。总之，家校之间在教育情感方面的沟通合作，有利于学生的健康成长，帮助其走得扎实、走得更远，更有利于学校育人目标的达成。

（二）基于"美好教育"文化的理念协同

理念是上升到理性高度的观念，是推动和指导人们行为的内生力量。教育理

第七章 美好协同
学校文化构建的同盟与伙伴

念是人们对教育的理性认识，它面向教育实践，表达教育的理想。正确而科学的教育理念将促进学生的健康和全面发展，而错误的教育理念则会阻碍甚至伤害学生的发展。因此，家庭和学校有必要在教育理念方面进行深入的沟通。当前，部分学校仍然存在一些班主任或者任课教师采用一些不恰当的教育理念，如"分分分，学生的命根""考考考，教师的法宝"等，这些理念与新时代、新课程、新课标和"中国学生发展核心素养"的教育理念有很大的分歧，非常不利于学生健康发展和成长。因此，教师和家长都应适时更新、转变教育理念，树立"以人为本""核心素养导向"等新时代教育理念。当学校与家长的教育理念基本达成一致时，家校共育就会向着共同的育人目标迈进。

因此，在"美好教育"文化理念的引领下，家庭、学校、社会必须共同坚守"美好教育"文化的价值追求，共同构建美好协同实施的路径和策略，整体建构形成家庭、学校、社会三位一体、多维互动的"美好教育"新格局。

（三）基于"美好教育"文化的目标协同

育人目标即教育学生应该达到的标准。如果学校和家长对学生的教育目标不一致，就会严重影响对学生的教育效果。"美好教育"文化追求的育人目标是培养"崇美德、善学习、强体魄、会审美、爱劳动、知自励、创美好"全面发展的美好少年。希望每一个学生都能对自己的未来有一个长远的规划，为自己每一个阶段的发展设定一个适合的目标。也希望家长都能参与到学生的成长过程中，从家庭教育的角度和学校密切配合，同心同德、同向同行。

然而，一些家长则片面认为教育是学校的事，学生在学校学习已经很辛苦了，回到家就应该放松。因此，让学生拥有轻松自在的生活，就成为一些家长的目标，对学生的发展听之任之。学校和家长在教育目标上的不一致性，就会导致学生教育出现"5+2=0"现象的产生，"5"即五天在校学习，"2"即两天家庭教育。所以，学校和家长应在学生刚入学时，就做好对学生的教育规划，定下相应的教育目标。家庭和学校只要具有了共同的教育目标，就会结成共进共退的教育同盟，共同促进学校育人目标的达成。

（四）基于"美好教育"文化的方法协同

教育方法是指在一定的教育思想指导下，形成的实现其教育思想的策略性途径。错误、简单、粗暴的教育方法，对学生是一种恶性伤害；而科学、正确、恰当、温和的教育方法，对学生则是一种良性引导。家校共育要求家庭和学校的沟通与合作，应该采取尽可能一致的教育方式、方法和措施。教育心理学认为，强化措施分为正强化措施和负强化措施。有研究表明，适当的负强化措施有助于纠正学生的不良习惯，促进学生健康成长；适当的正强化措施能够增强学生的自信心，促进学生积极向上地发展。家校之间应该就某一问题形成统一的强化类型和标准，对学生的批评或表扬达成共识。如果学生在学校里受到了教师的批评，家长应该对这种批评给予认可和支持，并对学生进行心理疏导。反之，如果学生受到了家长的批评，教师也应该对学生进行适当的心理疏导。总之，家校之间做到在教育方法上的协同和统一，有利于学生的健康和谐发展。

第三节：构建美好协同文化的路径与策略

一、搭建家庭、学校、社会共育平台，拓宽美好协同渠道

（一）成立家长委员会

每学期，学校从家长中遴选代表，并邀请社区工作人员成立家长委员会，颁发家长委员会聘书，制定家长委员会工作计划、职责和章程，让家长代表参与学校的课程与教育教学管理。家委会一般包括：班级家委会、年级家委会和校级家委会三个层级，家长委员会是家长参与班级、年级和学校管理的平台。三级家长委员会发挥对学校工作的检查、督促和协调作用，协助学校全面贯彻党的教育方针，构建"美好教育"文化，促进学生的全面成长。三级家长委员会参与学校事务包括：课堂教学、学校管理、教育监督与评价等事务，推动家庭、学校、社会美好协同与合作，走向学校办学的方方面面。学校定期邀请三级家长委员会成员参与"美好教育"文化活动的"高光时刻"和学生成长中的重要活动，如邀请家委会成员参加学校的"五仪""六节""七礼"等教育活动；协助学校开展安全和健康教育；支持学校开展体育活动；担任初三年级晚自习辅助管理员等。学校办学接受家长的评价和督促，开展家校问卷调查，根据家长的意见改进和提升学校管理水平。通过家长全程参与"美好教育"文化的构建与实施工作，有效形成家校协同育人的合力。

第七章 美好协同
学校文化构建的同盟与伙伴

学校定期召开家长委员会例会，解读和宣传国家、市、区教育方针政策，向家长通报学校阶段性管理举措和效果等，家委会委员们积极对学校工作提出意见和建议，为学校的发展建言献策。每学期末，学校组织召开家长委员会总结会议，总结一学期以来所取得的成绩，对表现优秀的家长进行表彰。同时，也找出家校协同中存在的问题和不足，制定下一步的改进措施，进一步凝聚学校、家庭、社会三方智慧和教育合力，共同促进学生健康和全面成长。家长委员会是联系学校与家庭的桥梁和纽带，在协调家长之间、家长与学校之间关系方面发挥着重要作用。家长和教师、学生一样，成为学校的一员，在学校管理和教育实践中，发挥着智慧与才能，为学校的高质量发展注入新的活力和动力。

（二）建立家长微信群

学校打破以往传统沟通方式的局限性，借助微信群推送学校动态、简讯和学生活动的照片等，全面展示学校的教育教学风貌，能充分征得家长的关注和信任，有利于良好家校关系的形成；借助微信群，家长能第一时间掌握学校动态，更加了解学校的要求，了解孩子的文化需求，为家庭教育提供有价值的参考，能更好地配合学校做好学生教育工作；通过微信群消息，家长能及时了解到孩子所在班级的教育活动，了解到班级和自己孩子个体在校学习和生活情况。学校各级微信群做到家长群体全覆盖，发布内容涵盖学校教育工作的各个方面，从学校的工作计划到规章制度，从学校的重要会议到各项活动，内容丰富、形式新颖。家校之间不定时进行互动，内容聚焦于对学校办学理念的探讨，分享家庭教育经验等，切实达到服务学生发展，向家庭和社会辐射"美好教育"文化正能量的效果。

同时，学校以班级为单位建立班级家长微信群，由班主任负责管理。教师每天将学生在校的表现和学习情况，以图片、文字和视频的形式发到群里，家长把孩子在家的表现与老师进行交流，及时对学生的情绪变化或反常举动等进行了解、疏导，帮助学生解决问题，促进孩子全面和健康发展。

（三）编辑家校共育手册

目前，学校家校共育形式大多采用的是家长会、家长学校、电话、QQ、微信等，这些家校沟通形式在家校共育活动中发挥了很好的育人价值。但受限于各种条件影响，有时也不能完全达到美好协同育人的预期效果。因此，在"美好教育"文化理念的引领下，学校积极探索出一种有利于家校间沟通与合作，有助于帮助家长对学生进行教育的家校共育新形式，即《家校共育手册》。

《家校共育手册》的编制，遵循新时代教育教学规律，符合学生身心发展规律，结合学校和家庭的教育实际进行编写。其主要内容包括以下几个方面：一是对家校共育的教育情感、教育理念、教育目标、教育方法、教育措施等方面的介绍；二是对学生在学校面临的教育环境（校情、班情、学情）介绍，对学生可能表现和遇见的教育问题的介绍，以及对这些问题预设的教育方式和方法的介绍；三是对学生在家中的表现及家长应采取的教育方式和方法的介绍；四是学生在家和在校期间的成长记录；五是对家校联系方式的介绍。《家校共育手册》不仅是连接家庭和学校的重要纽带，更是引导家长对学生进行家庭教育的说明书和指南，具有一定的家校共育实践价值。

《家校共育手册》一式两份，家长和班主任各执一份。《家校共育手册》的使用也包括两个方面：一是班主任和任课教师要及时填写学生成长记录，重大情况及时与家长沟通；二是要求家长根据手册所提示的教育理念、教育方法、教育措施等内容对学生进行教育，记录学生在家中的主要成长情况、重要事项及需要与班主任或其他任课教师沟通交流的其他事项。开家长会时，家长要带上《家校共育手册》，与教师、家长一起分享交流家庭教育经验。

二、丰富家庭、学校、社会共育形式，夯实美好协同基础

（一）组建家长研修班

在"美好教育"文化理念的引领下，学校坚持"学生未进校，家长先开学"的美好协同育人理念。每学年，学校都会举办10余场家长培训活动。学校领导为家长阐述"美好教育"文化理念与实践体系，展示"美好教育"办学成果。培训有关美好协同育人的重要意义，解读学校的各项规章制度。老师从心理学角度，以体验式课堂的形式，让家长深刻了解不同年级学生的心理特点和科学有效的教育方法。通过各类培训，使家长了解学校教育文化理念、办学思想和规章制度，充分认识到家庭教育的意义和作用，进一步增强家长家庭教育的使命感和责任意识，进一步提升家长家庭教育的能力和水平。

第七章 美好协同
学校文化构建的同盟与伙伴

（二）定期开放校园日

为了进一步弘扬和传递"美好教育"文化理念，提高学校、家庭和社区协同育人水平，塑造学校和美好教师的良好教育形象，促进学校、教师更好地与家长沟通，全面展示"美好教育"的办学成果，增进家庭、学校、社会之间的沟通与联系，提升家庭、学校、社会协同育人水平，推进学校"美好教育"文化向纵深发展，创设和谐美好育人环境，接受社会的评价和监督，促进学校教育教学工作高质量发展。每学年，学校开展以"走进校园，体验'美好教育'文化；走进班级，体验美好课堂；走进社团，体验学生多元发展"为主题的"学校开放日"活动。一是校长文化讲堂，由校长亲自为家长作讲座，解读学校"美好教育"文化理念与实践体系；二是观摩美好课堂，让家长亲自体验孩子们的课堂教学；三是走进感恩课堂，家长与孩子共同参与，让学生懂得知恩感恩；四是进行社团活动观摩，让家长走进学生的课余生活，体验学校丰富的课后服务课程；五是参观学校心理健康教育中心，并与心理辅导老师交流，帮助家长解决在培养孩子过程中遇到的困惑和问题。通过这些活动，促使家校在学校管理、家庭教育等方面达成共识。

（三）智慧家长进课堂

在"美好教育"文化理念的引领下，学校整合和发挥家长的智慧和力量，引导家长主动参与到美好课程体系建设和实践中来，让家长真正成为美好课程的设计者、规划者、开发者和实施者。通过挖掘和盘活家长课程资源，邀请有特长、有专长的家长走进学校、走进课堂，为学生进行授课。近年，学校坚持开展智慧家长进课堂讲学活动，家长进课堂授课内容涵盖人文素养、体育健康、心理健康、习惯养成、科学技术、手工制作、语言艺术、安全自护、感恩教育、公益活动等多个方面，既调动了家长参与构建"美好教育"文化的积极性，也拓宽了美好课程供给的丰富性，满足了学生多样化和个性化的学习需求，更加丰富了学生学习课程资源的建设。

（四）美好教师访千家

为教育学生更具针对性和实效性，学校开展了"美好教师访千家"活动。学校领导和党员干部与班主任、任课教师一起加入到家访队伍中，通过家访了解学生家庭成员基本情况、家长的业余爱好、家长和学生的交流、教育方法、家长对学校和老师的态度,以及学生在家的生活学习情况等,全方位地对学生及家长进行引导和教育。

在家访之后,学校通过多种形式开展"家访回头看"活动,老师、家长、学生三方对仍然存在的问题进行认领,深入整改,最后及时进行总结和反思,写出收获和成效。每学期,学校组织教师家访不少于1000家,切实了解个别"问题学生"背后的问题家庭,帮助家庭改善家长和孩子关系,帮助学生和家长解决实际问题,为孩子的健康成长提供保障,得到了家长和学生的充分肯定。

（五）定期召开家长会

学校定期组织校级、年级和班级家长会,校级家长会由学校德育干部设计、组织和实施;年级家长会由年级组长负责;班级家长会由班主任负责。通过召开家长会,将"美好教育"文化理念和实践做法及举措及时传递给家长;也可就学校、年级和班级最近出现的问题,或新推出的一些管理举措,和家长进行沟通和交流;还向家长介绍一些科学的家庭教育方法,请有经验的家长作经验交流,老师和家长把孩子在校、在家的表现相互通报,共同帮助学生成长,从而激发学生自我教育的意识,支持和鼓励他们参加学校一年一度的"美好少年"评选。

三、充实家庭、学校、社会共育内容,提升美好协同实效

（一）社会主义核心价值观引领

社会主义核心价值观是当代中国精神的集中体现,凝结着全体人民共同的价值追求。习近平总书记勉励广大教师用好课堂讲坛,用好校园阵地,用自己的行动培育和开展社会主义核心价值观教育,使社会主义核心价值观润物无声地浸润学生们的心田,转化为学生的日常行为和习惯,增强学生的价值判断能力、价值选择能力、价值塑造能力,引领学生健康成长。为积极培育社会主义核心价值观,学校在重大节日和重要时间节点,都会邀请家长和孩子一起参加形式多样的各类教育活动,扩大思想道德教育活动的覆盖面,增强思想道德体验活动的认知度,提升道德实践活动的参与性。

（二）中华优秀传统文化铸根育魂

以创建"书香校园""书香班级""书香家庭"活动为抓手,将传统美德、传

第七章 美好协同
学校文化构建的同盟与伙伴

统节日、民俗文化等中华优秀传统文化教育，融入家庭、学校、社会共育活动之中，培养学生、家长和教师的美好品格、美好习惯和美好行为。学校积极开展"书香燕京"亲子共读活动，要求每个家庭为孩子创造良好的阅读环境，教师定期为学生和家长推荐亲子共读书目，了解每位学生家庭的亲子共读情况，及时给予指导和帮助，并搜集比较有价值的典型方法和经验。在活动过程中，家长逐步认识到自己对孩子的示范作用，认识到阅读在一个人成长中的重要作用，不仅帮助孩子形成良好的阅读习惯，而且能增进家长与孩子的情感交流。

（三）探索心理健康教育路径方法

为了有效解决学生在成长过程中出现的心理健康问题，学校依托作为朝阳区特殊教育资源学校的优势，将家校共育工作与心理健康教育相结合。以培养学生健全的人格、提高学生心理素质为目的，学校和家庭相互参与、相互沟通、相互配合、相互补充、相互促进。通过集体座谈、个案交流等形式，引导家长研究、分析学生在不同学习阶段存在的心理健康问题，分阶段、系统性地开展家长心理健康教育培训，在中考前组织初三年级家长进行考前心理辅导，引导家长学会调整心态，给孩子营造一个温馨、愉快的学习氛围。学校举行主题为"家校美好协同，共育美好少年"的大型亲子心理素质拓展训练，把家长请到活动中来，通过家长与孩子共同参与心理拓展训练，加强亲子沟通，增进亲子关系。

四、构建家庭、学校、社会共育机制，保障美好协同效果

（一）建立美好协同组织

在美好协同育人理念的引领下，学校积极发挥教育主导作用，积极协调，建立家庭、学校、社会协同育人组织机构。家庭、学校、社会协同育人共同体由校务会、家长委员会、家长学校、社区家庭教育指导中心组成。家庭、学校、社会协同组织共同营造美好协同育人文化，共同建设家校协同育人课程，充分引进社区资源，既有合作又有分工，各司其职，促进学生全面发展和健康成长。

学校还设立由学校领导、部门负责人、年级组长、家长委员会代表和教师代表组成的教育议事会，参与学校管理，为学校办学建言献策。教育议事会与家委会不同，是集合家庭、学校、社区各方面的力量，对学校重大事项进行建议、监督，使得学校的办学方向、教育教学活动内容更加符合社会和家庭的需要。议事

美好教育
——学校文化的构建与实施

会成员由教师代表、家长代表、社区代表组成,议事会对学校办学的重大事务、教育教学活动、事关学生和家长切身利益的事项等提出意见或建议,并对学校出现的问题进行监督改进。学校从单纯把家长作为"教育对象"转变为与家长结成教育同盟和伙伴,倾听家长和社会的声音,增进家庭、学校、社会三方的理解和包容。议事会让家长有了发言权和监督权,是学校与家长、社区进行联系、协调和合作的重要平台。

(二)打造美好协同队伍

学校通过自愿申请和择优录用的原则,配齐、配好了家庭教育指导团,由学校德育干部、班主任、心理健康教育教师等为主体,优秀家长代表和有关专家共同参与。学校家庭教育指导团定期开展家长大讲堂、心理咨询进社区等公益活动,零距离服务学生和家长;带领学生开展职业体验活动和"美好少年企业行"、研学旅行等活动;充分挖掘学校周边的社会教育资源,开展安全、法治、消防、地震救灾等宣传教育活动,组织学生走进博物馆、科技馆、革命教育基地等,帮助学生感受中华优秀传统文化,厚植家国情怀。

(三)健全美好协同制度

在"美好教育"文化理念的引领下,学校积极加强家庭、学校、社会美好协同育人制度建设,制定《学校家庭、学校、社会美好协同育人工作方案》,完善《学校家长委员会章程》,优化家长和社区参与机制,在"五项管理"和"双减"政策背景下,制定《学校落实"五项管理"实施方案》《学校课后服务课程实施方案》等专项制度,为家庭、学校、社会协同共育美好少年提供规范和保障。

(四)完善美好协同评价

学校建立评价反馈机制,制定《美好家长公约》《家长委员会章程》等美好协同制度,设立美好协同育人家长参与跟踪评价机制,设计签到表、课堂内容互动表、课后作业统计表、课堂教学效果评价表等评价制度。学校定期组织家长沙龙,鼓励家长撰写协同育人体会和案例,积极推荐家长参与市、区"最美家庭""美好家长"的评选活动。

(五)强化美好协同宣传

我们充分利用学校微信公众号、视频号、橱窗展板、壁报等媒介,宣传美好协同文化下的家庭、学校、社会协同育人工作成效。一是开通家庭、学校、社会协同育人专栏，推送家庭教育小妙招，为家长提供家庭教育方法、策略，缓解家长心理焦虑；二是提炼可复制、可推广的家庭、学校、社会协同育人经验，供家长之间相互交流和学习；三是以教师领读的方式向家庭、社会介绍"美好教育"文化理念；四是定期开展"美好家长""美好家庭"评选活动，提升家庭、学校、社会协同育人工作实效。

（六）开展美好协同科研

学校始终坚持以问题为导向，积极引导教师将家庭、学校、社会美好协同育人过程中遇到的问题转化为科研课题，通过课题研究，以严谨科学专业的态度，探讨家庭、学校、社会协同育人的有效路径和策略。

学校坚持每年围绕"家庭、学校、社会协同育人的实践"主题，向教师、家长、社区工作人员进行案例、论文的征集，探讨家庭、学校、社会协同育人策略，建立交流、共享、协同、促进的实践平台，展现学校美好协同育人能力，促进美好少年育人目标的达成。

第四节：构建美好协同文化的成效与展望

党的二十大报告明确指出"高质量发展是全面建设社会主义现代化国家的首要任务"，教育领域的核心任务则是"加快建设高质量教育体系""健全家庭学校社会育人机制"。健全家庭、学校、社会协同育人机制，全面构建协同育人新格局，是重构教育生态的战略选择和重要任务。

在学校"美好教育"文化理念的引领下，美好协同育人策略紧紧抓住学校发展的"牛鼻子"，充分发挥学校、家庭、社会协同育人合力，增强学校教育、家庭教育、社会教育之间的相互作用和紧密合作，深入推进一系列家庭、学校、社会协同育人路径和策略，初步形成"学校育美好、教师树美好、学生崇美好、家长传美好、社会颂美好"五位一体的家庭、学校、社会协同育人模式，在美好协同实践工作中深耕细作，为每个学生提供适合的教育，让每个孩子都能快乐成长，使学校充满生机活力。

美好教育
——学校文化的构建与实施

一、学校协同育人机制更加健全

如果说把教育比喻成森林,那么家庭、学校、社会一定是由不同生命自主构成的独立系统,在整个森林中彼此关联,又相互依存。只有家庭、学校、社会多方努力,才能为每一株幼苗提供多样选择的生态环境,让教育的大森林郁郁葱葱。家庭、学校、社会协同育人的对象正在逐步从在校学生转向所有社会成员;育人目标从"功利主义"的教育理念回归到"立德树人"的教育初心;育人重心从青少年的基础教育转换成人的终身发展……

"美好教育"每名成员积极推动美好协同育人机制共建、多方共联、资源共享、协同共治。"育人"是核心,"协同"是关键,"机制"是保障。学校以构建家庭、学校、社会协同育人共同体为核心,组织教师丰富家校协同育人课程内涵,指导家长开展亲子共读、亲子运动、家风传承等互动实践,引导家长不断更新教育理念,让家庭教育真切升级为面向生命的成长、人人参与的成长、无处不在的成长。

健全家庭、学校、政府部门、社会协同育人机制,形成全员、全过程、全方位育人格局,是时代所需,发展所需。家校共育中"共"与"育"的关系,就好比渡河中桥和船的关系,唯有先解决好"桥"和"船"的问题,才能跨过波涛汹涌的河流,奔向梦想的彼岸。为此,着力加强家庭、学校、社会美好协同育人机制建设,构建和实施家长委员会、家长微信群、家校共育手册、家长研修班、校园开放日、智慧家长进课堂、美好教师访千家、定期召开家长会等协同育人路径和策略,制定《美好家长公约》《家长委员会章程》等一系列制度机制,通过搭建家庭、学校、社会共育平台,拓宽美好协同渠道;丰富家庭、学校、社会共育形式,夯实美好协同基础;充实家庭、学校、社会共育内容,提升美好协同实效;构建家庭、学校、社会共育机制,保障美好协同效果。学校美好协同育人的制度更加完善,美好协同育人机制更加健全。

教育是双向奔赴的旅程。教师真诚教育孩子,家长真心支持学校和老师工作,以"规则、情感、诚信"共同约定的美好家长公约,凝聚家庭、学校、社会协同育人共识,营造和谐美好的家庭、学校、社会协同育人氛围,夯实家庭、学校、社会三方教育责任,点亮孩子们在校园的美好生活。

第七章 美好协同
学校文化构建的同盟与伙伴

美好家长公约

为落实"美好教育"文化理念，发挥家庭、学校、社会协同育人合力，进一步探索家庭、学校、社会美好协同育人路径和策略，构建家庭、学校、社会育人共同体，营造和谐美好家庭、学校、社会协同育人氛围，落实家庭、学校、社会三方教育责任。实现学校培育"崇美德、善学习、强体魄、会审美、爱劳动、知自励、创美好"全面发展的美好少年的育人目标，特制订北京市陈经纶中学分校望京实验学校美好家长公约：

1. 认同学校"美好教育"文化理念，遵守学校美好家长公约，积极践行、落实学校美好协同要求，参与学校各项家校共育活动，承担家庭应尽的教育责任，构建美好协同家校关系，营造和谐美好家庭教育氛围。

2. 树立尊师重教的意识和观念，尊重学校教育和教师职业尊严，密切配合教师教育工作，建立相互尊重、互信互任、互相支持、互相理解的家校关系。不得以任何理由，向任何老师赠送任何形式的礼品和礼金，营造风清气正的"美好教育"文化氛围和环境。

3. 践行"美好教育"文化理念，积极构建和谐美好家庭，认真做好亲子教育学习和研究，关注的孩子身心健康，注重孩子全面发展，引导带领孩子积极参加社会实践，培养和引导孩子学做力所能及的家务劳动，培养孩子独立生活的技能、技巧，多给孩子提供磨炼意志品质的机会，努力提升孩子的综合素质。

4. 严格遵守上级和学校各类规章制度，遵循孩子身心发展和成长规律，积极落实国家"双减"精神要求，不盲目为孩子报名社会各类收费补习班，不做"虎妈""狼爸"。

5. 严格执行教育部"五项管理"要求，保证学生睡眠时间，做好手机管理，每晚10点前必须收缴孩子手机，保障孩子按时入睡；积极引导孩子加强体育锻炼，增强体质健康；合理指导学生开展规定书目课外阅读，丰富学生家庭生活。

6. 积极加强家校合作与沟通工作，坚决做到有问题及时和老师沟通，不越级上报、上访，努力营造和谐美好家校协同育人氛围。

7. 发挥家长身教示范作用。接送孩子或参加学校集体活动时，做到仪表及着

美好教育
——学校文化的构建与实施

装得体整洁，谈吐及举止文明大方；积极主动向门卫、老师、同学家长问好；开车接送孩子时，应减速慢行，不鸣笛，不将车辆停在学校大门口，避免造成拥堵，遵守交通规则，注意交通安全。

8.认真做好孩子学习和成长引路人，成为孩子学习和效仿榜样，引领孩子树立正确人生观、价值观和世界观。加强自我修养提升，做到孝亲敬老、勤奋工作、积极生活、不断学习，与孩子共同成长。

二、教师协同育人能力更加全面

家庭、学校、社会协同育人，协同是路径，育人是目标。学校是教育主阵地，在家庭、学校、社会协同育人中必须发挥好主导作用，承担相应的职责，也应该具备相应的能力。教师是家庭、学校、社会协同育人的关键，只有教师具有家庭、学校、社会协同育人意识，清晰家庭、学校、社会协同育人的意义，掌握家庭、学校、社会协同育人的方法，开展积极有效的家庭、学校、社会协同育人活动，才能进一步提升家庭、学校、社会协同育人的合力，更好地落实美好协同育人的目标。在"美好教育"文化理念的引领下，聘请专家积极开展家庭、学校、社会协同育人策略培训，定期组织召开德育年会，进行家庭、学校、社会协同育人经验交流和研讨，组织教师开展家庭、学校、社会协同育人相关课题研究，引领教师进行家庭、学校、社会协同育人经验梳理，撰写相关论文、案例和教育故事等。通过上述一系列举措，教师的家庭、学校、社会协同育人能力不断提升，逐步探索出了许多卓有成效的做法，进一步提升了学校美好协同育人的品质。

"美好教育"凝智慧 美好协同育美好

近些年，学生的心理健康问题逐渐凸显，如今的孩子虽然物质方面愈发丰富，但内心的快乐却愈发减少，抗压抗挫能力也在逐渐降低。在社会各行各业"内卷"较为严重的今天，老师和家长的焦虑也给孩子们带来情绪上极大的波动。因此，学校教育的任务就不仅仅是教会学生知识，同时还扮演着一种更为重要的角色，肩负着一种更为艰巨的使命，就是促进学生健康地成长、积极地发展，帮助学生走向幸福人生。

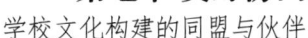

第七章 美好协同
学校文化构建的同盟与伙伴

身为教育工作者，我们深知每一个问题学生的背后，都有着"问题"的家庭或"问题"的家长，要想帮助学生解决心理问题，实现问题学生转变，就一定要争取得到所在家庭的支持。因此，在学校教育教学的过程中，格外重视家校之间的沟通和合作，通过紧密、有效的沟通，提升家长们对学生的心理健康的重视，积极主动配合老师共同去唤醒学生对美好的追求，帮助问题学生走出心理阴霾，建立积极乐观的心理品质，助力他们成长为美好少年。

一、初识小金，美好课堂角落的"丑小鸭"

小升初，对于每一个孩子都是一个新的起点，也是一次新的挑战。面对新的环境、新的老师和同学、新的学习内容不仅有新奇和兴奋，也会伴随着不同程度的不安和焦虑。小金同学可能是属于后者相对明显的一个孩子。

在一节《积极乐观》心理课堂上，为了让大家尽快地熟悉起来，心理教师设计了"大风吹"的游戏活动。同学们很快被这个有趣的活动所吸引，原本安静的课堂一下热闹了起来，同学们都沉浸在游戏欢快的氛围之中。这时，老师注意到有一位个子小小的男孩蜷缩在教室的角落，看着同学们热闹的场面，却始终保持着沉默。老师走过去提醒他，如果你不参加游戏的话，需要上讲台来表演一个节目。他看着老师，仍然不说话。这时，有同学小声地提醒："老师，他一直都那样，您不用搭理他。"下课后，心理教师和班主任及时沟通了小金的情况，让她对小金有了新的认识。

通过和班主任的沟通，老师逐步了解到小金的情况。小时候，小金的情绪起伏就比较大。开心的时候，也比较善于沟通、幽默风趣、体贴温馨；不开心的时候，就会变得特别敏感、缺乏自信、容易发脾气。面对自己比较擅长的领域，也会愿意和人分享、乐观开朗；面对批评和否定，就会产生极度焦虑，甚至情绪失控。另外，小金的个子比较矮小，内心总有一种自卑感，不够自信。所以，他特别在意别人对自己的看法，在意别人是否喜欢自己。

进入新学校、新班级以来，他非常在意同学对自己的看法，担心自己会有不好的表现。因此，他变得更加焦虑和紧张，特别害怕同学们不喜欢他。这使得他越是紧张，越难以自如地与同学们进行交往和沟通，同学们很快就感觉到他的不一样，慢慢地就开始对他有一些疏远，这就更加导致小金的不自信，产生了恶性的循环。

美好教育
——学校文化的构建与实施

二、又识小金，美好协同唤醒的"白天鹅"

了解到小金的情况后，老师开始思考对策。"每个问题孩子背后都有一个问题的家长"这句话虽然有些绝对，但是也能体现出家庭教育的重要性。家校合力是最有效的方法和手段。于是，放学后，班主任、心理老师和教育发展中心的领导们一起和家长做了深刻的沟通。通过交谈发现，小金家长在家庭教育方面确实存在一些问题，比如不尊重孩子的独立性，孩子没有个人空间；不信任孩子说的话，盲目批判或者质疑；只能看到孩子的缺点，看不到孩子的优点；一味地与其他孩子作比较等。家长的这些问题，都会造成孩子缺乏自信，害怕批评和指责，老师初步判断，小金的现状和家长的这种家庭教育方式有很大的关系。

在老师的沟通下，小金的妈妈逐渐认识到自己在家庭教育中的误区和问题，更加主动地和老师进行了沟通，通过沟通，老师们进一步了解到"小金"的问题所在，同时也了解到产生这些问题背后的原因。这为老师进一步教育和转化"小金"提供了很好的支持。于是，心理教师设计了一节主题为《认识自我》的心理活动课，让每一名同学画一幅自画像，并和大家进行分享自画像上最喜欢的地方是什么，最不喜欢的地方是哪里。这时，老师看到小金画了一个小小的火柴人，这让老师心中有了对策。

分享环节，老师故意随机选取了几名同学的画像，并打乱顺序让大家猜画中的人物是谁。画的具有鲜明特征的同学，当然能够一眼猜中，而画得不够形象的，肯定就不那么容易猜中。最后，老师拿出了小金的画像问大家，这是谁？同学们哈哈大笑说："这是人。"老师看到小金的脸上很不高兴，而且有一点窘迫。

老师说："对，这是个人。他可以是任何人，因为这幅画画的太抽象了。我想问问画的主人，你认为自己是长这个样子吗？"小金依然默不作声，这个时候，老师故意告诉同学们谜底，"这是小金画的自己。"这一句话，又引来同学哈哈大笑，小金的脸更加窘迫……

老师静静地看着大家，同学们的笑声逐渐停止。老师认真地对同学们说："亲爱的同学们，你觉得怎样画这幅画，能够让我们猜到这是小金呢？""矮小""可爱""安静""有虎牙""大眼睛"……

同学们七嘴八舌地说了起来。看到这么多同学在关注他，在谈论他，小金的

第七章 美好协同
学校文化构建的同盟与伙伴

眼睛里泛着光,看向每一位发言的同学。"那你觉得他们说的这些特点,哪些符合你,哪些不符合你呢?"老师认真地问小金。

他站了起来,支支吾吾地说:"我觉得我只是现在矮,妈妈说我以后还会长个。"同学们又笑了起来。

老师打断了同学们的笑声,问大家同不同意小金的说法。这时候大家出奇一致的表示同意。有的同学举出了实例,自己的哥哥或者爸爸小时候个子比较矮,高中以后才开始长个,甚至还超过了一些以前比他们还高的同学。

这时,老师补充说:"同学们说得非常好,我特别欣赏你们已经具有了发展的眼光和思维。人的身心发展不是一成不变的,尤其是初中阶段的同学还处于青春期,每个人都会有很大的变化,当下的问题不一定是永远的问题。"

课后,老师又及时去引导小金对自己其他特点的认同。小金向同学们表示,其实自己也比较幽默,只不过是因为现在还与大家不太熟悉,所以大家还不了解他。这节课后,老师明显感觉到小金有了一点点变化。

随后的心理课上,老师又设计了"认识自我""接纳自我"等课程。通过这些课程的学习,小金逐渐对自己产生了更多的认识。同时,通过课上每个同学的分享,也让小金看到其实每个人都有自己不自信的一面,小金也逐渐明白有时候自己身上的弱势在特定情况下也会转为优势。渐渐地,他的课上发言越来越多,越来越自信了,也越来越能融入到集体生活了。

三、再识小金,美好校园飞出的"金凤凰"

在初二年级一次主题"我能控制我自己"心理课上,小金向老师和同学们分享了自己的成长和改变:在学习上,从消极走向积极;人际交往中,从被动走向主动;面对挑战时,从逃避走向主动应对。

后来,在家长和老师的共同努力下,小金的积极情绪也越来越多。慢慢地,小金逐渐发生着转变……

再后来,在小金不断努力下,他顺利通过"1+3"的招生考试,正式收到了清华附中朝阳学校录取通知书,提前迈进了理想高中学校的大门。

面对这张来之不易的录取通知书,小金的家长激动地流下了眼泪,这是他们两年前从不敢想象的结果。小金和家长特意为老师送来了一面锦旗,正式向学校老师和帮助过小金的全班同学表达了谢意。

　　作为教育工作者，老师们也很激动，谁能想到当年那个自卑又易情绪波动、瘦瘦小小的男孩身上，能迸发出这么巨大的潜力。小金的转变让我们看到了教育的力量，看到了教师的智慧，看到了一个班集体的力量，看到了家校协同的育人价值。

　　"美好教育"的初心就是要为学生的美好生活准备、美好人生奠基，美好协同就是学校、家庭围绕共同的、完全一致的育人目标，相互配合、平等合作，发挥各自的资源优势，创设最有利于学生成长的教育生态环境，实现美好少年育人目标的落实。希望未来的"小金"都能够在家校的合力下，插上积极、乐观的翅膀，向着美好和幸福的未来展翅飞翔！

（以下来自家长的亲笔感谢信）

　　在这两年的时间里，小金在老师和同学们的帮助下，发生了很大的转变，从一个消极的孩子走向积极；从被动走向主动；从逃避走向面对。他变得更积极、阳光和乐观了。这些变化，离不开老师们的积极教诲，离不开班里每一位同学的无私帮助，感谢学校的"美好教育"，让小金告别了阴霾，走向了美好！

　　学校的责任不只是教书，更多是教育和唤醒，不只是让孩子掌握知识，也帮助孩子拥有了独立的人格、正确的价值观、积极向上的精神、顽强拼搏的毅力。自从孩子上中学后，最庆幸的是遇到了一群有情怀的美好教师，遇见了一个有温度的美好班集体，你们的每一个眼神、每一句赞美对于小金来说，都是一次次莫大的鼓励和认可。

　　在家里，我们也听取了老师们的建议，每天都主动跟小金聊天，听他描述在学校发生的一些琐碎的事情，从朋友的视角去倾听和沟通，不再盲目地批评和打击。同时，还积极鼓励他与自己做比较，不跟其他人做比较。包括每次考试后，我们都让他自己作分析，反思进步和退步的原因，自己制定下一阶段学习的小目标，逐渐培养孩子的目标意识与自主能力。现在，我们每天都在见证着小金的改变和进步。

三、家长协同育人参与更加主动

　　近些年，家庭、学校、社会协同育人受到高度重视。2021年10月，《中华

第七章 美好协同
学校文化构建的同盟与伙伴

人民共和国家庭教育促进法》颁布,2023年1月,教育部等十三部门联合印发《关于健全学校家庭社会协同育人机制的意见》,这些法律和文件的颁布,更好地营造了家庭、学校、社会协同育人的氛围,极大地促进了家长参与协同育人的积极性。

在"美好教育"文化的引领下,随着美好协同育人实践的逐渐深入,我校学生家长们也越来越意识到家校协同育人的重要性,认识到家长和学校应该是志同道合、互相扶持的合作伙伴,家长与学校之间只有同心同德、同向同行、同步同频,彼此信任、彼此合作,才能彼此成就。家长们对学校"美好教育"文化理念和育人目标越来越认同,更加积极主动配合学校实施家校协同育人,积极参加学校组织的家庭教育活动,认真学习家庭教育的知识和方法,主动与学校沟通学生情况,保持信息对称和良性互动,与学校构建育人共同体,家校协同育人合力越来越得以彰显,实现了学生德智体美劳全面发展,推动了学校"美好教育"办学目标的达成。

做"美好教育"的同行者

九年级(1)班　孙钰棋同学家长

我是北京市陈经纶中学分校望京实验学校九年级(1)班孙钰棋同学的家长。首先,我要代表全家人感谢学校和老师们,是学校的"美好教育"文化理念培养了美好的少年,是美好教师们给了孩子正确的引导,正是在这种教育理念的引领和滋养下,孙钰棋同学才有幸评选为朝阳区"十佳少年"提名奖和新时代好少年等荣誉称号,看到孩子学业有成、积极进取、健康又快乐,我们很欣慰。回顾孩子成长历程,我有3点感受和大家分享。

一、美好协同,同心同向

我的孩子已经在这所学校学习生活快3年了,这所学校给我最深的印象,是学生还未进校,家长却要先开学。初一年级新生入学前,在学生收到录取通知书的同时,作为家长,我们也收到了一份"家长学校"开学通知,带着一份欣喜和期待,我走进了"家长学校"的课堂,学校领导、老师们精心为家长设计了一系列培训活动。学校领导为家长们解读"美好教育"文化理念与实践体系;展示了

美好教育
——学校文化的构建与实施

学校多年"美好教育"文化建设成果；聘请知名专家培训了有关美好协同育人的目的、意义、路径和方法；学校干部为家长们宣讲了学校的各项规章制度；班主任老师分享了个人带班育人理念，解读了3年班级建设规划。通过这次全方位、立体式培训活动，家长们很快了解到"美好教育"的理念和内涵，认识到了家庭教育在孩子成长过程中的重要价值，明晰了学校的育人目标是培育"崇美德、善学习、强体魄、会审美、爱劳动、知自励、创美好"全面发展的美好少年。对于学校这个育人目标，作为家长，我们非常认同，这正是我们家长所希望的教育。所以，我也非常愿意与学校同心同向，做好学校培育"美好少年"的同行者。

二、美好协同，同步同频

通过"家长学校"的学习，作为家长，我更加清晰：没有家庭教育的学校教育，没有学校教育的家庭教育，都不可能很好地完成"培养人"的艰巨任务，家庭教育、学校教育缺一不可，学校美好的课程、美好的课堂滋养孩子的心灵，开拓孩子的视野，丰富孩子的人生体验。但必要的家庭教育更能让孩子心性成长和快乐成长。从幼儿阶段开始，图书馆、体育场以及社会实践、公益服务，一直伴随着孩子的成长。升入初中后，学业加重了，小学时爱读书的习惯，我想孩子可能是保留不住了。可是，当我把这个想法告诉班主任老师时，老师却劝我说："孩子好不容易养成的良好读书习惯一定要坚持。"后来，老师还特意在班里发起了一项课后的"坚持赛"活动，孩子们可以自选一项任务，在课余时间坚持做，然后每天打卡记录，每周进行评比和交流。我赶紧建议孙钰棋选择了阅读。

说起来，在选书问题上，我和老师一起花了好多的心思，一起为孩子拉出了1个阅读书单。因为孩子爱运动，我们先帮他选了村上春树的《当我跑步时，我谈些什么》，容易共鸣。当时我自己正在读海明威的《乞力马扎罗的雪》，我就陪着他也读了几篇。等到孩子阅读的习惯慢慢建立起来，我和老师就精心推荐了钱德勒的《漫长的告别》，侦探小说里最著名的文学作品，又吸引人，又深刻，孩子果然迷上了阅读。

阅读坚持起来，作文自然就会进步。学校一二·九长跑后，孙钰棋写作文，就从《当我跑步时，我谈些什么》这本书受了启发。读书是个慢功夫，作文也是个慢功夫，只要坚持读，读得多，必然写得好。正是因为老师班里搞的"坚持赛"

第七章 美好协同
学校文化构建的同盟与伙伴

活动，帮助孩子树立了阅读的信心，激发了孩子阅读的兴趣，我们做家长的积极配合，眼看着孩子就在阅读中受益了，我发现他更加善于思考，思维更加有逻辑，对身边的事也更有独特的看法。

还有，这所学校的干部和老师让我们家长觉得很亲切，她们像家人一样爱学生，这让我非常感动。在孩子遇到大大小小问题的时刻，老师们总是会给我们家长提出很坚定的支持。无论是怎么学语文、孩子考卷上哪类题错得多，应该如何帮助他；还是在学习与棒球训练之间如何平衡；还是在孩子过于要强的心态该如何调适……老师们很多次在深夜或是假期，用自己的休息时间和家长深度沟通，关注孩子成长中的点点滴滴。老师还特别鼓励孩子自主学习、自主发现问题和自主成长，鼓励孩子自己寻找薄弱的地方，有不懂的地方到学校问老师，老师们都会给予悉心指导。老师还多次和我交流孩子学习的状态，尤其是审题的问题，孩子读题太着急，容易出错，要多加训练。老师的这些引导，让我们家长内心很安稳。我想，这应该就是我们家长心中最美好的教育，最美好的家校协同关系吧。

三、美好协同，同路同行

在这3年时光里，通过孩子每天回来与我们交流，通过与学校领导、班主任老师的沟通，我也深深体会到了学校"美好教育"文化理念，也越来越认同这种理念的价值和意义，自己已经不自觉地成为学校"美好教育"的一员。孩子入学这3年，我多次参加学校组织的家长座谈会，多次在学校组织的现场会上做沙龙交流发言，也常常在家校联盟的微信群里参与共同商议，为学校发展出谋划策，学校非常尊重我们家长意见，家校之间很有默契。初一那年，校长和我们家长们一起排练和演出新年诗朗诵，当时的情景还历历在目。初二的中考誓师大会，老师和家长们一起上台献歌。学校还支持我们走进校园，组织垃圾分类专题讲座，端午节，家长和孩子们一起制作龙舟，在校园里开展旱地龙舟赛；草长莺飞的时节，家长和孩子们一起制作风筝，放飞青春；还有剥蒜大赛、创意拼盘、义卖活动等等，所有这些团体活动都是老师设计、家长支持，学生们自己策划，自己组织实施的。通过这些班级小组创意活动，充分发挥青少年的主观能动性，他们班级氛围非常好，团结友善，充满热情。

在学校"美好教育"文化的感染下，我也逐渐把这种"美好"的种子带到家庭，种进了家庭的沃土。在家里也是和孩子好说好商量，每每有需要决定的，我们不会采取家长制，而是充分让孩子表达自己的想法，在正确引导的同时，尊重他的选择。孩子一直生长得比较自由，所以他越来越独立、越来越有责任感，自我发展的内驱力也很好。相信不久的将来，这些美好的种子一定会绽放出更加绚丽的花朵，结出更加丰硕的果实。

相遇是美好的开始，携手是温暖的共育。"美好教育"是一场双向奔赴，老师满怀责任，家长满怀信任，同频共振，凝心聚力，才能共育花开！我们家长也一定会配合学校，在奔赴美好的路上相互支撑、彼此合作，同心同向、同步同频、同路同行，做学校"美好教育"最忠实的伙伴，做好"美好少年"培育最有效的助攻，向着教育的美好未来一路奔跑。

四、社会协同育人资源更加多元

第一，学校充分借助社区社会教育资源，邀请社区人员进校开展各种公益性课内外活动。如聘请疾控部门进校开展健康知识讲座；聘请消防部门进校开展防火、防灾和防震等安全知识讲座；聘请辖区派出所民警进校开展防诈骗讲座；聘请高校法律专业教授做法律知识、防欺凌和未成年人保护法的法律讲座等。

第二，学校充分借助公益性社会实践和教育基地，如爱国主义教育基地、法治教育基地、研学实践基地，以及图书馆、博物馆、文化馆、非遗馆、美术馆、纪念馆、科技馆、演出场馆、体育场馆、国家公园、青少年宫、儿童活动中心等基地，开展中小学生综合实践活动，引导学生在"玩中学、做中学、创中学和用中学"，发展和提升学生的核心素养，培养学生的实践能力、创新精神和社会责任感。

第三，学校积极与各级党政机关、企事业单位加强联系，以适宜的方式、适宜的时间向学校开放有关教育资源，组织学生参观学习、研究性学习和综合实践活动等。

第四，学校加强多方沟通与统筹，着力净化社会育人环境，打造有利于青少年健康成长的社会文化及良好的网络生态环境。

第八章 美好绽放

学校文化视域下"双减"与"双升"

  "双减"目的表层看是"减",深层次看则是"升"。"美好教育"邂逅"双减",引发了我们对构建"美好教育"文化和培养未来人才新的思考。"美好教育"深入解析"双减"政策的本质和内涵,积极探索"双减"政策落地的路径和策略,严格落实 2022 年版课程方案、新课程标准,努力推动课堂转型,作业改进,课后服务升级和一体化课程建设,实现了"双减"政策的落地生根,推动了"美好教育"文化的迭代和升级,推动了"美好教育"文化由"全景"经历"街景"走向"实景",从"铭牌"经历"奖牌"走向"品牌",进一步提升了学校办学品质和影响力,促进学校从"双减"走向了"双升",走上教育高质量发展之路,学校"美好教育"文化生态逐步形成。

第八章

美好绽放：学校文化视域下"双减"与"双升"

  2021年7月，中共中央办公厅、国务院办公厅《关于进一步减轻义务教育阶段学生作业负担和校外培训负担的意见》颁布，从全局视角重新审视了青少年健康成长的生态系统，以及系统各元素之间的相互联系。从构建良好教育生态入手，落实立德树人根本任务，建设高质量教育体系，整体提升教育教学质量。遵循教育规律，减轻学生过重学业负担。着眼学生身心健康成长，深化校外培训机构治理，严禁资本化运作，保护人民群众利益，减轻家长负担。推动教育回归育人本质，回归学生智慧的生长与精神的成长。实施"双减"政策与构建"美好教育"文化的初心不谋而合，再次引发我们对构建"美好教育"文化和培养未来人才模式新的思考。

  "双减"政策实施以来，学校始终坚持以"美好教育"文化理念为引领，坚持以教育科研为支撑，深入挖掘"双减"政策的本质和内涵，积极探索"双减"政策落地的路径和策略。随着国家各项"双减"措施的落地，我们清晰地认识到"双减"的本质不是"减"而是"增"，学校必须在"增"上下功夫，在"增"上找出路，在"增"上做文章。为此，我们坚持以问题为导向，以课题为抓手，以实践为策略，积极将落实"双减"政策遇到的"课堂转型""作业创新""课后服务升级"等问题转化为科研课题，通过规范的课题研究，运用科学的研究方法，逐渐探索出一套校本化"双减"政策落地的路径和方法。这不仅解决了"双减"政策落地难题，还形成了一些有效的做法和经验，促进学校办学从"双减"走向"双升"，走上教育高质量发展之路，学校"美好教育"文化生态逐步形成。

第一节：聚焦"双减"，推动作业升级"新版本"

作业是教师教学和学生学习的重要组成部分，它是课堂教学的一个重要环节和必要的补充，是教师为完成课程目标，利用非教学时间由学生自主完成的学习任务，对学生巩固知识、提升能力、培养习惯和全面发展具有重要意义。然而，中小学生作业负担过重问题一直比较突出，作业设计"一刀切"、作业分层"形式化"、个性化作业"操作难"等问题，一直得不到彻底解决。围绕减轻中小学生过重作业负担问题，国家和市、区教育管理部门都先后多次出台相关文件，但一直收效甚微，甚至个别地区还出现了越减负，学生作业负担越重的现象。

显然，减轻学生过重作业负担已经成为当前深化教育改革，建立良好教育生态的重点和难点。如何提高作业设计质量，做好分层作业、弹性和个性化作业设计，成为教育界共同面对的重要课题，也是学校落实"双减"政策的必答题。

一、领会"双减"精神，深挖作业问题与原因

近些年，虽然中小学生作业负担过重问题一直受到教育主管部门持续的关注，但由于多种因素的影响，其改进往往"治标不治本"。2021年7月，教育部印发的"双减"政策，再次强调"作业布置更加科学合理"。"双减"背景下，要切实落实减轻中小学生过重作业负担问题，就必须明确中小学作业改进的基本方向。只有导向正确、目标清晰，才能"标本兼治"，真正优化作业实践，减轻学生过重作业负担。由此可见，解决中小学生过重作业负担问题的关键，就要找到造成中小学生作业负担过重的原因。为此，我们展开了广泛的调查和深入研究。见下表：

传统作业存在问题及原因分析

序号	存在问题	原因分析
1	作业形式单一，无法满足学生个性化学习需要	传统作业大多以"教师为中心"设计，以"一刀切"为特征的布置，造成作业形式单一、内容模式化，缺少分层和个性化作业设计，无法满足学生多样性和个性化需求
2	教师作业批改耗时长，作业反馈周期长	传统作业以纸质作业为形式，学生完成作业后，上交老师，老师需要一份一份手工批阅，等教师批阅完所有作业后才能统一反馈，反馈周期较长，反馈不及时

第八章 美好绽放
学校文化视域下"双减"与"双升"

（续表）

序号	存在问题	原因分析
3	作业分析和作业讲评教学针对性差	传统作业缺少学生详细数据支撑和精准的学情分析，教师一般只是凭经验进行分析和讲评作业，不能做到精准分析和有针对性的教学
4	作业数量多，重复低效，功能异化	由于作业设计缺少分层、针对性差和缺少个性化作业设计等原因，教师为了达到巩固知识的目的，教师就会单方面靠作业数量、反复训练等极端方式，达成作业的功能

二、挖掘作业功能，丰富作业形式与内容

传统作业是把作业作为学生知识与技能巩固的手段，形式上以巩固练习、反复训练为主，作业形式单一、缺少个性化设计。2022年版《义务教育课程标准》明确指出，坚持以核心素养为导向，强调作业是培养学生核心素养的重要手段，而不能仅仅窄化为知识与技能的巩固。作业不仅具有培养核心素养的功能，同时也兼具诊断核心素养的功能和独特的价值。

因此，"双减"背景下，教师学科作业设计要始终将核心素养培育作为作业设计的出发点和落脚点，更加强调作业内容、类型和方式的多样性。倡导设计包含阅读、探究、体验、实践等多种类型作业，提倡增强作业的趣味性和多样性，作业内容既有家庭成员参与的亲子活动，又有多学科融合的实践活动；既有调查研究，又有家庭小实验；既有创新活动，也有模型制作活动；引导学生在"做中学、玩中学和创中学"，丰富作业的形式和内容，挖掘作业的育人价值，提升作业的育人功能。

（一）单元类作业：引导学生系统地学习

长期以来，大家对作业功能的理解一直存在一个很大的误区，经常会简单地把作业视为一种课后的巩固练习。然而，作业除了巩固训练、对预期的目标进行结果评价之外，还具有引导预习、促进理解、诊断学情、引导合作、知识建构、习惯养成等多重功能。2022年版新课标倡导单元整体教学，将作业作为单元整体教学设计的一部分，更加关注"教学—作业—评价"的一致性，提倡设计以学生发展为目标，基于课程标准、指向核心素养、发展学科能力的作业，单元整体作业设计应运而生。

单元类作业是以单元为基本单位进行整体规划、设计、执行和评价的一类作

业的集合。单元类作业设计遵循一致性、统整性、多样性和差异性的原则，具有"高结构""强关联"和"共成长"的特质。孩子在完成单元类作业的过程中，突破传统作业固化的框架体系和碎片化的学习模式，以统整而非叠加的系统学习方式拓展原有知识框架，发展思维品质，完善情感价值，形成核心素养。

（二）合作类作业：引导学生学会合作

2022年版《义务教育课程标准》进一步指出，作业具有培养和检测核心素养双重功能。学会合作是中国学生核心素养的重要内容之一，培养中国学生核心素养必须引导学生学会合作。青少年的学习是一种社会建构，它是在与家长、教师和同伴的相互作用过程中建构形成的。合作类作业是学生与他人共同完成的，在完成任务的过程中，可能会产生不同的意见，孩子们不仅要完成作业，更要学会交流、学会接纳、学会宽容。设计合作类作业，宜寓教于乐，乐中求教，激活思维，开启智慧，展示才华，发展个性。

（三）体验式作业：带领学生体悟学习

体验式作业是引领学生亲身经历知识的发现与建构过程、切身感受学习内容的趣味与价值。注重学生知情意行同步协调发展，着眼于作业情境活动对学生个体的潜能唤醒和情感浸润，体现出学习者沉浸式的作业特征。以"情境中的学习活动"为作业载体，发掘、拆分"体验"要素，创设真实或虚拟的体验情境，设置既以学生学习兴趣为基础，又利于学生认知与情绪交互作用的作业，促进学生体悟学习的乐趣。

（四）自主式作业：提升自我效能感

自主式作业是教师针对每个学生学习能力的不同，有意识地设计个性化"自主式"作业，使处于不同学习层次的学生分别学有所获，真正体现作业的价值和功能。学生依照教师设计的作业范围，根据自己的兴趣爱好、认知风格和学习水平，自主选择作业内容、作业完成形式。

同时，根据作业要求，自主管理作业完成的过程。自主式作业设计一般遵循尊重差异、分层设计、自由选择的原则。自主式作业设计时，教师通过创设与学生已有知识经验相适应的问题，引起学生的认知冲突，引导学生积极探索、大胆实践，激发学生求知欲。在学生完成自主式作业的过程中，教师还需适时引导学生生成意义、建构知识体系。

(五) 益智类作业：提升学生综合能力

建构主义理论认为帮助学生利用协商、对话等环境要素，发挥学生学习的主动性、积极性。设计益智类作业，将作业内容的重点和难点转化为学生探索和总结的过程，学生通过一系列的操作、探索、创意和表述，达成作业设计目标。在内化知识、自主探究、解决问题的过程中，逐步提升学生的核心素养与综合能力。益智类作业把学生看作发展中的人，注重学生内化知识为综合能力。设计益智类作业以转化知识为智慧作为主线、以师生交流互动为主体，使得学生的思维递进。

(六) 主题类作业：引导学生学会生活

随着时代的变迁与社会的进步，人们越来越注重对个人核心素养的塑造与追求。主题类作业聚焦核心素养，与学生的生活实际紧密相关，要求学生具有多方面的知识和能力，旨在促进学生动手能力的提高和创新能力的培养。

主题类作业是一种以作业为载体，促进学生主动、全面发展的学习活动。它把学生作业活动与学生研究和解决实际问题结合在一起，并要求学生在一定的情境中完成。主题类作业的核心思想是以单元话题为线索，以学生的实际生活为依托，学生完成作业的过程就是知识习得和体验的过程，也是知识内化的过程，更是发现自我、丰富自我和发展自我的过程。

主题类作业的设计一般要遵循趣味性、整合性、延展性和过程性等原则，更能体现探究性、实践性和创新性等价值追求。教师围绕某一主题设计、布置主题类作业，可以使学生通过观察、体验、合作、探究等途径，在生活化的情境中学会知识、提升能力，不断发展和提升核心素养。

(七) 游戏式作业：激发兴趣激活动力

作业是一种生活、是一种情趣，而不是千篇一律的重复。游戏类作业是以游戏为载体统筹设计的作业类型。它具有趣味性、规则性、情感性和丰富性。学生是游戏者，设计游戏式作业需要考虑学生的心理特点，联系学生已有生活经验及知识储备，依托学习工具，激活游戏形式，让学习者饱含激情地参与知识探究的过程。如"扑克牌算 24""亲子对口令"等游戏类作业，以游戏为载体，激发学生学习兴趣，吸引学生主动参与到知识探究过程中来。又如学完《20 以内的退位减法》后，设计"对口令算加减"游戏；围绕拼音教学，设计"拼音字母牌"游戏，引导学生玩中学、学中玩，快乐学习、健康成长。

（八）表达类作业：多元展示多样发展

为了引导学生在课内完成学习实践、场景体验等学习活动后，进一步内省学习所得，增强学习实际获得和发展提升核心素养，学校积极探索实施表达类作业，引导学生通过用语言或非语言形式，表达对所学内容的理解。表达类作业关注学生表达的个性特点呈现、情感体验释放以及其心理机制诠释，激发学生内源性学习动力，帮助他们更好地发现自我、接纳自我和展示多元自我。

（九）制作类作业：手脑并用友善学习

陶行知先生曾说："中国教育革命的对策是使手脑联盟，结果是手与脑的力量都可以大到不可思议。"手脑并用的制作类作业，便是基于这样的思考应运而生的。制作类作业作为小学低年段课后作业类型中的一种，不仅可以帮助学生将课堂上学到的知识，通过手工制作的方法加以巩固，而且还可以锻炼学生的精细动作能力。学生在完成制作类作业时，能培养他们的专注力和创造能力，充分发挥想象力和思考能力。

（十）跨学科作业：培养学生问题解决能力

2022 年版义务教育课程标准明确规定：各学科不少于总课时的 10% 用于跨学科主题学习，落实课程综合实践育人。跨学科类作业以一个学科为中心，多门学科融会贯通、交叉渗透，进行综合化的设计、实践与评价，以提升学生解决实际问题的能力。通过跨学科知识整合，打破传统知识和技能的碎片化教学，打通知识、技能之间的壁垒，实现知识和技能的融会与贯通，培养更为完全、完整和全面的人，更加有利于促进核心素养教学目标的落地，培养符合新时代发展需要的创新型人才。相对于传统的单学科作业，跨学科作业更有利于拓展学生的认知视野，淡化学科界限，提升学生灵活运用知识，解决实际生活问题的能力，指向学生多元智能发展，为人的全面而可持续的发展奠定基础。

第八章 美好绽放
学校文化视域下"双减"与"双升"

（十一）探究类作业：提升学生思维品质

探究类作业是指让学生在探究过程中成长，获得答案并进行交流、检验的作业。探究类作业是对传统作业的一种改革，其目的是推进学生在科学素养、创造力、实施力等方面的发展，其重点是培养学生科学素养，培养学生自主学习能力、探究能力与创新能力。探究类作业以学生作为活动的主体，立足学生的学，通过探究习得知识，获得经验，形成创新能力。探究类作业根据教学内容和学生特点，把学生生活中遇到的问题转化成学习上的问题，可以充分发挥学生思维的发散性和创新性，进而通过探究类作业的实施促进学生思维品质的提升。

（十二）想象类作业：挖掘学生创新潜能

想象类作业是以想象力和创造力为设计依据，蕴含了学生的审美、情感、个性、价值观等诸多元素，可以充分反映教学的效果，是提升课程意义的重要内容。想象类作业可以引导学生开阔思维、创新创造，在奇思妙想中展现自我，挖掘学生的创作潜能，促进学生的全面发展，落实核心素养的培养。

（十三）数字化作业：提升学生信息素养

数字化作业是伴随"互联网＋教育"发展应运而生的一种作业样态，其借助互联网平台、移动终端和大数据分析记录学生学习轨迹，生成学生学情数据报告，为教师布置作业提供真实依据，为教师个性化作业设计、布置、批阅、反馈和辅导等教学行为，提供数据依据和技术支持。学生在数字化作业学习过程中，通过课上课下、线上线下、自主合作、积极主动参与，有利于提升学生的信息化学习能力和信息化素养。

三、优化作业管理，切实减轻作业负担

（一）学科协同，守住作业时长"红线"

减轻中小学生过重作业负担，首先要减轻作业的总量，作业减量必须来自各学科的协同和教师集体的改变，来自精准的管理。中小学教育教学发展中心通过常态化作业监控，来敦促各年级学生作业总量的控制，通过建立年级"学科协同作业安排表"，整体调控年级内各学科之间作业布置的"整体运营"。以小学五年级学科协同作业安排表为例：

美好教育
——学校文化的构建与实施

教师及科目	周一	周二	周三	周四	周五	周末
英语教师	15分钟			15分钟		10分钟
语文教师	25分钟	30分钟		15分钟		30分钟
数学教师	20分钟	20分钟		15分钟		20分钟
科学/音乐/美术教师				科学15分钟	音乐20分钟 科学30分钟	
德育班主任		10分钟	亲子主题会议			
总时长	60分钟	60分钟	40分钟	60分钟	50分钟	60分钟+

小学五年级学科协同作业安排表

落实学科协同作业安排，以各班班主任为第一负责人，进行各班学科作业的整体协调。同时要求，各学科老师要有"互让"意识。每日班级的整体作业单上，首位老师布置作业要留有余地，为其他老师布置作业让路减量，由班主任负责整体作业的协调与控制，促进整体学科作业总量"不超载"。

（二）优化设计，提高作业质量"准线"

作业设计是指教师根据一定的目标，选择重组、改编完善或自主创编学生需要完成的学习任务的教育活动。在"双减"政策背景下，我们认为作业"减负"不是"减质"，是对教师作业设计水平提出了更高的要求。因此，学校以学科备课组为龙头，认真落实"双减"政策的精神内涵，坚持立德树人与学生为本的理念，依据学科课程标准，以核心素养的培养为导向，积极挖掘作业独特的育人功能，提升作业设计的质量，满足学生多样化和个性化的作业需求。

1. 提升作业的科学性和精确性

作业的科学性指作业中语言的精练性、要求的明确性、内容的可理解性等；作业目标的精确性，则强调作业设计的目标导向性，它是减少无效作业、真正落实作业"减负提质"的有效手段，是一份优质作业设计的基础要求。教师根据学

第八章 美好绽放
学校文化视域下"双减"与"双升"

科课程标准和教材内容，总结出核心概念。在核心概念的统领下，将作业任务分解为可理解、可操作、可视化、易检验的子目标，从而实现作业的科学性和目标的精确性。

2. 提升作业的选择性和层次性

针对学生不同的学情进行差异化作业设计，是作业改革的重点，也是难点。一是做好"选择性作业"设计，将统一要求作业与学生自主作业相结合，设计可供学生选择的作业；二是做好分层作业设计，满足学生个性化发展需求，如设置"作业超市"，在分类的基础上，让学生自己选择分类中的"作业套餐"。同时，教师也可以通过合理设置小组作业，来弥补分层作业所带来的学生分化问题。

3. 提升作业的趣味性和多样性

教育家蒙台梭利认为："作业应该从儿童的兴趣开始，强调儿童应在自己感兴趣和能够完成的作业过程中获得成就感。"趣味类作业能够有效激发学生的学习主动性，提高学生完成作业的效率。而多样性作业也能够避免单一作业所带来的枯燥感，有利于学生各方面能力的培养，特别是学习迁移能力的锻炼。因此，教师要紧密地与教学改革接轨，将作业的设计与项目式学习、探究式学习、STEM综合性学习等相结合，创新作业形式，丰富作业形态，更好地推动学生全面发展。

4. 提升作业的系统性和结构性

作业设计的系统性，即要求教师从全局的角度出发，有意识地提前规划作业。而作业设计的结构性则需要教师综合考虑作业中的各个要素，如合理设置作业的类型、难度、目标，平衡教材中的重点、难点、疑点的比例等。尽可能避免和减少教师作业布置的主观性、随意性等问题，同时也有助于教师更有规划地思考作业设计，提高教师作业设计的质量。

5. 提升作业的综合性和探究性

2022年版义务教育各学科课程标准明确规定：不少于总课时的10%用于跨学科主题学习，落实课程综合育人。因此，在综合育人理念的指导下，我们提出了作业设计综合性和探究性的要求，倡导教师布置"实践类作业""跨学科作业""长周期作业"。"实践类作业"强调"玩中学"和"做中学"，更加注重学生实践和

美好教育
——学校文化的构建与实施

创新能力的培养。"跨学科作业"强调学科的整合,通过跨学科知识整合,打破知识和技能的碎片化,打通知识、技能之间的壁垒,实现知识和技能的融会与贯通,培养更为完全、完整和全面的人,更加有利于促进核心素养的落地,培养符合时代发展需要的创新型人才。

(三)制度保障,落实作业减负"底线"

1.作业公示制度。为真实把握作业管理情况,加强对各学科作业过程规范监控,学校建立了学生、教师、家长三个层面的作业公示制度。

学生层面:以班级为单位,建立班级作业公示栏,包括日期、学科作业内容、作业时长,班主任每天完成班级作业公示填报,让每个学生知晓作业内容,并负责统计学生完成作业情况。

教师层面:年级组长负责在学校层面公示本年级学生作业内容,学校干部随时访谈学生完成作业情况,检查学生作业与公示内容是否一致。

家长层面:每天,班主任负责把学生作业拍照发送到班级群,方便家长了解学生作业内容,有助于家校沟通。

2.作业教研制度。学校把作业问题研修纳入校本教研内容,针对作业理念、作业研究、作业设计与实施要素,组织通识培训。教研组围绕学科作业研究要点、作业经验与典型问题开展专题交流活动,促进经验分享与转化。各学科备课组加强作业备课教研,课前研讨作业设计,课后研讨作业效果,优化作业资源。

3.作业监控制度。作业监控机制是落实作业减负的"防火墙",学校建立三级监控机制,相互制约、相互监督。

一是学生监控。学校制作"作业小管家"记录册,由班级学习委员负责记录作业情况,每周五上交记录册,由中小学教育发展中心对标作业时量表,统一检查反馈;

二是班主任监控。班主任负责每日监督本班的作业量,通过"作业时量表"监督各学科是否落实作业制度要求;

三是学校监控。每天,中小学教育发展中心监控教师作业布置是否落实作业制度要求。每周,通过"作业小管家"与"作业时量表"对比,关注学生作业实际完成情况,及时发现问题,及时指导教师进行改进和调整。

4.作业试做制度。学校以学科备课组为单位，通过集体备课，统一设计作业，确保给学生布置的所有作业都是教师依据课程标准、教学目标、教学内容以及学生实际水平精心设计的。每天作业布置要与单元作业、周末作业综合考虑，统筹安排。教师是学科作业质量管理的第一负责人，教师要对给学生布置的作业先行试做，明确作业题目与教学内容和知识结构的关联性，明确作业中的难点、易错点，预测学生会采用的解法以及可能遇到的障碍，预估不同学习水平学生的不同表现。设计作业时，要准备出三份同类题目：一份作为作业、一份留给作业出错的学生巩固使用、一份留作单元检测时的测试题目，从而保证作业与考试的一致性。

5.无作业日制度。"双减"政策实施以来，学校坚持3—6年级每周一次，7—9年级每月一次"无作业日"。老师结合每月节日或节气确定一个学期的"无作业日"主题，让学生放下纸笔作业，走出家庭、走进公园，亲近自然，了解中华传统文化，体验自然风光。

6.作业批改制度。作业设计原则："三精"，精准（需要、漏洞）、精选、精分层；作业布置原则："四有"，有留必收、有收必批、有批必改、有错必究；作业批改"四有"原则：有批阅、有日期、有改错、有复批等。

四、科技赋能驱动，探索数字化作业模式

2021年9月，北京市朝阳区出台"双减"七大举措，其中一项是科技赋能，加强教育科技应用，助力"双减"政策落地。我校被选为首批"科技赋能助力'双减'"作业改进实验校，重点开展科技赋能数字化作业模式创新研究。学校充分对比传统作业的优势与不足，在对数字化作业理论与实践深入研究的前提下，通过创建线上作业试题题库，借助个性化作业系统，重构数字化作业实施流程，实现了作业个性化设计、分层布置、智能批阅和及时反馈等功能，达成了减轻学生过重作业负担的目的，有效落实了"双减"政策对作业改进的要求。

（一）创建线上作业题库

校本作业试题库是教师开展数字化作业设计和分层作业布置的前提，是学生个性化学习的基础。学校在北京市朝阳区教委"科技赋能"项目引领下，通过政企合作平台支持，开启线上作业试题题库创建工作。一是充分借助合作企业提供的海量专业化、标准化试题库资源，通过筛选、梳理和整合形成题库；二是针对

教师常用的传统纸质教辅资源，如目标检测、同步学练测、学习探究诊断，以及北京市历年中考、各区统考试题进行批量数字化转化，形成线上试题库资源；三是针对学科实际和学生需要，借助个性化作业平台的试题编辑功能，修订和改编形成个性化试题资源；四是针对学生学情和各学科重点、难点、易混点、学生障碍点等录制试题讲解微视频，形成试题配套讲解视频资源。

数字化试题资源转化完成后，再按照章节知识点进行标签，上传作业系统，系统根据题目标签，将题目进行分类，这样既确保题目质量、数量，也确保各学科知识点的全覆盖，为教师实施数字化作业设计与应用奠定坚实基础。

（二）重构作业改进流程

校本化作业题库建设完成后，为了让老师快速理解相关理论、熟悉数字化作业操作流程，我们在充分开展在线学习理论和建构主义理论学习的基础上，反复探索论证，创新性地提出并构建了如下"数字化"作业设计模式，并进一步清晰了操作流程。见下图：

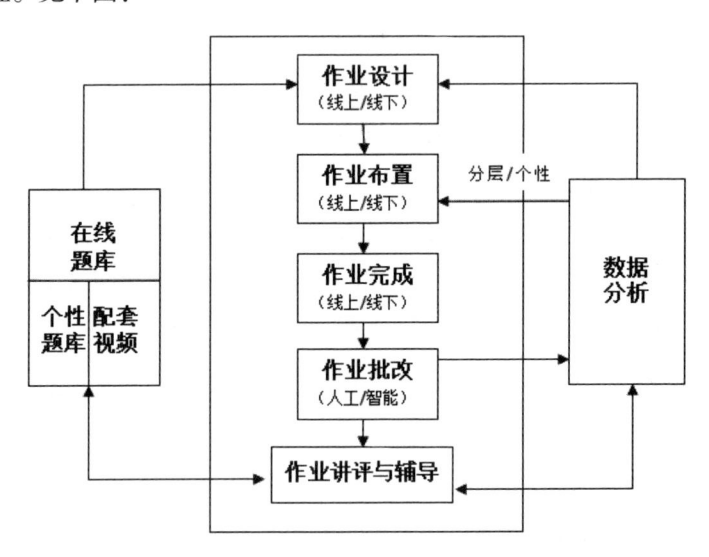

"双减"背景下数字化作业设计流程图

1. 作业设计

教师借助个性化作业系统，依托在线题库，进行作业设计。教师根据任教班级学情以及个别学生实际需求，可以选择以下不同的作业设计场景。

第八章 美好绽放
学校文化视域下"双减"与"双升"

场景一：教师直接选择题目范围、类型、数量、难度，系统会自动生成一份相应水平作业题目。

场景二：如果系统自动生成的题目不完全符合本班同学的学习水平，教师还可以对题目进行更换或者在线编辑。对题干、选项、答案、解析等进行增减、修改和调整。

除此之外，系统还会计算学生完成作业预计所需时间，供我们参考控制作业总量；系统还有超级检索功能，帮助老师在海量题目中快速精准筛选所需题目；还可以个性化选择配套视频讲解的题目。这样，学生上传作业后，就可看到相应的讲解视频，帮助学生进一步理解所学知识。

2. 作业布置

作业题目设计完成后，教师既可线下打印生成纸质作业，也可以系统生成线上作业。教师既可以选择全部学生，也可选择部分学生进行作业布置和推送。如果选择纸质作业，系统会自动生成一个二维码，用于定位学生信息与作业信息，这是教师后续进行学情数据分析的基础。

3. 作业收集与批阅

学生完成纸质作业后，即可使用小程序拍照上传作业，作业上传成功后，系统自动进行批阅，学生在第一时间内即可看到批阅结果。与此同时，系统也会自动推送题目答案和讲解视频给学生，学生通过题目答案和配套讲解视频，及时获得作业情况反馈。

4. 作业讲评与辅导

作业批阅完成后，系统自动记录学生学习轨迹，生成学生的学情数据。通过这些数据，一方面，教师可以及时看到班级学生整体作业情况，还能看到每名学生作业的正确率分布与知识点掌握情况，针对学生普遍存在的共性问题，教师及时进行讲评和反馈，针对个别学生出现的个性化问题，教师及时进行答疑辅导；另一方面，这些数据也为教师进一步掌握学情，为下一轮作业设计提供数据支持和依据。

同时，借助系统大数据分析功能，系统还会自动生成学生作业正确率分布、知识点掌握度、作业趋势分析、作业时长、班级共性问题等数据分析和建议。结合这些数据和建议，教师可以深度反思自己在教学过程中存在的不足，并进行有针对性的改进和优化，实施更为精准的教学。

（三）数字化作业实践与反思

无论是校本化作业资源开发，还是数字化作业设计流程实施，都需要经过大量学科作业实践活动，去检验其科学性和合理性。通过作业实践，不断发现问题，完善和解决问题。该模式提出后，为进一步检验其有效性。2022年寒假期间，我校初中数学、物理、英语3个学科开展了"双减"背景下数字化作业实践活动，15名教师、355名学生参与了本次实践活动，教师利用个性化作业系统，为学生定制了寒假作业题目，学生在家完成后，拍下照片上传提交，系统立即自动完成批阅，学生作业出现错误的地方，点击观看对应的视频讲解，及时消化和理解知识点。与此同时，教师也可以通过登录后台系统，查看每位学生的作业提交情况和完成情况，查看班级整体的作业完成数据，不仅省去了批改时间，也做到了精准掌握学生假期学习情况。后台数据显示：寒假期间，学生总计拍照上传作业30919次，提交作业6118份，查看讲解视频3906次。

为进一步了解数字化作业实践效果，2022年3月，我们对参与数字化作业实践的教师、学生和家长，通过"问卷星"进行了调研，从老师、学生、家长的反馈看，大家一致认为这种新型的线上交互作业系统体验非常好。学生方面，学生们使用系统的频率较高。有77%的人选择每天使用，有95.8%的同学选择愿意继续使用，认为对他们的学习带来了实际帮助。家长方面则普遍给予积极评价，认为在督促孩子完成作业方面、作业反馈及时性方面，特别是对及时推送讲解视频功能，促进学生自主学习方面尤为满意。教师层面则认为改进后的作业与传统作业相比，明显存在4大优势。见下表：

第八章 美好绽放
学校文化视域下"双减"与"双升"

数字化作业与传统作业相比优势

序号	存在优势	具体内容
1	实现了作业批阅便利性	借助系统自动批阅功能,一方面减轻了教师批阅负担,一方面也节省了批改时间,提升了教师工作效率
2	实现了作业反馈及时性	传统作业中,学生假期完成作业,开学上交作业,教师批改后,再进行作业反馈,由于作业反馈周期长,作业实效性大打折扣。实施数字化作业则实现了作业反馈的及时性,学生完成作业后立即得到反馈,出现的问题立即得到解决
3	实现了作业管理全程化	通过数字化作业系统,老师可以轻松查阅和了解班级每个学生作业的提交和完成情况,对个别学生出现的迟交、不交作业情况,进行及时的提醒或干预,能够确保作业管理的及时性和有效性
4	实现了教学与辅导的精准化	系统还会自动生成学生作业正确率分布、知识点掌握度、作业趋势分析、作业时长分析、班级共性问题等数据分析和建议,结合这些分析和建议,教师可以有针对性地调整和优化教学内容,及时进行教学调整或开展有效的个别辅导

"双减"背景下,数字化作业创新与实践使我们更加清晰:减轻作业负担并不意味着单纯减少作业的量,而是升级和改进作业的功能。通过研究,我们也发现,该研究能有效解决传统作业想解决而不能解决的一些问题,切实达到了作业控时长、减重复等改进目的,为学科作业减负增效提供了可能。然而,数字化作业作为一种创新型作业,依然还存在着一些问题。如系统自身功能问题、师生系统使用熟练程度问题、学生信息化学习习惯培养问题等,都需要我们不断去研究和完善。

为此,我们将继续秉承"双减"精神,抓住义务教育课程标准学习和研讨的新契机,以核心素养为导向,以单元整体作业设计为抓手,进一步加强作业育人价值研究,结合理论与实际,不断探索,提升作业设计、实施与改进能力,满足学生多样化、个性化发展需求,促进学生的全面发展、健康成长,为学生终身发展服务。

第二节：聚力"双师"，构建课后服务"新模式"

"双减"政策实施，推动了学生课后服务回归校园，强化了学校教育主体责任和主阵地地位。学校作为立德树人的重要机构和场所，承担着落实学生课后服务的重要使命。提升课后服务水平，创新课后服务模式，构建课后服务课程体系，优化课后服务管理，满足学生多样化、个性化课后服务学习需求，成为学校当前重要的教育职责。然而，由于"双减"政策实施前，家长大多选择校外培训机构作为学生的课后服务补充，对学校课后服务教学的期待和需求不高，久而久之，就造成了义务教育学校在课后服务供给方面的顶层设计和系统规划不够，学校整体课后服务供给水平不高。

因此，"双减"政策实施后，学校就出现了课后服务课程资源匮乏，课后服务师资不足，教师课后服务教学负担过重，课后服务管理不完善，学校课后服务质量不高等一系列问题。基于上述问题，学校以"基于'双师课堂'理念的课后服务模式创新研究"为选题，申报北京市"十四五"教育科学规划"双减"专项课题，在充分调研学校课后服务教学现状的基础上，发挥"互联网＋教育"优势，借助"双师课堂"理念，探索提出了基于"双师课堂"理念的课后服务模式，进一步提升了学校课后服务教学水平，满足了学生多样化、个性化发展需求，促进了学生的全面发展、健康成长。

一、"双师课堂"应用课后服务教学实践研究

（一）构建"双师课堂"应用课后服务教学模式

所谓双师课堂，是一种集线上、线下教学优势而出现的一种教学模式。其中"双师"原指一位"主讲教师"＋另一位助讲教师，随着"互联网＋教育"的兴起，逐步衍生成一位"主讲教师"＋N位助讲教师。主讲教师通过视频会议的方式，远程实时授课，"助讲老师"在课堂现场进行学习组织、指导、答疑、辅导等共同完成教学。"双师课堂"应用课后服务教学，是学校在对"双师课堂"教学模式充分研究的基础上，创新性提出的一种课后服务教学模式，是将"双师课堂"教学方式应用于课后服务教学的一种新的教学样态。见下图：

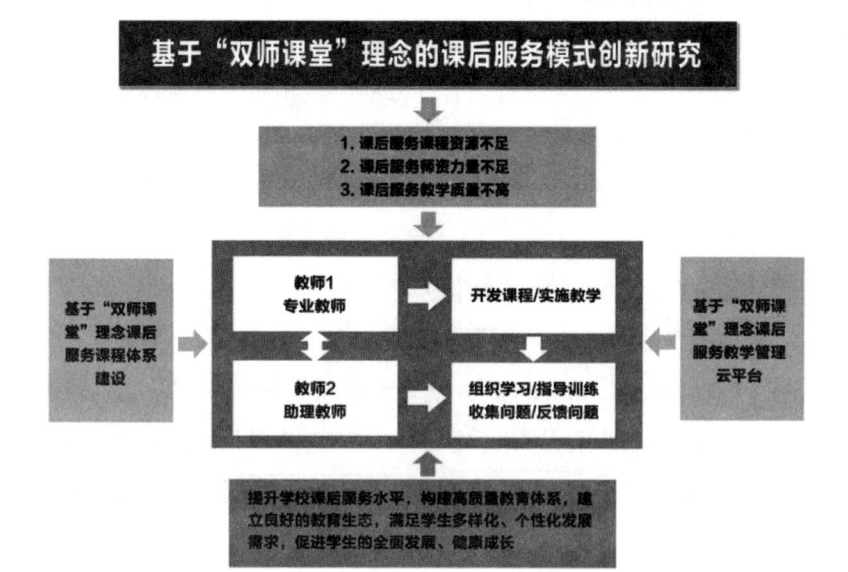

第八章 美好绽放
学校文化视域下"双减"与"双升"

```
基于"双师课堂"理念的课后服务模式创新研究
            ↓
    1. 课后服务课程资源不足
    2. 课后服务师资力量不足
    3. 课后服务教学质量不高

基于"双师课堂"        教师1              开发课程/实施教学        基于"双师课堂"
理念课后              专业教师                                   理念课后
服务课程体系                                                    服务教学管理
建设                  教师2              组织学习/指导训练        云平台
                      助理教师            收集问题/反馈问题

提升学校课后服务水平,构建高质量教育体系,建
立良好的教育生态,满足学生多样化、个性化发展
需求,促进学生的全面发展、健康成长
```

1. 主讲、助讲教师的职责

在"双师课堂"应用课后服务教学模式下,主讲教师和助讲教师分别承担着不同职责和任务。

(1) 主讲教师的职责

主讲教师一般由校内、学区内或区域内某学科知名或骨干教师担任,其主要职责是在深入学习课程标准、理解教材和充分调研学生学习需求的基础上,开发课后服务课程,并进行课程实施。或者是将课程录制形成教学视频,上传到学生学习平台。另外,主讲教师还要负责对助讲教师进行培训,帮助助讲教师梳理课程目标、重点、难点和教学策略,指导助讲教师进行课程教学实施。因此,主讲教师在某种程度上,可以看成是"教学演员"或者是"教学明星",他们不仅需要教学能力、技能,还应该具备"表演技巧",因为他们更多的职责是面对屏幕的教学。

(2) 助讲教师的职责

助讲教师的职责是在主讲教师的指导下,组织学生开展学习,指导学生有效训练,同时收集学生中存在的问题,及时解决或及时将问题反馈给主讲教师后,

257

协助主讲教师一起解决问题。与主讲教师的角色和任务相比，助讲教师主要是陪伴学生成长。因此，助讲教师一般需要很高的情商，能够敏锐地发现学生的问题并加以调节。如班主任在学生教育与管理方面，就相对于其他科任教师具有绝对的优势，在他们的协助和支持下，就更有利于将主讲教师教学内容落实，能够进一步提升课后服务教学的效果，进而实现"1+1大于2"的效果，最终实现课后服务教学效益的最大化。

2."双师课堂"应用课后服务教学形式

（1）"1+N"双师课堂教学模式

"1+N""双师课堂"教学模式，就是针对某个班级来说，由两位老师同时进行教学，一位主讲教师通过网络教学平台——直播课堂，进行线上多班级联合授课，发布检测作业；另外一位助讲教师可以在自己班级中，进行线上或者线下小规模教学指导和测评。学生通过线上上课的方式，聆听主讲教师的教学，然后由助讲教师在现场进行问题答疑，检测学生的学习成效，对于个别学生存在的个别化问题，进行一对一的指导，如果出现共性问题，则与主讲教师进行反馈沟通，由主讲教师统一制定解决方案，在线进行讲解，从而提高教学的效率和学习指导的针对性。如在"双师课堂"应用课后服务教学模式下，主讲教师在线上为一个年级N个班级的同学同时上课，进行课程内容的讲解，然后在练习巩固环节，主讲老师发布练习内容，由各班助讲教师对本班学生进行现场指导，如果出现的是共性问题，由主讲教师进行统一线上讲解，对于学生出现的个别化问题，由本班老师在班级内部进行讲解。这样既让每一名学生都能接受名师的指导，实现名师资源效益的最大化，又能帮助助讲教师解决学科教学中的难点，让孩子们接受到更加优质的教育资源。

（2）"1+1"双师课堂教学模式

"1+1"双师课堂教学模式，是指在传统班级授课时，打破传统的一位老师一讲到底的方式，充分发挥"名师数字资源"的作用，把名师资源进行碎片化处理，根据课程标准要求和教学重点、难点内容，借力破局，把名师对这些重难点的讲解视频在课堂上使用，借助名师资源破解教学难题，弥补教师对教材理解和把握上的不足，本班老师指导学生进行练习和测评。如在"双师课堂"应用课后

第八章 美好绽放
学校文化视域下"双减"与"双升"

服务教学模式下,我们把一些名师资源中的重点内容和相关的视频资源单独截取出来,根据教学的需要,在课堂的不同环节播放,帮助师生突破教学重点和破解教学中的难点,同时对该老师讲解和说明的知识点,助讲老师按学生的掌握情况进行适当的讲解和指导。这样,既发挥了名师和资源的最大效益,又可弥补教师水平参差不齐的问题,让每一名孩子都能接受到高水平的教育,解决教学中的师资短板问题。

3."双师课堂"应用课后服务教学流程

(1)先播后讲式。助讲教师先播放主讲教师教学视频或同步直播后,再进行课堂教学。教师先将教学视频或同步直播完整地播放给学生看,学生主要是听视频中教师的讲解,教师可以在学生听讲解的过程中,对学生难以理解的地方,进行一些辅助引导和解说或现场教学。

(2)先讲后播式。助讲教师先进行课堂教学后,播放教学视频或同步直播。助讲教师先对学生将要学习的知识进行讲解或组织学生实践和练习,再让学生跟着主讲教师视频或直播学习重难点部分。在学生观看视频或直播结束后,助讲教师通过设计一些活动,来检验学生的学习情况,帮助学生掌握所学知识。

(3)边播边讲式。助讲教师边课堂教学,边播放主讲教师视频或同步直播。主讲教师将教学内容录制成教学片段,助讲教师播放一段后,进行讲解或组织学生实践和练习;再播放一段后,再进行讲解或组织学生实践和练习。

(二)开发"双师课堂"应用课后服务教学课程

1.开发系列"双师课堂"应用课后服务教学课程

课程是学校育人的重要载体,是育人目标达成的基础。"双师课堂"应用课后服务教学的实施,同样需要与之配套的课后服务课程予以保证。"双师课堂"应用课后服务教学模式提出后,为了满足学生课后服务多样化、个性化学习需求,我们围绕国家教育方针、学校办学理念、育人目标,在充分考虑社会主义核心价值观和学生核心素养形成规律的基础上,从学生兴趣、需要和能力出发,以德智体美劳五育并举为导向。一是对外整合教育资源,借助区域丰富的社科院所、社会大课堂、博物馆和人文景观公园等跨学科整合,形成课后服务课程;二是对内挖掘教师潜力,组织学校市区级骨干教师,发挥专业优势自主设计、开发一批"双师课堂"应用课后服务课程资源；三是购买服务，向优质企业购买一系列内容故事化、形式数字化的高品质"双师课堂"应用课后服务教学课程。

"双师课堂"应用课后服务教学课程的实施，为学生提供了形式丰富、多维度和多领域的课后服务课程资源。既能满足学生国家课程课后课业辅导和学科拓展学习需要，也能满足学生多样化、个性化的素质类课程学习需求，还能促进学生实践能力、创新精神和社会责任感的提升。以"双师课堂"——《书法》课程为例，课程教学目标是培养学生掌握汉字书写技巧，养成正确书写习惯，写得一手好字，并领略中华汉字之美。课程内容包括正确坐姿与握笔习惯的培养。课程形式是专业教师视频讲解＋助讲老师指导练习两大环节。专业教师书写讲解环节包含笔顺、书写示范、书写技巧、错误书写对比等重难点，细致全面；助讲教师在指导书写练习环节，主要负责纠正错误的坐姿与执笔习惯，指导学生随学随练。该课程的开发，一方面能满足学生书法学习需求，促进学生专注力、观察力、感知力和实践力的提升；另一方面也可以提升书法教师的教学能力，提升了学校书法课程的供给能力。

2. 开展一系列课题研究课，形成一批优质课例

"双师课堂"应用课后服务教学模式、"双师课堂"应用课后服务教学课程、"双师课堂"应用课后服务教学平台建设完成后，需要通过课后服务教学实践进行检验，并在实践中逐步进行修改、完善。为此，课题组积极开展"双师课堂"应用课后服务教学研究课活动，课题组教师人人上研究课，其他教师积极参与听评课、交流活动。教师通过"备课—实施—课堂观察—课后反思交流—修改、完善再实施"教学实践研究，通过自评、互评、点评等环节，逐步验证"双师课堂"应用课后服务教学操作模式、"双师课堂"应用课后服务教学课程、"双师课堂"应用课后服务教学平台的科学性和有效性。目前，已经形成基于课题研究的典型意义的"双师课堂"应用课后服务教学案例310余节，这些课例成为课题的重要研究成果。

通过这些课题研究课的实践，不仅检验了课题成果的有效性，也形成一批优质课堂教学实践案例。以我校王雨婷老师《应县木塔，世界最高的积木》课题研究课为例，系利用"双师课堂"应用课后服务教学模式教学。2022年4月2日，

第八章 美好绽放
学校文化视域下"双减"与"双升"

北京市朝阳区人大教科文卫委员会委员 30 余人视察学校义务教育"双减"工作开展情况，观摩了这节公开课，各位委员给予高度评价，认为这种教学方式切实解决了"双减"以来学校课后服务课程资源不足，课后服务师资力量不够，课后服务教学质量不高等课后服务现实难题，研究有价值、有意义。

详见以下教学案例：

"双师讲堂"应用课后服务教学案例

课题	应县木塔，世界最高的积木！
学情分析	4—6年级学生活泼好动，富有想象力、创造力，初具设计思维和动手能力，本课程通过认知学习、互动问答、思维拓展、STEAM动手几大板块，打通人文、艺术、科学、工程等学科，培养学生全科思维及跨学科综合运用知识的能力
课程目标	1. 了解中国古代工程师的智慧，学习木构建筑特点 2. 在STEAM动手环节，学生将体验"榫卯"的乐趣，拼装鲁班锁
课前准备	学具：每人1本随堂教辅手册、1支铅笔、1支彩笔和1个鲁班锁

教学过程

教学环节	线上教师活动	线下教师活动	学生活动
一、目标唤醒	回顾比萨斜塔倾斜的原因，介绍"中国古代建筑宝库"山西省，引入应县木塔	在00:38时暂停视频，让全体学生思考并回答比萨斜塔倾斜的原因，然后播放视频，揭晓答案	思考并回答比萨斜塔倾斜的原因，复习上节课内容
二、发现木塔	导入歌谣介绍四处文物，并介绍梁思成通过歌谣认识应县木塔的故事	1. 在00:17时暂停视频，邀请学生回答问题：歌谣中提到了几处文物呢？然后由视频揭晓答案 2. 在本段末尾的问答环节，老师在视频公布答案前，向全班同学提问，最后再由视频公布答案。提升学生的参与感	观看视频，并结合线下老师的提问进行思考和回答

261

（续表）

三、认识木塔	1.介绍应县木塔的建筑特色、结构和外观 2.介绍应县木塔的塔身和塔顶	在00：55的问答环节，老师在视频公布答案前，向全班同学提问，最后再由视频公布答案。提升学生的参与感	观看视频，并结合线下老师的提问进行思考和回答
四、建筑师课堂	1.互动练习：应县木塔剖面图标注 2.学生练习时间，计时5min 3.讲解练习	1.引导学生准备好随堂手册中应县木塔的图纸 2.教师巡视，引导学生按照图纸的要求进行标注，并提示学生把握时间，对作答快速又准确的学生进行适当表扬，对做得慢的学生提供适当的帮助 3.引导学生参照视频检查自己的答案，学习剖面图标注的方法，最后组织学生收起随材	1.准备图纸 2.根据学习资料，自主完成应县木塔剖面图标注 3.对照视频，检查自己的答案并进行修改
五、不倒之谜	介绍应县木塔千年不倒的原因及斗拱和榫卯的内涵	本段03：20的问答环节，老师在视频公布答案前，向全班同学提问，最后再由视频公布答案。提升学生的参与感	观看视频，并结合线下老师的提问进行思考和回答
六、保护木塔	介绍应县木塔遭受的自然和人为破坏，并呼吁学生们保护古建筑	本段视频结束后，提问学生以下问题：同学们知道哪些保护古建筑的方法呢？我们今后要针对古建筑保护可以做哪些努力呢	学生结合视频，联系生活实际，提出保护古建筑的方法。比如，加强对古建筑的了解，文明观赏古建筑等
七、STEAM动手	1.布置解鲁班锁的动手环节 2.学生动手环节：解鲁班锁 3.讲解解锁步骤 4.学生动手环节：安装鲁班锁 5.观察榫卯的特点，讲解锁上鲁班锁的思路 6.学生动手环节：锁上鲁班锁 7.讲解锁上鲁班锁的步骤，鼓励学生勤加练习，带回家考验家人	1.引导学生拿出鲁班锁 2.教师巡视，对于解得快的学生给予肯定，点拨并鼓励解得慢的学生，或者让解得快的学生帮助其他同学 3.老师总结解锁步骤：一找二转三拿 4.下台巡视，对于装得快的学生给予肯定，点拨并鼓励装得慢的学生 5.提醒学生认真观看视频，学习安装方法 6.引导学生进行上锁，可以鼓励学生4人一组进行比赛 7.为成功锁上鲁班锁的学生颁发小小建筑师奖章	1.拿出鲁班锁 2.动手环节：解鲁班锁 3.观看视频，学习解锁步骤 4.动手环节：安装鲁班锁 5.观看视频，学习安装鲁班锁的思路 6.动手环节：锁上鲁班锁 7.继续动手练习

第八章 美好绽放
学校文化视域下"双减"与"双升"

（续表）

八、知识总结	1. 总结本节课的重点知识：应县木塔的地理位置、结构（榫卯和斗拱） 2. 呼吁学生们保护古建筑 3. 预告下节课埃菲尔铁塔的相关内容	1. 本段视频结束后，对学生的整体情况进行总结评价并预告下节课内容 2. 布置小任务：寻找身边的木质结构的建筑 3. 鼓励学生回家后，让家人解鲁班锁。并查阅埃菲尔铁塔的相关背景知识	跟随视频和老师回顾本节课重点知识，并联系实际，产生一定的思考
教学反思	"双师课堂"增强了课堂的创新性和互动性。首先，"双师"将师资力量发挥到最大，通过线上、线下老师的配合，最大程度的帮助学生解答疑惑。其次，学生对于这样的教学模式充满好奇，有利于激发学生的兴趣，助讲老师的存在，能够很好地解决线上课"互动难"的问题，及时关注学生的状态，并予以及时准确的指导和评价，有效提升课后服务教学效率		

（三）开发了"双师课堂"应用课后服务管理平台

"双师课堂"应用课后服务教学模式，是借助"互联网+教育"优势，打破了传统一师一班原有教学模式，实现了1+1或1+N课后服务教学模式，即一名教师授课，多个班级共享的课后服务教学模式，充分发挥了"互联网+教育"在课后服务领域的应用,实现了优质课后服务课程和师资资源的共享。"双师课堂"应用课后服务教学必须以信息化学习平台为依托，学习平台是教师授课、学生听课，师生、生生互动与交流和信息反馈的重要载体，是教师备课、上课、数据反馈等流程的重要支撑。

1. 教学平台存在问题与教师需求调研

为了做好"双师课堂"应用课后服务教学平台建设，更好地满足师生课后服务教与学需求，课题组进行了专项研究。一是组织课题组成员对因疫情"停课不停学"期间，教师所采用的在线学习平台选择、使用和存在问题情况进行了专门调研。通过调研我们发现：目前，老师主要采用教学软件有微信、QQ、腾讯会议、腾讯课堂、钉钉、希沃课堂等，受这些学习平台的专业性、师生对平台使用熟练程度、各学科学习平台不统一、学生多平台交叉切换使用以及网速快慢等因素影响，学生普遍对现有学习平台的满意度较低。因此，课题组认为：做好"双师课堂"应用课后服务教学的平台建设,是开展"双师课堂"应用课后服务教学的关键所在。建设"双师课堂"应用课后服务教学平台,必须淘汰一些操作烦琐、不方便和性价比不高的功能,从而实现师生操作简单、方便、快捷和性价比较高。同时,做到全校统一学习平台,这样也能避免因平台交叉和切换等因素,影响学生课后服务学习效果。

2. 政企合作研发课后服务教学平台

基于上述教学平台存在问题与师生需求,课题组通过反复筛选,最终确定与北京飞象星球教育科技公司建立政企合作伙伴,一起联合开发"双师课堂"应用课后服务教学平台。经过近3个月反复沟通与完善,学校"双师课堂"应用课后服务教学平台建设完成。"双师课堂"应用课后服务教学平台集教务系统、上课系统、数据监测系统等多重功能。

二、"双师课堂"应用课后服务教学研究成效

(一)创新课后服务模式,助力"双减"政策落地

"双减"政策颁布后,义务教育学校课后服务"5+2"模式,增大了学校课后服务供给,学校成为学生课后服务重要供给方,提供优质的课后服务供给,满足学生多样化、个性化学习需求,成为学校不可推卸的责任和使命,也是学校落实新时代"立德树人"根本任务的新使命和新要求。然而,由于"双减"政策实施前,家长大多选择校外培训机构作为学生课后服务的补充,学生与家长对学校课后服务的期待和需求不高,这就造成了学校在课后服务方面缺乏系统设计与思考。"双减"政策实施后,课后服务从过去学生"辅食"变为了"主食",从学校"副业"变为了"主业",成为学校办学的"刚需"。但由于课后服务作为一种"新生事物",大多学校都还处于边研究、边实践、边完善阶段,目前还没有形成相对成熟的模式和经验。

随着时间的推移和"双减"政策的逐步深入,各地学校课后服务落地难的问题日益突出,探索课后服务实施有效路径和策略,推动"双减"政策落地已经成为学校当前的核心工作。我校通过开展"双师课堂"应用课后服务教学实践研究,

第八章 美好绽放
学校文化视域下"双减"与"双升"

创新性地提出"双师课堂"应用课后服务教学模式,并开发了 10 余门与之配套的课后服务课程,研发了"双师课堂"应用课后服务教学平台。这些都有效推动了"双减"政策的落地,为学校突破课后服务教育瓶颈,满足学生课后服务学习需求提供了保障。同时,也积累了课后服务教学经验,为学校、朝阳区、北京市乃至全国义务教育学校开展课后服务教学研究,提供了一定的经验和借鉴价值。

(二)提升课后服务供给,解决课后服务系列难题

"双减"政策颁布后,义务教育课后服务"5+2"模式,"小学生书面作业不出校门、初中生疑难作业不带回家"要求,满足在校学生"全员""全学科""全时段"课后服务学习需求。可见,课后服务教学拉长了教师在校工作时长,教师需要承担起比"双减"以前更大的工作量,大大增加了教师的工作负担。我校开展"双师课堂"应用课后服务教学实践研究,借助"双师课堂"模式,主讲教师+助讲教师共同完成课后服务教学,有效优化教师资源,解放了教育生产力和提升了优秀教师产能,有效缓解了学校课后服务师资紧张的问题。

同时,充分发挥本校、教育集团、学区内和区域内优秀教师教育资源优势,弥补了一般教师在课后服务教学方面的不足,特别是在素质类课后服务课程供给方面,更有利于发挥专业教师学科专业优势和其他教师(如班主任)在学生管理方面的优势,实现课后服务课程效益的最大化。如课题研究以来,课题组教师利用"双师课堂"应用课后服务教学模式,开展课后服务教学 310 余节,课程涉及 10 余门课后服务课程,服务学生 1000 余人。

实践证明,本课题研究切实提升了学校课后服务课程供给的能力和水平。再如"双减"政策实施不可避免地引发了学生的心理焦虑,学生的心理辅导和疏导显得尤为重要,但我校仅有一位心理教师,远远无法满足全校 54 个班级学生需要,"双师课堂"帮助我们完美地解决了这个问题,提升了学生课后服务时段学习的实际获得感。

(三)升级课后服务品质,推动课后服务走向课后育人

"双师课堂"应用课后服务教学课程开发过程中,课题组始终秉承以"中国

学生发展核心素养"和德智体美劳五育并举为目标，结合儿童认知发展理论，以培养"全面发展的人"为核心。"双师课堂"应用课后服务教学课程内容，紧紧围绕核心素养要求的"人文底蕴""科学精神""学会学习""健康生活""责任担当""实践创新"六大素养体系，同时全面覆盖德智体美劳五个方面，共开设配套课后服务课程10余门，课程内容涵盖了科技、艺术、心理健康和学科辅导等多个领域和方面，学段覆盖1—9年级，满足了约1400名学生对课后服务多样化和个性化学习需求。并逐步推进学校课后服务从"服务"走向"育人"，促进了学生的全面、健康成长，学校良好的教育生态逐渐形成。见下表：

核心素养	课程内容
人文素养	硬笔书法（美）、艺术大师的画笔（美）、戏剧梦工场（美）
科学精神	人体奥秘（智）、物质与材料的秘密（智）、遇见恐龙（智）
学会学习	折纸奥秘（美）、数字游戏（智）
健康生活	识情绪、善社交（德）、围棋（体、智）、象棋（体、智）
责任担当	传承非遗智慧（德、劳）
实践创新	哇！建筑（美）、玩转魔方（智）

第三节：聚标"双升"，谱高质量发展"新篇章"

党的二十大更加突出科教兴国在社会主义现代化建设全局中的重要地位，突出教育、科技和人才的战略和支撑作用，突出教育强国的重要性、必要性和紧迫性。将落实"双减"工作作为构建高质量教育体系的重要内容，坚持双向发力，不断强化学校教育主阵地地位，努力构建良好教育生态，促进学生全面发展、健康成长。学校构建与实施"美好教育"文化的过程,可以说是伴随着国家"双减"政策的推进逐步走向深入的。"双减"政策实施，无论是对学生还是老师，抑或是对家庭还是社会，"美好教育"文化引领下的"双减"工作，都在不同程度上产生着巨大的影响。

第八章 美好绽放
学校文化视域下"双减"与"双升"

一、"双减"政策入心入脑,护航"全面育人"

"双减"政策的出台,于教育是回归教育本真,于社会是重塑教育生态,于家长是减轻负担,于学生是促进全面发展,对学校而言,则是新的机遇与挑战。"双减"不是减质量,也不是减责任,更不是减成长,故而要实现学生真正"减负",教师必然要先"增压",学校理应要"高质量"发展。北京市陈经纶中学分校望京实验学校作为朝阳区基础教育的领头雁之一,积极贯彻落实"双减"要求,认真遵循教育规律和学生成长规律,积极构建"美好教育"实践体系,努力提升教育教学质量,让学生的学习回归校园,促进学生全面、健康、可持续成长。

为扎实落实"双减"政策,在"美好教育"文化理念的引领下,学校坚持"政策推进、校际互动、家校联动、标本兼治、增质赋能"的原则,开展以"美好教育"落实"双减"政策大讨论,优化课内、课后一体化美好课程体系,实施"合作对话"教学范式课堂实践研究,推行创新作业设计与管理,完善课后服务工作机制,充分发挥减负、提质、增效主阵地作用的美好管理智慧。

(一)顶层设计规划引领,让政策"入心"

落实"双减"政策是一个系统工程,大到学校文化理念体系、课程建设、课堂教学的变革、课后服务的统筹与协调、作业的设计与实施,小到学生入校时间、离校时间、用餐时间、睡眠时间等都需要进行系统规划和顶层设计。为此,学校紧紧依托北京市朝阳区教委"双减"七大举措,通过充分调研和讨论,研究制定了"双减"工作规划,构建形成理念深耕增共识、科技赋能增品质、美好协同增合力、科研引领增内涵、优化管理增效能、幸福工程增动力六大"双减"措施,切实提高了学校和家长对"双减"政策本质和内涵的认知,提升了学校和家长落实"双减"工作的共识,提升了学校"双减"政策落地的"加速度",为学校各项"双减"举措实施提供了持续的动力。见下图:

美好教育
——学校文化的构建与实施

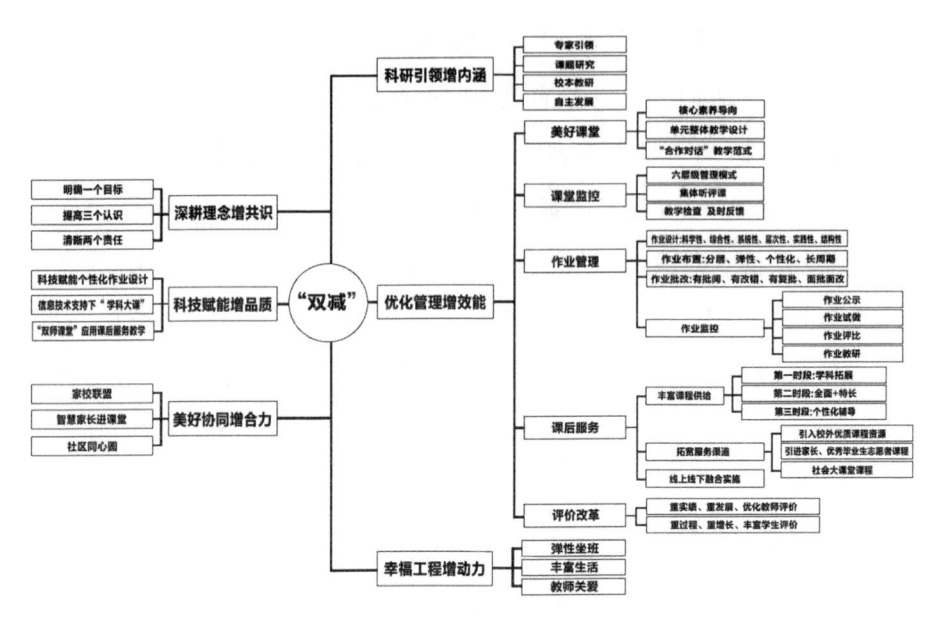

北京市陈经纶中学分校望京实验学校"双减"工作规划图

（二）完善美好课程体系，让学校"正心"

"双减"政策实施以来，课后服务教学回归校园，学校扛起了课后服务教学的主体责任，学校教育从课内延伸到了课后，学校原有的课程已经不能完全满足学生课内和课后服务学习的需求。对标"双减"要求，重新审视"美好课程"体系，我们发现：学校课程体系还存在追求课内忽视课外的问题。为解决这些问题，我们以优化美好课程体系为突破口，以"课内和课后服务课程一体化"为目标，围绕美好课程的体系与框架，打通课内和课后服务壁垒，实施课内和课后服务课程整合与统筹，建设课内和课后服务一体化课程，进一步丰富课后服务课程供给，满足学生多样化和个性化的学习需求。完善后的美好课程体系，更加遵循教育教学规律，树立正确的教育观、人才观和质量观，坚守学校教育的公益属性，更加凸显了课程育人导向，将党的教育方针具体化、细化为课程内容，着力培养学生的核心素养，体现为学生应具备的适应终身发展和社会发展需要的"关键能力、必备品格和正确的价值观"。推动学校"美好教育"文化逐步走向教育本真，回归"为党育人、为国育才"的教育初心。

第八章 美好绽放
学校文化视域下"双减"与"双升"

（三）实施教师幸福工程，让教师"安心"

"双减"背景下，教师需要承担起比以前更大的工作量，如何为老师解压成为摆在学校面前的一道难题。只有老师活力满满，课堂才能高效；只有老师幸福，学生才会幸福！那该如何为老师减压呢？如何保障教师的身心健康，使其能以饱满的热情投入到每天工作中呢？在"美好教育"文化理念的引领下，学校从教师实际"需要"出发，实施教师关爱"八件套"暖心大礼包，切实为老师分忧解难，帮助大家从容面对"双减"带来的压力和挑战，让老师能够安心工作，尽展教书育人才华。

1. 培训加油包。为了帮助教师认真学习"双减"精神，理解"双减"政策的本质和内涵，积极更新教育理念，以更加饱满的热情投入到"双减"工作中去。学校精心设计了系列教师培训活动，培训内容包括：师德师风培训、2022年版新课标理念解读、"双减"政策解读、单元整体作业设计与实施等等，通过线上、线下相结合的培训方式，帮助老师随时、随地解疑释惑和蓄能充电。

2. 心灵按摩包。"双减"政策实施，给作为教师和家长双重身份的老师们带来了极大的挑战和心理负担，难免会出现这样和那样的问题，这些问题如果不及时解决，就会影响老师们的身心健康和工作效果。一次覆盖全员的心理筛查，一场直面压力的心理健康大讲堂，都能有效打开教师的"心结"。从"心"开始，正确面对压力，管理好情绪，让老师们每天都拥有满满的正能量，全力以赴地引领学生奔赴诗与远方。

3. 弹性作息包。"双减"政策之后，延时、托管让老师步履匆匆，生活变得更加充实！他们是老师，也是女儿、儿子、丈夫、妻子。每月半天的"双减假"和每周机动的早晚班时间，为教师提供了更多孝亲、亲子和家庭团圆的机会，让老师有时间去探寻生活之美。

4. 妈咪无忧包。随着计划生育政策的调整，学校越来越多女老师开始解锁"母亲"的角色，学校为这些教师建设一方小小的母婴室，化解了教师哺乳期工作的尴尬。冰箱、沙发、小床，有了这个母婴室，新手妈咪也能从容应对哺乳问题。

5. 美好芳华包。2022年3月8日，是"双减"政策实施后第一个"女神节"，"双减"让一部分老师没有了好好打扮和化妆美妆的时间，学校特意请来专业的化妆师和摄影师团队,为女教师们化妆和拍照,为女神们定格这一美丽的瞬间。

6. 节日温暖包。学校开设咖啡、插花、烧烤、烘焙、民乐、烤地瓜、象棋、无人机、排球、寿司、化妆等十余个工作坊。开展庆祝教师节、庆祝新年、健步走、趣味运动会等一系列喜闻乐见的教师关爱活动,丰富教师业余生活,激发教师的工作活力。

7. 制度贴心包。通过将"双减"评价指标融入学校美好教师、骨干教师、各类评优评先、职称评审等方式,激发教师落实"双减"工作的热情。

8. 防疫健康包。疫情时期,为了保障广大教师的生命安全与健康,学校定期向教职员工发放防疫健康包。防疫包包括:医用口罩10个、随身消毒用品1瓶、医用手套1副、体温计一支等。

(四)探索作业育人价值,让学生"释心"

"双减"政策的实施,引发了我们对作业功能的再思考。过去,我们将作业的功能定位为知识与技能巩固的手段,作业形式以巩固练习、反复训练为主。"双减"政策实施后,让我们逐渐清晰,作业对学生巩固知识、提升能力、养成习惯和全面发展具有重要意义。为此,我们在认真领会"双减"政策要求,深入挖掘造成中小学生作业负担过重问题与原因的基础上,充分发挥作业育人的价值与功能,进一步丰富作业的形式和内容,探索"多样化、选择性、综合性、进阶式"作业设计与实施的有效路径,开展了单元类作业、合作类作业、体验式作业、自主式作业、益智类作业、主题类作业、游戏式作业、表达类作业、制作类作业、跨学科作业、探究类作业、想象类作业、数字化作业等各种类型作业的研究与实践。

通过实施学科作业协同、优化作业设计、制度保障和科技赋能四大作业管理措施,提升了作业的科学性、精确性、选择性、层次性、趣味性、多样性、系统性和结构性,切实减轻了学生过重的作业负担,让学生体验完成作业过程的收获感和满足感,让学生充分地释放心性,使学生有更多时间和精力去发展综合素质,实现个人全面发展和个性发展。

(五)升级课后服务质量,让家长"省心"

美好课程体系完善之后,在课内和课后服务一体化课程实施过程中,由于课后服务课程需求的迅速增加,学校出现了课后服务课程供给不足的问题。为此,

第八章 美好绽放
学校文化视域下"双减"与"双升"

学校制定了课后服务课程实施方案,全面升级课后服务质量,旨在满足学生多样化和个性化的课后服务学习需求。一是以立德树人、全面发展和家校协同育人为理念,以整体化、阶段性、个性化和实践性为原则,以学生成长、教师发展和构建高质量育人体系为目标,开发并实施了包含基石层、生长层、拔尖层三大领域,包括课业辅导、体育健康、素质拓展、实践活动四类课后服务课程,通过课后服务课程的实施与评价,促进每一名学生的身心健康成长,使学生在身体、智慧、情感、态度、价值观和社会适应性等方面和谐发展。二是学校申报了北京市教育科学"十四五"规划"双减"专项课题《基于"双师课堂"理念的课后服务模式创新研究》(课题立项编号:CDGB21484),在充分调研课后服务现状的基础上,发挥"互联网+教育"优势,借助"双师课堂"理念,提出了"双师课堂"理念下的课后服务模式,旨在解决"双减"背景下学校面临的课后服务师资不足、教师负担过重,课程资源匮乏和课后服务质量不高等系列"双减"落地难题。逐步形成"作业辅导(1)+社团课程(N)""菜单化""学科+综合+自主"等多种课后服务模式,立足"促进学生更加生动、主动和全面发展",推进课后服务课程体系建设,拓宽课后服务"新场域",优化课后服务管理机制,确保学生课后服务回归校园后,"吃得到、吃得好、吃得饱",切实减轻家长的教育焦虑以及精神和经济负担,让家长更加省心。

(六)创新赋能提质增效,让社会"放心"

在"美好教育"文化的引领下,在教育科研的助力下,学校构建形成"双减"工作制度与机制,教师更加清晰"双减"政策的本质与内涵,并逐步将"双减"要求转化为自身的教育教学行为,课堂教学更加高效,作业更有实效,课后服务更加凸显育人特征,学生的学习方式更加多元,学习的实际获得感得到有效提升。学校把"双减"工作成效纳入教师考核评价指标体系,坚持五育并举,催生"资源整合、优势互补、互助共生"的办学效应,推动了智能技术与教育教学深度融合,实现了教育形态、评价方式的转变与创新。"双减"政策真正融入学校"美好教育"文化,成为推动学校教育高质量发展的新引擎。

二、"双减"政策走深走实,推进"合作对话"

2022年11月14日上午,由中共北京市朝阳区委教育工委、教委,人民政

美好教育
——学校文化的构建与实施

协网联合主办,北京市陈经纶中学分校望京实验学校承办的基础教育高质量发展的朝阳实践——"合作对话"教育教学范式及应用经验分享会在人民政协网中央厨房隆重召开。

出席本次会议的专家、领导有时任全国政协常委、中国陶行知研究会会长、新教育实验发起人朱永新,时任北京市委教育工委副书记、特级教师李奕,全国政协委员、北京市第四中学校长马景林,北京市人大常委、北京教育科学研究院副院长钟祖荣,北京师范大学教育学部教授、中国家庭教育学会常务理事郑新蓉,北京师范大学认知神经科学与学习国家重点实验室教授陶沙,北京师范大学教育政策研究院副院长、教授、国家重大青年项目获得者薛二勇,北京教育融媒体中心副主任于海,人民政协报社党委委员、副社长许水涛,北京市朝阳区委教育工委副书记王世元,时任北京市朝阳区思想政治教育指导评价中心书记兼主任和向东、副主任王爽。我校刘美玲校长、管永新副校长、赵军副校长及部分实践教师和家长代表参会。《光明日报·教育周刊》《中国教育报》《人民政协报·教育周刊》、中国教育电视台、北京电视台等多家媒体参会。会议面向朝阳区教育系统进行了在线直播。

板块一:"合作对话"教育教学范式解析

王世元副书记站在全区教育高质量发展的视角,以《面向"教"与"学"深度变革的"合作对话"教育教学范式探索》为题进行大会报告。首先,他回顾了"合作对话"近5年的理论与实践探索历程。接下来,他详细解读了"合作对话"教育教学范式的理论与实践基础、架构、评价方式和实践意义,并将其与传统教学范式进行充分对比说明。

板块二:"合作对话"教育教学范式学校经验分享

环节一:"合作对话"学校实践短片展示

大会播放了学校精心录制的"合作对话"课改实践短片,全面回顾了学校4年"合作对话"理论与实践研究的心路历程。

环节二:"合作对话"课堂教学片段观摩

全体与会人员一起观摩了我校李慧敏老师的"合作对话"式课堂靶子课《翻

第八章 美好绽放
学校文化视域下"双减"与"双升"

牌游戏》教学片段。

环节三:"合作对话"学校实践经验报告

刘美玲校长代表学校以《构建"合作对话"课堂,打造"美好教育"文化》为题,围绕与"合作对话"课堂教学改革结缘、"合作对话"教育教学范式内涵、"合作对话"教育教学范式应用、"合作对话"式课堂实践带来的变化、"合作对话"引领美好未来五个方面,分享了学校"合作对话"教育教学范式的探索、实践,以及取得的阶段性成果和经验。

环节四:"合作对话"专家、教师、家长代表沙龙

由我带领学校"合作对话"实践研究团队的学科专家、教师代表和家长代表,通过"合作对话"式沙龙,从多层面、多视角、全方位回望了学校4年的"合作对话"理论研究与实践探索历程。

板块三:一场关注美好课堂教学变革的集体赏析

与会专家纷纷进行点评,他们对学校4年的"合作对话"教育教学范式理论与实践研究给予充分肯定,对学校取得的实践成果和成效给予高度赞赏,为学校未来进一步深化"美好教育"文化,推动"合作对话"教育教学范式实践研究,提出了合理建议和殷切希望。

时任北京市委教育工作委员会副书记李奕:教育高质量发展需要"目标导向"和"问题导向"。李奕强调:"这样的研究,是以问题为导向发生在基础教育领域真实的研究,最终以老师和学生的实际获得为标准,而不是论文的发表级别有多高为标准。这是党的二十大精神要求的方向,是'以人民为中心'的具体体现。在课题推进过程当中,注重靶向治疗、问题导向,基于200多节靶子课深入研讨,聚焦在育人单元、聚焦在课堂这个最基本的阵地上,聚焦在微观上,到底这节课给学生怎么讲,形成了什么样的优势和劣势?给学生带来了什么?这些问题需要回答、需要深入研究,更需要带着老师们实践。"

时任全国政协常委、中国陶行知研究会会长、新教育实验发起人朱永新:"美好教育"实践和正确的教育理念、理论的指导是分不开的。"合作对话"的关键,我理解就是"关系"的建设,"关系"是教育里面一个很重要的问题,我一直说没有"好关系"就没有"好教育",有了"好关系"才有"好教育"。"合作对话"

美好教育
——学校文化的构建与实施

教育教学实践一个重要的前提，就是建立良好关系，尤其是良好的师生关系。

全国政协委员、北京四中校长马景林：在教育教学一线的老师，通过开展"合作对话"为核心的教育教学范式的探索，让学校"美好教育"文化落地，这样的探索本身是非常有价值的，学校通过4年课堂教学实践，已经给学生带来实际的收益，让教师的教学能力、专业化水平获得了很好的提升。我个人觉得学校课堂上发生的变化一定始自教师的改变，一定依托于学生的"有组织"，只有把教师的"有改变"和学生的"有组织"结合起来，才有可能真正呈现不一样的课堂生态。

北京师范大学、中国教育政策研究院副院长薛二勇教授：任何教育政策的变革，都涉及学校的变化和课堂的变革。我理解的"美好教育"有三个关键词：一是教育本身要实实在在的美好，也就是客观做得要美好；二是教育所有参与主体的主观感受要美好；三是要能够给社会、政治和经济提供良好的支持和支撑。"美好教育"一定是大家都参与的教育，"合作对话"本身就反映了"美好"的应有之义。

北京师范大学郑新蓉教授：在"合作对话"课题实践中，我们欣喜地看到，师生之间教学演示、孩子们之间的活动、教师们之间的相互磋商，都带着他们朝向最精致、最好、最有效、最适宜的教育模式发展。这种基于概念、重点或难点课堂的"打磨"，不再是为了表演或上级观摩，而是创造最好的课堂教学"基础模式"和它的变式，以适应更多的儿童和教师。我认为：一个老师如果能够找到最合适的方法，将知识传授给孩子们，这就是他最大的成绩。我们需要更多这样的课堂优化的行动式研究，需要这种基于相关理念指导下的探索。

北京教育科学研究院副院长钟祖荣教授："合作对话"教育教学范式体现了对人主体性的重视，突出学生是学习的主体，有利于调动学生的积极性和主动性。只有通过自主建构、合作建构，学生的学习才能真正发生，才能真正理解知识、理解意义，才能够达到深度学习的效果。"合作对话"教育教学范式体现了现代治理理念，即共建、共治和共享，对话就是协商，协商就能够符合各方面的实际和意见。总之，"合作对话"教育教学范式是一个很好的思想，学校老师通过课堂教学，通过家校合作，通过具体的途径来落实这个思想，并已经产生了良好的教育效果。

时任朝阳区委教工委副书记、"合作对话"教育教学范式发起者王世元："合

第八章 美好绽放
学校文化视域下"双减"与"双升"

作对话"是教育教学发生的基本规律。"合作对话"是师生构建成为"成长共同体",由教育者、受教育者和教育资料(包括仪器、环境等)要素构成。"三类要素"之间的关系是"合作",而不是"对抗"。"合作对话"的目标,指向受教育者的成长。教育者可能是教师、学生,也可能是学习资料、学习环境,还有可能是受教育者自己。由此,教育者不一定是人们认为的教师,也可能是"物"或"某事件"或受教育者自身。一旦是"物"或"某事件",转变为教育者的角色;或者说,学习资料充当了教育者的角色,"教育者"和"学习资料"两个要素就"合二为一"。当教育者为受教育者自身时,就是受教育者自身的反思、内省。由此不难发现,教育者、教育资料两个要素的确立,取决于受教育者。进一步说,受教育者可以决定谁是教育者,谁是学习资料,并处在能动的核心位置。只有受教育者不断地应用已有的知识工具与教育者、教育资料开展对话,才能实现自身的成长,即知识、能力、情感、态度、价值观的建构。否则,任何外在的力量,无论提供多么丰富有趣的学习资料,充足的学习时间,只要没有受教育者参与的"对话",真实的教育都不会发生。

以上教育专家的评价引起了我们新的思考,并作为今后深入开展"合作对话"教育教学范式实践研究的重点工作。4年来,"合作对话"式课堂教学实践让我们欣喜地看到了其坚实的育人价值。如今,"合作对话"教育教学范式已经成为学校落实"双减"的利器,成为落实2022年版新课程标准的桥梁,成为学校"美好教育"文化不可或缺的一部分。一次次"合作对话"单元整体教学研讨、一次次靶子课教学实践、一次次专家进校指导、一次次聆听专家对"合作对话"教育教学范式理念、方法、策略的解读,一次次专家"手把手剥洋葱式"的课堂教学指导,学校的课堂教学样态、教师的育人行为和学生的学习方式逐渐发生转变,"美好教育"文化生态逐步形成。

三、"双减"政策见行见效,谱高质量发展新篇章

"美好教育"遇见"双减"改革,让我们更加清晰地看到,"美好教育"是为学生一生发展奠基的教育,它着眼于学生的健康成长、全面发展和可持续发展,让学生感受学校和学习生活的美好,为学生未来的终身学习和生活提供全面的基

美好教育
——学校文化的构建与实施

础，帮助他们树立起对学习和人生的积极态度。

"美好教育"在过去、现在抑或未来，一直致力于解决减负、增效和提质的教育问题，承担着学生健康成长、全面发展和可持续发展的责任，让家庭教育与学校教育有机补充，让社会资源服务于学校教育，使学校教育、家庭教育、社会教育三者形成有机整体，引领教师转变教育、教学观念和学生成长观念，协同创建青少年健康发展、全面发展和个性发展的"美好教育"生态。给孩子们一个美好成长的世界，给孩子们留下美好难忘的青少年生活！

"双减"政策实施2年以来，学校坚持以高质量党建为引领，以构建"美好教育"文化体系，赋能高质量教育体系建设，推动学校教育高质量发展，学校"美好教育"文化特色和品牌日益彰显，不断得到各级领导和同行的认可，逐步在教育同行中产生深远影响。2020年，学校入选北京市百所融合创新课题示范学校；2021年，入选北京市百所融合创新基地学校，成为朝阳区唯一一所"双百"学校；2021年12月，学校成功举办了北京市课程整体育人现场会，得到全市兄弟学校近300位课程领导和老师们一致好评；2022年9月，朝阳区人大常委会教科文卫委员会30余位委员来到学校进行"双减"工作专项调研，对于学校落实"双减"工作举措及所取得成效给予高度评价；2022年11月，学校成功承办全国政协进校园——基础教育高质量发展朝阳实践现场会，得到与会专家一致好评；2023年5月，学校成功承办朝阳区落实教育部"基于教学改革、融合信息技术的新型教与学模式"实验区成果展示活动，得到上级领导和与会专家高度认可；2023年10月，学校成功承办北京市课后服务课程展示交流活动，全面展示"双减"政策实施以来，学校课内、课后课程一体化建设，校内、校外优质资源统筹，线上、线下"双融合"课程实施等课后服务课程实践成果，得到市、区领导、专家一致好评。

"双减"政策的落地，不断推动着学校"美好教育"文化走向深入，并不断产生丰富的成果和显著的成效，形成了良好的社会影响。"双减"实施2年以来，学校先后被评选为朝阳区首批文化建设示范学校、朝阳区文化特色金牌学校、朝阳区教育劳动奖状集体、朝阳区巾帼建功先进集体、北京市科技教育示范学校、

第八章 美好绽放
学校文化视域下"双减"与"双升"

北京市课程建设先进单位、全国人工智能教育优秀单位等荣誉称号。学校先后接受了中国教育报、中国教师报、朝阳教育报、北京电视台、朝阳教育有线电台等多家媒体的采访和报道,这些都大大提升了学校的办学声誉,促进了"美好教育"文化品牌的形成。

  对于"美好教育"文化的追求,我们永远在"路上"。面向未来,我们将以党的二十大精神为指引,牢记立德树人根本任务,坚守为党育人、为国育才的教育初心和使命,以培育有理想、有本领、有担当的堪当民族复兴大任的时代新人为己任;进一步加强教育科研引领,进一步挖掘"美好教育"文化的本质与内涵,积极探寻更为完善的"美好教育"文化路径,探索更为有效的"美好教育"高质量发展的实践策略,走出一条独具特色的育人道路,推动学校"美好教育"文化由"全景"经历"街景"走向"实景",从"铭牌"经历"奖牌"走向"品牌",为更好地满足周边百姓对优质和均衡教育的需求,为朝阳区教育高质量发展,贡献陈分望京实验学校的责任和担当,为培养德智体美劳全面发展的社会主义建设者和接班人,为办人民满意教育而继续奋斗!

美好教育
——学校文化的构建与实施

后 记

这世间有那么多人,
在人群里,敞开着一扇门,
我迷蒙的双眼,
清晰地印着,
初见你,那个闪耀的清晨,
这世间有那么大,
我是如此幸运,
我一直有个"我们",
这世间有那么多精彩的瞬间,
我竭尽全力,
将"美好教育",伴你一生,
助你向着美好,一路飞奔!

里尔克说:"你所看见和感受到的,你所喜爱和理解的,全是你正穿越的风景。"岁月,如此美好。

美好,释义为美丽的东西让人身心舒畅,更好地生活,快乐地生活。对于"美好",每个人都有自己的定义和标准,都有自己的价值判断和价值选择。教育是教师与学生的一场美好邂逅,教育的美好需要所有的教育者心向往之,并为之努力。"美好教育"的对象是有思想、有感情的人,慢一点,给学生足够的花期;"美好教育"能够走进生活,与学生的心灵碰撞、共鸣,激起学生发展的内驱力;"美好教育"处处有学生读书的身影,时时弥漫着浓郁的书香气。

砺美好行为、塑美好心灵、立美好品德、尚美好境界、创美好明天、启美好人生,让美好内化于心、外化于行。关于"美好教育",我们站在昨天和明天之间,站在现实和未来之间,站在知识和智慧之间,站在书本和世界之间,站在文化和思考之间,引领着、传承着、思辨着。美好是当下,美好是未来,写下美好就是永恒。我不求永恒,只愿清浅美好。写下我的生命感悟,陈列我美好之珞宝,一诺千金,润泽一生。书稿付梓之际,感恩过往,遇见美好;珍惜当下,拥抱美好;希冀未来,美好可期。我将用一生追逐美好,践行美好,传递美好。用美好感恩所有,心向美好,追光奔跑。